In memoriam der umgekommenen
und der überlebenden Freunde

W0233795

Für D. T.,
Schutzhäftling 3640 Ravensbrück,
und G. v. P.

Und vergib uns unsere Schuld,
wie auch wir vergeben
unseren Schuldigern

Inhalt

Im Banne der Macht oder Potsdam, der goldene Käfig   11

I
Entfesselte, gefesselte Menschheit
und sich vollendende Personen   15

Ravensbrück   16
Zelle 65   19
Zellenbau – Südseite   20
Spaziergänge   25
Der 20. Juli   37

Das Frauenkonzentrationslager   44
Der Zellenbau als Bunker   44
Vor der Schreibstube   46
Die Aufseherinnen   52

Die Häftlinge – das äußere Bild   66
Einlieferung ins Lager, Einkleidung und Unterbringung   67
Verpflegung   72
Ärztliche Betreuung und Revier   74
Allgemeines über die Lagerorganisation   78
Tageslauf   82

Die Häftlinge – das innere Bild   86
Versuch einer Psychologie des Lagers   87
Das Konzert   95
Das Antlitz der Überlebenden   98
Nachsatz   105

II
Chaos oder das Individuum in den Trümmern der
Tradition   109

Flucht   110
Die grüne Minna   110
Potsdam   113

Buchenwald (Sonderbau für Sippenhäftlinge)   122
Schönberg   135
Dachau   140

Gespenstische und traumhafte Zwischenspiele   146
Innsbruck – Freunde   147
Niederndorf – Freiheit   152
Prags – Die große Pause   161
Amerika – Die reichen, fremden Söhne   167

Mühsame Heimkehr   178
Capri – Die Nervensäge   178
Paris – Das peinliche Mißverständnis   184
Entsetzen und Erbarmen – zu Hause   186

Vorwort

Die folgenden Seiten wollen kein Buch im literarisch abgerundeten Sinne sein, sondern sie sind – wie der Untertitel es besagt – ein Bericht über einen bestimmten Zeitabschnitt, d. h. über meine Eindrücke aus der Zeit meiner Haft bei der Gestapo. Es war dabei nicht meine Absicht, eine sensationsträchtige Reportage zu schreiben «Hinter Stacheldraht und Gittern» oder «In den Klauen der Gestapo», sondern – viel harmloser – ich wollte niederschreiben, was ich gesehen und gedacht habe.

Zwei Gedanken haben mich vor allem zu dieser Arbeit bewogen: einmal der, daß es noch immer so erschreckend viele Menschen gibt, die nicht glauben können und wollen, daß hinter den glorreichen Kulissen der Nazipropaganda wirklich Ströme von unschuldig vergossenem Blut geflossen sind. In dem dringenden Anliegen, diese Ungläubigen endlich zu widerlegen und zu überzeugen, mag auch ein Versuch wie der vorliegende seinen gerechtfertigten Platz finden können.

Zum anderen möchten die folgenden Zeilen helfen, Wert und Bedeutung des einzelnen Menschen wieder ein wenig mehr in den Mittelpunkt der allgemeinen Diskussion zu rücken. Es ist an der Zeit, sich endgültig loszumachen von dem harmlos optimistischen Bilde des natürlicherweise «guten» Menschen – die letzten Jahre haben diese oberflächliche Ansicht zu grausam ad absurdum geführt, als daß man noch wagen dürfte, ihr bedenkenlos zu trauen. Unter dem verhängnisvollen Einfluß der vernunftlosen Propaganda der letzten zwölf Jahre ist das Bewußtsein von der Würde des Menschen in einem beängstigenden Ausmaße verlorengegangen. Wollen wir aber einmal wieder in menschenwürdigen Zuständen leben, so müssen wir zuerst und vor allem anderen uns darauf besinnen, daß der Mensch das Kostbarste ist, was es auf der Welt gibt. Und ich glaube, wir tun gut daran, das vordringlichste Merkmal dieser Kostbarkeit in seiner äußeren, mehr noch in seiner inneren Verwundbarkeit zu erkennen.

Der Bericht will in dem, was er an Sachlichem bringt, beitragen zur Aufklärung des betrogenen Volkes; soweit er sich um eine Interpretation bemüht, sucht er Freunde für die hier angewandte Methode zu gewinnen: mit der Sonde verzehender Liebe das Unrecht zu bekämpfen, um nicht neues auf sich zu laden.

Die Bitte aus dem Vaterunser, die dem Bericht vorangestellt ist, soll auch für den Leser Ausgangspunkt sein – sie ist Anfang und Ende aller Bemühungen.

Allerheiligen, Allerseelen 1945   Isa Vermehren

Vorwort zur Neuausgabe

Seit *Holocaust* bewegen uns wieder die Fragen: wie war es möglich? wie konnte das geschehen? was waren das damals, was waren *wir* damals für Menschen, daß wir mit anderen Menschen so umgegangen sind?

Das vorliegende Buch stellte in der Reihe der ersten, die nach dem Ende des Krieges zu diesem Thema erscheinen durften, einen Versuch dar, die KZ-Wirklichkeit ganz zu sehen, zu erklären, zu verstehen, vor allem die Menschen im KZ, nicht nur die Häftlinge, auch die Aufseher. So verdichtet sich dieser Bericht stellenweise zu einer bohrenden Untersuchung, die vielleicht auch heute noch dem einen oder anderen helfen kann, sich tiefer in das komplexe Gefüge von Schuld und Unschuld hineinzudenken, in das wir alle verstrickt waren, in das unergründliche Zusammenspiel von propagiertem Größenwahn und individuellem Kleinstformat, von persönlichem Irrtum und gemeinsamer Lüge, von nihilistischem Zerstörungswillen und geheimer Sehnsucht nach Vollendung.

Dem Bericht wurde – nach so langen Jahren – nichts hinzugefügt, und nichts wurde weggestrichen. So wie der Text damals als Ergebnis eines intensiven Mühens um eine gerechte, dem einzelnen Menschen gerechtwerdende Darstellung schließlich dem Verleger übergeben wurde, so soll er auch heute wieder hinausgehen, ungeachtet seiner literarischen Schwächen, ungeachtet auch der Tatsache, daß er vielleicht einige Aussagen enthält, die von der Forschung inzwischen korrigiert wurden. Es geht heute so wenig wie damals um ein ästhetisches oder ein historisches Werk: es ging und geht um ein Zeugnis für das, «was im Menschen ist».

Daß ich persönlich nur einen winzigen Ausschnitt dieser unermeßlichen KZ-Landschaft zu sehen bekam, daß mein eigenes Schicksal in dieser Umgebung ohne tragischen Höhepunkt verlief, ja, mich eigentlich von Anfang bis Ende in der Rolle des Zuschauers beließ, zieht der Bedeutung dieses Beitrages gewiß klare Grenzen, ohne seine Authentizität schmälern zu können.

Ich würde wünschen, daß vor allem jüngere Menschen, denen ich durch meine erzieherische Tätigkeit seit vielen Jahren eng verbunden bin, sich von diesem kleinen Band anregen lassen zu einem selbständigen Urteil über den Menschen und alles, was zu ihm gehört: nicht nur seine sichtbare Welt mit ihren faszinierenden Möglichkeiten, auch die unsichtbare, als seine letzte, alles durchdringende Wirklichkeit.

Hamburg, Mai 1979   Isa Vermehren rscj

Im Banne der Macht
oder
Potsdam, der goldene Käfig

Anfang Februar 1944, wenige Tage nachdem bekannt geworden war, daß mein Bruder auf die Seite der Alliierten gegangen war, vollzog sich in sehr undramatischer Form die Verhaftung der einzelnen Familienmitglieder. Meine Eltern, mein Bruder und ich wurden «gebeten», der Geheimen Staatspolizei für Informationen zur «Verfügung zu stehen». Wie weit dieses ein vorgeschobener Grund war, ließ sich unschwer erkennen an der Interesselosigkeit, die vom ersten Tage an unseren gesamten Aussagen entgegengebracht wurde. Vielmehr diskutierten die Herren in Berlin, ob jetzt nicht der rechte Augenblick gekommen sei, um ein für allemal ein Exempel zu statuieren, das geeignet wäre, künftige Überraschungen der gleichen Art von vornherein zu unterbinden. Von der Sippenhaft zur Sippensühne ist es nur noch ein kleiner Schritt, wie uns der Kriminalrat Rauch vom Reichssicherheitshauptamt mit einem Achselzucken bestätigte.

Folgendes Gespräch mit ihm mag ein Licht werfen auf die gesamte Situation:

«Warum müssen wir noch hierbleiben, wenn unsere Aussagen Sie nicht interessieren?»

«Ja, gnädige Frau, Sie befinden sich hier in Sippenhaft.»

«Was heißt Sippenhaft? Sie selber bestätigen uns, daß wir direkt nicht beteiligt sind an der Tat meines Sohnes, und dennoch Haft? Soll das heißen, daß wir die Folgen vom Schritt meines Sohnes zu tragen haben werden?» Achselzucken. «Machen Sie einen Unterschied zwischen Sippenhaft und Sippensühne?» Achselzucken. Daraufhin mein Vater: «Wissen Sie, das interessiert mich als Rechtsanwalt ganz außerordentlich. Ein Gesetz über Sippenhaft gibt es meines Wissens nicht . . .» – «Es ist schon angewandt worden . . .» – «Das mag ja sein, aber das Gesetz gibt es nicht. Das heißt also, daß hier für die Verhaftung die drei notwendigen juristischen Voraussetzungen fehlen: erstens fehlt es am Täter, denn der Täter ist mein Sohn, der für Sie unerreichbar ist. Zweitens fehlt es an der Tat, denn daß wir am Schritt unseres Sohnes unschuldig sind, haben Sie selbst uns schon zugeben müssen, und drittens fehlt es am Gesetz . . .» – und mit einer plötzlichen Wendung nach links sagte er: «Ja, Kinder, wenn ich nun ein hoher SS-Führer gewesen wäre, wäre uns das wahrscheinlich nicht passiert, oder meinen Sie, Herr Kriminalrat?» Achselzucken und ein zustimmendes Kopfnicken war die Antwort.

Wir hatten nichts zu unseren Gunsten in die Waagschale zu werfen: die Nachforschungen nach Parteizugehörigkeit, politischer Einstellung und

Betätigung der Familie hatten ein klägliches Resultat ergeben, die Aktennotizen bei der Gestapo ließen unschwer erkennen, daß wir zu den Feinden und nicht zu den Freunden des Regimes gerechnet werden mußten, und hohe Gönner zu suchen, waren wir nie leichtfertig und gewissenlos genug gewesen. Wieso das beabsichtigte Exempel der «Sippensühne» an uns nicht statuiert worden ist, weder damals noch nach dem 20. Juli, wird ungeklärt bleiben, es sei denn, es findet sich ein Zeuge, der aussagen kann, warum die Durchführung des schon gegebenen Befehls vertagt wurde.

So erträglich die äußeren Umstände dieser ersten bewachten Wochen waren – wir lebten als «Gäste der Gestapo» in Potsdam im Palast Hotel, Tag und Nacht bewacht von zwei Beamten, die zu sorgen hatten für die strenge Wahrnehmung des strikten Isolierungsbefehles –, so schwer konnte man sich abfinden mit dem Bewußtsein, nun wirklich diesem gefürchteten Feinde in die Hände gefallen zu sein, einer Macht preisgegeben zu sein, die nur noch die Willkür als Prinzip gelten ließ. Wir sprachen von unserem «goldenen Käfig» mit der Betonung auf Käfig, denn tatsächlich war das Gold mehr beängstigend als erfreulich. Es spannte den höhnenden Gegensatz zwischen drinnen und draußen bis ins Unerträgliche, und der eigentliche Schatten über diesem unwirklichen Dasein war um so dunkler und kälter. So war es fast wie eine Erlösung, als in die zarte Stille eines blühenden Frühlingsnachmittags der Befehl zum Packen gegeben wurde. In großer Eile mußte das Feld geräumt werden, und unter reichlicher Bewachung fuhren die Eltern und mein Bruder mit drei Wagen fort ins Ungewisse. Für mich, so hieß es, sei kein Platz gewesen, ich würde am Tage darauf hinterher gefahren werden – wohin? «Das werden Sie ja sehen.»

«Ihre Familie ist in Oranienburg», hieß es am nächsten Morgen, «und Sie kommen jetzt auch dorthin.»

In einem schweren Mercedes brausten der Kriminalrat Rauch und zwei weitere Beamte vom Reichssicherheitshauptamt mit mir durch die zertrümmerten Straßen Berlins. Das trostlose Bild der schwerverwundeten Stadt war wie eine geniale Inszenierung dieser Fahrt – der Hintergrund für das Wirken mächtiger Willkür hätte nicht besser gewählt sein können: die bizarren Trümmer der ausgebombten Häuser waren wie die sich immer wiederholende Versinnlichung des waltenden Prinzips: Macht in undemütigen, vermessenen Händen kennt nur die Zerstörung als Akt ihrer Herrschaft. Fruchtbar ist Macht nur, wenn sie dient, nicht wenn sie herrscht.

Wir fuhren natürlich nicht nach Oranienburg, sondern durch das Städtchen hindurch weiter in nördlicher Richtung nach Fürstenberg.

I
Entfesselte, gefesselte Menschheit
und
sich vollendende Personen

Ravensbrück

Kurz hinter Fürstenberg war der Wagen von der Hauptstraße abgebogen auf einen Seitenweg, der stellenweise noch im Bau zu sein schien. Sehr bald fuhren wir an einer Arbeitskolonne vorbei: Frauen in blau-weiß gestreiften Kleidern mit geschorenen Köpfen, von SS-Männern bewacht, die mit umgehängtem Karabiner danebenstanden, eine Szene, die mich lebhaft an Bilder erinnerte, wie ich sie in Rußland gesehen hatte: Frauen auf der Straße mit schweren Spaten und Picken und unbeholfenen Bewegungen – in ihrer Nähe immer das aufgepflanzte Bajonett. Voller Entsetzen durchzuckte mich der Gedanke, daß meine Mutter unter ihnen sein könnte, und ich wagte kaum noch hinzuschauen. War sie denn wirklich in Oranienburg? Es gab keine Gewißheit unter diesem Lügengesindel.

Der gepflasterte Weg ging über in eine asphaltierte Straße, und rechts und links erschienen kleine, sehr hübsche Siedlungshäuser mit gepflegten Gartenanlagen. Weiter unten schimmerte ein friedlicher See, auf dessen anderem Ufer die Stadtsilhouette von Fürstenberg lag: unter das hochgelegene Kirchenschiff drängten sich die roten Ziegeldächer wie Küken unter einer Henne. Auf der Straße und in den Seitenwegen waren vereinzelte weibliche Häftlinge zu sehen. SS-Helferinnen in ihren schwarzen Soldatenstiefeln, SS-Männer mit und ohne Gewehr gingen über die Straße – wir waren, so schien es, im Schoße dieses NS-Staates gelandet, und mir war entsprechend übel.

Der Wagen hielt vor dem breiten Portal des Kommandanturgebäudes, das etwa fünf bis sechs Jahre alt sein konnte, so wie überhaupt alles, was ich bisher hatte sehen können, einen neuen und unverwohnten Eindruck machte. Der Stil der Bauten war der bekannte, unauffällige und unoriginelle Klinikstil mit ländlichem Anstrich – wie immer waren die Fenster zu klein im Verhältnis zur Mauerfläche. Das Innere des Kommandanturgebäudes war blank, sauber und sachlich, wenig Farben, Fliesenfußboden, glatte Türen, glatte Wände, viel Holz und etwas Schmiedeeisen. Über allem lag eine beklemmende Stille, sehr im Gegensatz zur Lichtheit des Tages und zur Helligkeit der ganzen Einrichtung. Irgendwo hatte ich inzwischen eine Aufschrift entdeckt: «Frauenkonzentrationslager Ravensbrück» und wußte somit endlich, wo ich mich befand.

Nach einigem Hin- und Herfragen betraten wir ein Zimmer, in dem hinter dichtgestellten Tischen, von einer Aufseherin bewacht, Häftlinge vor endlosen Karteikästen saßen. Bei unserem Eintritt schauten alle auf, musterten mich lange und mit neugierig abschätzenden Blicken, woher und wieso ich wohl da sei, was für einen Häftling ich wohl abgeben würde, freundlich oder feindlich, kameradschaftlich oder gefährlich – im Grunde kein wohltuendes Interesse, das bereit gewesen wäre, meinen Eintritt in diese schreckensvolle Gemeinschaft mit mir zu beklagen, sondern eine ganz egoistische Fragestellung: ist sie eine von den Unseren oder nicht? Einen Moment erschreckte mich der Gedanke, daß es wohl nicht ohne große Kompromisse und Konzessionen möglich sei, sich in eine gute Gemeinschaft mit ihnen einzukaufen.

Im angrenzenden Zimmer fanden wir den gesuchten Stellvertreter des Kommandanten. Er saß in einem hellen Raum mit Blumentöpfen auf der Fensterbank hinter seinem Schreibtisch, der wie üblich quer vor der Ecke stand. Aus einem großen Radioapparat erklangen die zarten Töne einer Telemannschen Tafelmusik. Diese Musik steigerte den ungeheuerlichen ersten Eindruck dieser KZ-Atmosphäre bis ins Gespenstische: diese lichten Töne eines geordneten Daseinsbewußtseins, dazu das strahlende Sonnenlicht eines blühenden Frühlingssonntags, der den weichen Duft seiner ersten Blüten und Blätter im sanften Zugwind durchs geöffnete Fenster trieb, und dagegen diese Atmosphäre zitternder Angst, böser Willkür und kalter Herzlosigkeit.

Der Stellvertreter und mein Kommissar schwatzten noch länger miteinander. Letzterer ließ sich eine Quittung darüber geben, daß er mich ordnungsgemäß abgeliefert habe, eine Formalität, die ihn sehr zu erheitern schien. Währenddessen betrachtete ich mir eine Tafel an der Wand, auf der verschiedenfarbige Winkel und ihre Bedeutung übersichtlich angegeben waren: roter Winkel = politischer Häftling, roter Winkel mit eingesticktem P = polnischer politischer Häftling, mit einem N = Niederländer, einem F = Franzose, einem I = Italiener usw.; violetter Winkel = IBV (Intern. Bibelforscherverband), grün = BV (Berufsverbrecher), schwarz = asozial, gelb und schwarz über Kreuz gelegte Winkel = Rassenschande, rot und gelb über Kreuz = nichtarisch, rosa = LL (lesbische Liebe), roter Punkt auf weißem Kreis = Fluchtversuch, sogen. Fluchtpunkt, schwarzer Punkt = Strafblock. Begierig suchte ich an den Wänden und auf den Tischen nach weiteren Anhaltspunkten die mich hätten einführen können in die Spielregeln und Geheimzeichen dieser neuen Umgebung, aber die Herren brachen auf, und ich mußte mit.

Dicht hinter dem Kommandanturgebäude verlief die Lagermauer. Wir passierten eine Wachstube und den dazugehörigen SS-Mann mit umgehängter MP. Schwerfällig öffnete sich sodann vor uns das große eiserne Tor zum Lager, dem im Abstand von etwa zehn Metern ein zweites folgte, das direkt auf den Lagerhof führte. Links war der Lagerhof begrenzt durch einen hohen Stacheldraht, hinter dem die Baracken von der SS-Kantine und dem SS-Lazarett lagen. Neben dem Tor rechts lag das Bad und anschließend das große Wirtschaftsgebäude mit den Lagerküchen, die zu dieser Mittagsstunde in vollem Betrieb waren: endlose Reihen von Häftlingen standen weit die große breite Lagerstraße hinauf vor dem Eingang des Gebäudes und warteten auf den Essensempfang. Wir gingen zu schnell an dieser Szene vorüber, als daß ich mehr als einen flüchtigen Eindruck bekommen konnte: viele geschorene Köpfe, zerlumpte Kleider, verstaubte Gesichter. Einige Gruppen schienen sich heftig zu streiten, die meisten standen stumm beieinander wie eine erschreckte Herde Vieh und betrachteten voll dumpfer Neugier unsere kleine Karawane. In allen Zügen lag der gleiche Ausdruck von Stumpfheit und Müdigkeit, hinter dem ebenso Gutes wie Böses verborgen sein konnte.

Der Abschluß des Lagerhofes rechts wurde gebildet durch einen langgestreckten Bau mit zwei Reihen schmaler vergitterter Fenster, deren untere direkt über dem Erdboden und deren obere direkt unterm Dach verlief. Vor diesem Bau verlief eine Gittermauer in der Höhe eines normalen Gartengitters.

Auf eben diesen sogenannten Zellenbau steuerten wir zu, und unsere Ankunft dort brachte viel Aufregung und Geschrei mit sich. Das Schreien war offenbar nötig, um die durch meinen Einzug bedingten Befehle zu erteilen. Ich durfte derweil im Dienstzimmer stehen und warten, neben mir spielte wieder das Radio immer noch dieselbe friedvolle Musik. Am Fenster vor mir tauschten mein Kommissar und der diensttuende Untersturmführer Bemerkungen aus, offenbar über einen Häftling, der draußen spazierenging. «Wie geht's denn da?» «Ach, der hat sich schon gut eingelebt», und dann riß er das Fenster auf und brüllte hinaus: «Reinkommen, Essen holen!» Gleich darauf trat durch die Eingangstür Graf Helmut von Moltke, wie immer ein wenig länger noch, als man für möglich gehalten hätte, und auf dem nur mit blasser Bräune überzogenen Gesicht den Ausdruck strahlender Unbekümmertheit gemischt mit leiser Ironie. Wir kannten uns von früher, aber selbst für mich, als eben eingelieferten Häftling, war es ganz selbstverständlich, nichts von der Überraschung, einander hier zu begegnen, zu verraten. Doch konnte dieses meiner getrösteten Freude, einen Freund in nächster Nähe zu wissen, keinen Abbruch tun.

Gleich darauf forderte die Aufseherin mich auf, ihr zu folgen. Mit etwas schweren Hüften und müde schlaksigen Schritten schob sie vor mir her die Treppe hinunter ins Souterrain, wo sie die Tür der Zelle 65 hinter mir verriegelte.

Zelle 65

Der Raum war vor allem dunkel. Seine graue, feuchte Luft legte sich beklemmend aufs Gemüt, und die Einrichtung lohnte kaum die weitere Bestandsaufnahme. Rechts an der einen Wand war die Pritsche angebracht mit einem Strohsack darauf, an der anderen Wand war direkt bei der Tür das Klosett mit einer angenehm brausenden Wasserspülung, daneben der Waschtisch, beides aus dunkelbraunem gebranntem Ton, dann noch ein kleiner Klapptisch aus lackiertem Fichtenholz und ein Hocker. Unter der Decke gegenüber der Tür war das Klappfenster aus dickem undurchsichtigem Glas und dahinter das Gitter. Neben der Türe stand eine Zentralheizung, die aber leider abgestellt war. Die Neuartigkeit dieser ungastlichen Umgebung wirkte etwas betäubend. Beängstigend war vor allem die glatte, sehr fest aus Eisen und Eichenholz gefügte Tür ohne Griff und Schloß. Die Tatsache, nun wirklich gefangen zu sein, drängte sich plötzlich so überwältigend auf, daß ich für lange Stunden in den Dämmerzustand vollkommener Gedankenlosigkeit versank. Irgendwann öffnete sich mit einem knallenden Geräusch die Essensklappe in der Tür, und von einer dicken, sehr gutmütig aussehenden Frau in einem gestreiften Kleid mit einem lila Winkel wurde mir ein Zinngeschirr hereingereicht. Dabei flüsterte sie etwas Freundliches, etwa, daß ich mich schon eingewöhnen würde oder so, woraufhin ich sie fragte, wie lange sie denn schon da sei? – «Sieben Jahre», gab sie mit ermunterndem Lächeln zur Antwort. Es bedarf eines anderen Zeitmaßes, sagte ich mir, nachdem ich den ersten Schock einigermaßen überwunden hatte; um zu einem dieser Situation entsprechenden Lebensgefühl zu kommen, muß der Tag zur Stunde, die Woche zum Tag, der Monat zur Woche werden, und das Zuschauen muß das Warten überwinden. Mit diesen Vorstellungen sank ich wieder auf den Strohsack, nachdem ich mit einem großen Aufwand an Tugend die Auseinandersetzung mit dem Inhalt der Blechschüssel zu einem gewissen Ende gebracht hatte. Die grau-grün-violette Farbe der Suppe war ungewöhnlich ekelerregend, zumal der undefinierbar scheußliche Geruch dieses Gebräus den schlechten optischen Eindruck noch verstärkte. Die großen Gemüsestücke in der salzlosen Flüssigkeit waren ungar – Steckrüben und rote Rüben gar nicht oder nur halb zerteilt –, alles zusammen war so ausgesprochen ungenießbar, daß es nur mit Hilfe eines kräftigen Tischgebetes gelang, zehn Löffel dieser sagenhaften Speise herunterzuwürgen.

Das Abendbrot bestand aus kaltem Kaffee, einem Stück Brot und einem Stück Harzer Käse. Es wurde bereits um drei Uhr ausgeteilt.

Gegen Abend lag ich ein paar Stunden hellwach auf der Pritsche. Es dämmerte früh in diesem Kellerloch. Irgendwo im Bau stöhnte jemand, ich konnte nicht unterscheiden, ob es ein Mann war oder eine Frau. Ein hoher, klagender Ton, immer wiederkehrend mit der Regelmäßigkeit erschöpfter Atemzüge, und von draußen herein drang das unregelmäßige Kläffen vieler Hunde, ein Geräusch, das ich wirklich zu fürchten gelernt habe; dieses Bellen, das sich jedesmal dem Impuls lebendiger Energien verdankt, ist ungleich irritierender als jedes mechanische Geräusch, und ein Moment eintretender totaler Stille konnte seine wohltuende Wirkung nicht ausüben, weil nur um so mehr die Spannung wuchs, welcher Hund zuerst fortfahren würde, in dieser ungeordneten Unverständlichkeit seiner Ausdrucksweise den antwortenden Chor der restlichen Meute von neuem herauszufordern. Zwischen Stöhnen, Bellen und knallende Schritte eisenbeschlagener Soldatenstiefel vor der Türe mischten sich für eine kurze Stunde noch verschiedene Stimmen, die ganz deutlich vorm Fenster zu hören waren, aber ich war zu erschöpft, um ihrer Unterhaltung folgen zu können. Das letzte Geräusch des Tages war der nächtliche Kontrollgang um zehn Uhr: drei harte Schritte von einer Zelle zur anderen, das leise Klick-Klack des Lichtan- und ausknipsens und das knallende Geräusch des vorspringenden zweiten Riegels, wieder drei Schritte, Klick-Klack und Peng und so etwa siebzigmal . . .

Zellenbau – Südseite
Etwa eine Woche nach meiner Einlieferung hatte ich Geburtstag und ich fand, das sei ein Anlaß, mich anders aufzuführen als die vergangenen Tage. So entschloß ich mich also, mein Bett zu verlassen, eine gründliche Wäsche zu halten, meine Sachen auszupacken und zu ordnen, kurzum, das Möglichste zu tun, meinen Zustand menschenwürdig zu gestalten. So blieb es also auch nicht bei der großen Wäsche, sondern über und über begoß ich mich mit den Resten einer Lavendelflasche, machte mich zurecht, als wollte ich ausgehen, zog schöne Strümpfe an und eine saubere Bluse. Schließlich – ich hatte mir begreiflicherweise sehr viel Zeit gelassen – war ich am späten Nachmittag so weit, daß ich in aller Pracht in meiner Zelle saß und Mühe hatte, mich gegen das beharrliche Gefühl zu wehren, es müsse nun auch etwas den Vorbereitungen Entsprechendes passieren. Es geschah aber nicht mehr und nicht weniger als alle anderen Tage auch – es geschah gar nichts. Langsam erlahmte die künstlich aufgestachelte Lebensfreude wieder, und der Abend dämmerte so trübe herein wie immer, da hörte ich folgendes Gespräch vor meinem Fenster: «Oma, – Oma! Haste nich 'n Kippen?» «Wa?» «Haste nich 'n Kippen?» «Nee, woher soll ick denn wat ze roochen habn, 'ck hab ja selba nüscht –» «Kannste nich ma mit den Alten pussiean – Oma, wozu biste denn so hibsch» – allgemeines Gelächter. «Zum Alten paßte doch janz scheen, Oma – Du tust ooch jarnischt fa uns.» «Nabnd, Opa – na wie jehts denn?» – «Och, danke, schlescht» (unverkennbar ein Rheinländer) «isch hab

widda meine Herzkrämpfe jehabt, ja, ja – aber nun jeht et widda. Isch hab schon widda drei Jedischte gemacht – wartet mal, isch hol et mal eben» – Ein allgemeines pst, pst und etwas unterdrücktes Gelächter war die Einleitung . . . «Banner und Trommel, donnernde Heere, in den Lüften, über die Meere – es wackelt die Scheide im Schaft, so treibt sie des Führers heilige Kraft» erklang es da im berauschten Pathos – ich traute meinen Ohren nicht! Der Unsinn hatte wenigstens drei Strophen und der Mann meinte es offenbar ganz ernst! Nachdem er geendet hatte, wurde von allen Seiten sehr gelobt, und mit Eifer wandte sich der Berlinerer wieder dem Thema Rauchwaren, sprich Kippen zu.

Ich hatte die ganze Zeit auf meinem Bettpfosten stehend diesen Unterhaltungen zugehört und fand nun den Augenblick gekommen, mich einzumischen – anonym zu bleiben ist auf die Dauer wider die Natur und wäre gerade in dieser Situation auch unkollegial gewesen: «Wollen Sie eine Zigarre haben?» fragte ich also mit möglichst klarer Stimme. «Ja, jebn Se her», kam sofort die eifrige Antwort. «Die Zigarre ist hier», sagte ich wieder sehr akzentuiert in der Furcht, sonst alles wiederholen zu müssen, und hielt dabei die Zigarre so weit aus dem Fenster, als es ging, «ich weiß aber nicht, wie ich sie Ihnen geben soll» – «Se müssen det Fenster uffmachen» – «Das ist ja auf» – «Nee, so nich, andas. Da müssen Se de Bolzen aus de Schanniere nehmen, denn det Fenster ssumachen und denn von unten et hochkippen nach oben und denn den Riejel wieda runtadricken». Das klang sehr kompliziert, war aber sehr einfach, und alsbald stand mein Fenster, als hätte es seine Gelenke nun direkt unterhalb der Decke, ziemlich waagerecht in die Zelle herein. Ich konnte Kopf und Schultern untendurchstecken, so daß die Arme nun auf dem äußeren Fensterbrett lagen und ich hinter den Gitterstäben, die in etwa zehn Zentimeter Abstand von der Mauer vorm Fenster im Boden verschwanden, meinen Kopf hin- und herbewegen konnte wie ein eingesperrter Löwe.

In etwa fünf Meter Abstand verlief parallel zum Zellenbau die hohe Lagermauer mit dem achtfachen, elektrisch geladenen Stacheldraht, hinter der ein Schornstein in die Höhe ragte, der Kamin des Krematoriums, alles zusammen ein trübes Gegenüber. Unerwartet lustig war dafür der Ausblick nach rechts und links. Nach beiden Seiten hatte ich eine Aussicht wie etwa in die unendliche Bilderreihe zweier sich gegenüberstehender Spiegel: hinter fast allen Gittern war das halbe Profil eines Kopfes meinem Fenster zugewandt, denn ich, als Neue, hatte meinen ersten Auftritt, und ich fühlte mich auch so. Mit weichen Knien und schrecklicher Angst, es könnte einer unbemerkt durch den Spion gucken (das kleine Guckloch in der Zellentüre), behauptete ich diesen neuerrungenen Platz an der frischen Luft; meine Nachbarn, so sagte ich mir, sind erfahrener als ich, und solange sie da stehen, kann ich es auch, es ist nur eine Frage des «Durchhaltens», das allerdings einen Neuling mehr Nerven kostet, als dieser sich eingestehen mag.

Wie ungefährdet wir zu dieser Stunde waren, erfuhr ich erst später. Unsere Beschließer hatten die angenehme Angewohnheit, sich zu dieser Stunde von Puppi den elektrischen Kocher auszuleihen (von Puppi wird noch des längeren die Rede sein müssen), um sich eine gute, satte Stunde dem intensiven Genuß von Bratkartoffeln hinzugeben, deren speck- und zwiebelreicher Geruch in geradezu aufreizender Üppigkeit von sieben bis acht den ganzen Bau durchströmte. In dieser Zeit also fand unsere abendliche Plauderstunde statt.

Mein linker Nachbar Schorsch erhielt seine Zigarre, er bedankte sich und betrachtete mich dann angelegentlich mit Hilfe eines kleinen Taschenspiegels. Meine Nachbarin zur rechten war die schon genannte Oma, eine besonders widerliche alte Kupplerin, die mich von Stund ab wenigstens sechsmal am Tage herausklopfte, um zu fragen, wie spät es sei. Nach einigen Tagen begriff ich, daß man ihr einen Gefallen tat, wenn man die Zeit ein wenig schneller vergehen ließ, ich sagte ihr dann gerne vier, wenn es auch erst drei Uhr war.

Links neben Schorsch lag eine Schweizerin, genannt Beromünster, wohl wegen der ungehemmten Freimütigkeit, mit der sie ihren staatsfeindlichen Ansichten Luft machte. Sie klärte mich auf über die Gepflogenheiten im Zellenbau und auch über seine derzeitige Belegschaft: Ursprünglich war der Zellenbau gedacht als Bunker und Gefängnisbau für die Lagerinsassen, sei es, daß sie als Untersuchungshäftlinge oder auch zur Strafe für Verstöße gegen die Lagerordnung dort eingewiesen wurden. Innerhalb der Bunkerstrafen für Lagerhäftlinge gab es verschiedene Abstufungen: mit und ohne Spaziergang, mit und ohne Kostabzug, Dunkelzelle usw. Sie selbst war Schutzhäftling fünftausendirgendwas und saß seit einigen Wochen strafeshalber in der Zelle. Die Länge einer solchen Gefängnisstrafe wurde niemals vorher bekanntgegeben. In gleicher Weise diente der Zellenbau als Straf- und Untersuchungsgefängnis auch für das an Ravensbrück angeschlossene kleine Männerlager, dem unter anderen mein Nachbar Schorsch entstammte.

Im Februar 44 war der ganze erste Stock des Zellenbaues beschlagnahmt worden für die Häftlinge einer bestimmten Abteilung des Reichssicherheitshauptamtes. Die Dienststelle des RSHA hatte sich vor den feindlichen Luftangriffen in die Polizeistelle Drögen bei Fürstenberg evakuiert und die zu ihm gehörigen Gefangenen im Ravensbrücker Zellenbau untergebracht. Sie hatten dort verschiedene Bezeichnungen wie Ehren-, Sonder- oder Sippenhäftlinge, auch Untersuchungs- oder Schutzhäftlinge, genossen aber eine bessere Behandlung als die straffälligen Häftlinge aus dem Lager. In der Regel bekamen sie die SS-Verpflegung, wurden täglich zum Spaziergang geholt, durften Pakete empfangen und hin und wieder sogar Besuch, zwar nicht in der Zelle, aber doch vorne im Kommandanturgebäude. Gesperrt wurden diese Privilegien nur auf Grund besonderer Anordnungen seitens des zuständigen Kommissars, als Disziplinarstrafe oder auch im Zusammenhang mit den Vernehmungen. Wir trugen unser Zivilzeug, trugen keine Nummern oder Winkel und wurden ganz normal mit Herr, Frau oder Fräulein angeredet.

Mittels eines Taschenspiegels gelang es mir, nun auch mit meinen Obermietern in Kontakt zu kommen: über mir lag Puppi, genannt Erna, links von ihr Helmut Graf von Moltke, rechts von ihr Albrecht Graf Bernsdorff.

So froh ich auch war, einen guten Kontakt mit meinen Nachbarn hergestellt zu haben, so schmerzlich war der Verlust der Isoliertheit der ersten Tage. Es gehört unter die laienhaften Vorstellungen vom Gefängnisleben, daß man in so einer Zelle abgeschlossen von aller Welt ein ebenso taubes wie stummes Dasein führt bzw. führen kann oder muß; das trifft wahrscheinlich nicht einmal für die alten preußischen Zuchthäuser zu. Ich konnte es nun nicht mehr verhindern, und keiner von uns konnte das, daß ich mit einem Ohr vor dem Fenster und mit dem anderen vor der Tür lag. Dieses gespannte Hinaushorchen verschlimmerte sich in dem Maße, als ich geübter wurde in der Unterscheidung der verschiedenen Geräusche, der Gangarten, Stimmen, Zellen usw. Außerdem lernten sich fast alle Zellenbewohner mit der Zeit durch die täglichen Spaziergänge kennen, so daß die Teilnahme an allen Vorgängen im Bau immer persönlicher wurde. Trotz aller angestrengten Bemühungen um eine wirkliche Abgeschlossenheit fühlte man sich ständig wie eine ausgespannte Antenne, der auch die zartesten Wellenschwankungen riesige Töne entlockten. Als wohltuend und fruchtbar in dieser Situation erwies sich nur das Gebet, das einen wirklich befreienden Ausweg bot aus dieser beklemmenden Enge dichtgedrängter Realitäten. Dabei fällt mir mein späterer Nachbar ein, der in den ersten Tagen, völlig unbeeindruckt von Atmosphäre und Umgebung, gegen Abend anfing, Arien zu singen. Später wurde er dann stiller, und seine wachsende Ergriffenheit führte ihn bis zu der wirklich verblüffenden Frage: «Soll man nun leiden, oder soll man versuchen, sich mit den Schätzen unserer Klassik zu trösten?» und dann zitierte er Shakespeare und Faust, las in Partituren und studierte ein Werk über die Kunst des Geigenbaus und versuchte, so sich der Wirklichkeit zu entziehen, dieser merkwürdigen Wirklichkeit, die ebenso mühsam zu ertragen war, wie es fast unmöglich war, ihrem schmerzenden Zugriff auszuweichen.

Zu den weiteren Teilnehmern der abendlichen Plauderstunde gehörten auch Willy und Wally. Er lag unten auf 74, sie oben auf 23, zwischen ihnen lagen elf Zellen. Er war ein gepreßter SS-Mann und gehörte zu dieser letzten Garnitur der SS, die nur noch aus abenteuerlustigen «Halbstarken» bestand, denen die Überzeugung nichts galt, aber der Vorteil alles – Vorteil in Form von privilegierten Rechten des Nehmens, in Form von Wurst und Schnaps und Zigaretten, Vorteil in Form allseitig erleichterter Lebensbedingungen; sie war eine SS-Aufseherin, die wegen zu großer Effektenschiebungen ins Gefängnis gekommen war, ganz unschuldig, wie sie immer wieder beteuerte und nur verführt durch andere. Kurzum, Wally und Willy schrieben sich täglich mehrere Briefe, und als Wally Geburtstag hatte, buk Willy ihr eine Torte, denn im Zivilberuf war er Konditor. Er buk eine Torte, das heißt, er knetete aus freundlich gespendeten Weißbrotresten, Margarinestücken und Marmeladeklecksen ein kuchenförmiges Gebilde, dessen Schmackhaftigkeit wahrscheinlich kaum die Mühe der Zubereitung lohnte. Willy hatte im Laufe von Wochen mehrere Meter Schnur gesammelt, gute Schnur natürlich, denn Papierband war unzweckmäßig. Am Ende der Schnur war einer der herausgenommenen Fensterbolzen befestigt, diesen mußte er bis vor Omas Fenster schleudern, und jeder zwanzigste Wurf höchstens erreichte dieses weitgesteckte Ziel. Mit Hilfe eines Spazierstocks angelte dann Oma den Bolzen, um ihn mir zuzuwerfen, und ich schickte ihn weiter bis zu Beromünster. Diese zog so lange an der Schnur, bis das drangebundene Paket sie erreicht hatte, löste es dann von Willys Schnur, um es anzuknüpfen an Wallys Band, das schon seit geraumer Weile von oben herunterhing.

Diese Art der Beschäftigung war besonders beliebt im Bau, und je nach Laune und Stimmung hatten wir viele Zuschauer dabei, die mit aufmunterndem Hau-ruck und Heil Hitler unsere Anstrengungen befeuerten.

Die ungestörte Friedlichkeit dieser abendlichen Plauderstunde war natürlich genau so unzuverlässig wie alles übrige im Wirkungsfeld der SS. Die Fülle der Gefährdungen für unsere harmlosen Machenschaften war ganz unübersehbar: Verschiebungen im Dienst, schlechte Laune bei den Aufsehern, unvermuteter Diensteifer, unzuverlässige Häftlinge, das plötzliche Auftauchen eines Kommissars und tausend andere Möglichkeiten dieser Art konnten jeden Augenblick unserem kindlichen Vergnügen ein jähes und schreckliches Ende bereiten. Aber man gewöhnt sich daran, all dieses einzukalkulieren, und mit der Zeit erzog man seine Nerven zu einer erstaunlichen Elastizität.

Spaziergänge

Am spannungsreichsten war die tägliche Ausgehrunde. Allein schon die Frage, wann man wohl herauskäme und wen man dabei treffen würde, war von eminenter Wichtigkeit. Die Begegnungen dieser Stunde konnten geradezu entscheidend sein für die Stimmung des restlichen Tages. Z. B. mit Puppi zusammenzutreffen oder mit Helmut oder dem Neuner, das hatte immer eine wohltätige Wirkung, so wie es einfach vernichtend war, mit Oma oder Opa den Hof zu teilen, deren erschütternde Andersartigkeit eine tiefe Depression hinterließ. Kam man morgens früh zwischen acht und elf heraus, so lag der Hof noch im Schatten, und die Stunde ging irgendwie schneller vorüber als am Nachmittag. Das lag vielleicht auch daran, daß in der Frühe die Aufseherinnen noch von einer gewissen Geschäftigkeit beseelt waren, die sich dann mit dem schweren Mittagessen legte, bzw. in einem Mittagsschlaf zur Ruhe kam. Nachmittags waren sie dann eher faul, mitunter so faul, daß es in Vergeßlichkeit ausartete, so daß wir überhaupt nicht mehr geholt wurden.

Auf meinem ersten Spaziergang wurde ich von dem Neuner in die Gemeinschaft aufgenommen (wir nannten ihn den «Neuner», weil er auf Zelle 9 lag). Es war üblich, den Neuankömmling sofort nach seinem Namen und dem Grund seiner Einlieferung zu fragen. Dieses zu wissen, war von entscheidender Wichtigkeit, um Rückschlüsse ziehen zu können auf das derzeitige besondere Interesse der Geheimen Staatspolizei. Immer war in diese «Neugier» auch die Angst gemischt, es möchte einer auftauchen aus einem bestimmten Bekanntenkreis, woraus man dann z. B. hätte schließen können, daß eben diese Clique jetzt Gegenstand einer Untersuchung von der Gestapo war. Die Freunde von der Nordseite, zu denen auch der Neuner gehörte, waren die unentbehrlichsten Späher in diesem wohlorganisierten Erkennungsdienst. Sie waren verpflichtet, jedes von Drögen kommende Auto genau auf seine Insassen zu prüfen: welcher Kommissar war in dem Wagen? In welche Zelle ging er und wie lange? Hat er jemanden mitgebracht? Wie sah dieser aus? Was hatte er an? usw. Dieses Nachrichtenmaterial wurde beim nächsten Spaziergang einem Vertrauten von der Südseite gegeben, der es weiterleitete an die jeweiligen Interessenten. Prominente blieben kaum länger als vierundzwanzig Stunden geheim; waren unsere Bemühungen tatsächlich einmal erfolglos, was z. B. geschehen konnte, wenn der Neue nachts gebracht wurde, in irgendeiner Zelle verschwand, deren Nummer wir erraten mußten nach der Zahl der Schritte, und er dann entweder gar nicht oder nur allein zum Spaziergang herausgelassen wurde, dann gelang es ganz gewiß doch Puppi noch, bei einer Tasse guten Kaffees einem der bestechlichen Schergen das Geheimnis zu entpressen.

Diese Spaziergänge waren auch wichtig für die interne Nachrichtenüber-
mittlung – z. B. für die gegenseitige Information über die letzten Fragen
des Kommissars zwischen zwei Häftlingen, die in gleicher Sache verhört
wurden. Außerdem dienten sie zur Ernährung benachteiligter Häftlinge.
Und auch für die allseitige Zigarettenversorgung; wenn einer welche
bekam, hatten auch seine Freunde zu rauchen. Bei all diesen geheimen
Unternehmungen haben – erstaunlicher- oder begreiflicherweise? – die
Frauen sehr viel mehr Mut und Geschick bewiesen als die Männer. Graf
Bernsdorff z. B. hat für seine kleinen Billets immer nur weibliche
Postillone benutzt, meistens waren es die Frauen, die die Neuen
ansprachen und die wichtigsten Nachrichten herausbekamen. Eine
würdige Ausnahme unter den Männern machten neben Helmut von
Moltke die drei Kommunisten, Rudolf, der Neuner und Schieflatsch (die
richtigen Namen habe ich vergessen).

Unbeirrbar war vor allem Puppis Mut und Treue, von der jeder von uns
wenigstens einmal, wenn nicht öfter, oder gar ständig, irgendwelche
Freundlichkeiten, Hilfe und Unterstützung jeglicher Art erfahren hat. Sie
war immer voller Teilnahme, voller Mitleid, voller Ideen und Einfälle,
herzlicher, komischer, nützlicher Art – von einer Zigarette über ganze
Mahlzeiten bis zu wunderbaren Büchern und herrlich frechen Kassibern.
Ihr ist es auch zu danken, daß aus der anfangs sehr verschlossenen
Kalfaktorin, Frau Hartmann IBV, die rührende «Baucis» wurde, ohne
deren stille Zwischenträgerdienste es uns zeitweilig sehr viel schlechter
gegangen wäre. Puppi vertrat am allereindeutigsten jenen menschlichen
Standpunkt, der die allgemeine Not zum Ausgangspunkt machte und als
Unterschied nur noch den Zuverlässigkeitsgrad gelten ließ, den man sich
als Häftling erwarb. Nett oder nicht nett war kein gültiger Maßstab mehr.
Ich habe später acht Wochen neben Puppi gelegen, und es ist ebenso
charakteristisch für sie wie für unsere ganze Situation, daß ich die
näheren Umstände ihres Falles erst hinterher und von jemand anders
erfahren habe. Es gehörte zum guten Ton, möglichst wenig über dieses
Thema «des eigenen Falles» zu sagen, schon um sich nicht gegenseitig in
Gefahr zu bringen, denn wer konnte wissen, ob die vielfach geduldeten
aber an sich doch verbotenen Unterhaltungen nicht eines Tages zu
Kreuzverhören führen würden, im Versuch, das Belastungsmaterial zu
vergrößern. Puppi saß seit Herbst 43 im Gefängnis – zuerst am
Alexanderplatz, bis sie dort im Winter ausgebombt wurde und seitdem in
Ravensbrück –, im Zusammenhang mit dem Popitz-Langbehn-Prozeß,
der in kurzen Worten etwa folgendes zum Inhalt hatte: angesichts der
beginnenden militärischen Hoffnungslosigkeit im Jahre 43 erwog Himmler ein Friedensangebot an Rußland, das u. a. den Vorschlag enthielt, die
Person des Führers zu liquidieren, an dessen Stelle er, Himmler, dann
treten wollte. Popitz und Langbehn waren im Vertrauen, und Langbehn

wurde in die Schweiz geschickt, um mit den Russen in Fühlung zu treten. Puppi begleitete ihn auf dieser Reise. Nachdem die russische Antwort negativ ausgefallen war, hätten sie nie wieder deutschen Boden betreten dürfen: als gefährlichste Mitwisser dieser hochverräterischen Absichten Himmlers wurden sofort nach ihrer Rückkehr Langbehn und Popitz verhaftet. Die Anklage lautete auf Hoch- und Landesverrat, und beide sind im Laufe des Winters 44/45 hingerichtet worden. Puppi, die ebenfalls eingesperrt wurde, galt nicht als Angeklagte, sondern nur als Zeugin. Nach der Hinrichtung Langbehns wandelte man ihre «Zeugenhaft» in Schutzhaft um, die erst mit dem Zusammenbruch Deutschlands ihr Ende gefunden hat.

Unvergeßlich bleibt das Grauen jener Tage, als Langbehn, gefesselt an Händen und Füßen, in einer Zelle im Souterrain unseres Zellenbaus lag und in einer entsetzensvollen Nacht zum wehrlosen Opfer eines viehischen Kommissars wurde, der versuchte, besondere Aussagen aus ihm herauszuprügeln.

Auf den Spaziergängen erschien Puppi immer in Begleitung von Irmgard Zarden. Letztere gehörte zur sogenannten Tea-Party, die aus etwa acht Leuten der Berliner Gesellschaft bestand, an der Spitze die alte Exzellenz Solf und ihre Tochter Nagy, Herr und Frau Kiep, Herr von Scherpenberg, Graf Bernsdorff, Fräulein von Thadden u. a. m. Sie alle standen unter der Anklage staatsfeindlicher und defaitistischer Äußerungen und Pläne, die sie bei eben einer Tasse Tee besprochen hatten. Dieser sogenannte Kiep-Thadden-Prozeß ist einer der wenigen, die öffentlich vor dem Berliner Volksgerichtshof zur Abschlußverhandlung und Entscheidung kamen. Kiep und Fräulein von Thadden als Hauptangeklagte wurden zum Tode verurteilt, Scherpenberg zu zwei Jahren Zuchthaus. Abgesehen von der Exzellenz Solf und ihrer Tochter wurden die anderen Damen, die nur als Zeugen gesessen hatten, freigelassen. Irmgard Zarden wurde freigesprochen wegen Mangels an Beweisen. Hauptbelastungszeuge war ein Herr Reckzeh, über den folgende zwei Sätze genügend Aufklärung geben können:

Vorsitzender Freisler: «Fräulein Zarden, warum haben Sie diesen Herrn Reckzeh nicht zur Anzeige gebracht, als er sich anbot, Briefe für Sie mit in die Schweiz zu nehmen?»

«Was hätte es für einen Sinn gehabt, Herrn Reckzeh anzuzeigen, da ich doch wußte, daß er ein vorgeschobener Spitzel der Gestapo war?»

Zu den vollendetsten Erscheinungen aus der Reihe dieser Sonderhäftlinge gehörte Helmut Graf Moltke, der im Zusammenhang mit dem Kiep-Thadden-Prozeß im Februar 44 nach Ravensbrück gekommen war. Er war nicht auf der Tee-Gesellschaft gewesen, sondern hatte, und das machte man ihm jetzt zum Vorwurf, bei anderer Gelegenheit Kiep vor zu leichtfertigen Äußerungen staatsfeindlicher oder defaitistischer Art gewarnt, anstatt ihn deswegen bei der Gestapo anzuzeigen. Nach Beendigung des Kiep-Thadden-Prozesses wurde auch seine Freilassung erwogen, d. h. ihm wurde zur Wahl gestellt, freiwillig an die Front zu gehen oder aber überführt zu werden in eine Art NS-Schulungs- und Bewährungslager. Während dieses noch verhandelt wurde, ereignete sich die Katastrophe des 20. Juli, die auch für Moltke zum Verhängnis wurde. Im Laufe der vielen und leider immer sehr flüchtigen Unterhaltungen mit ihm hat sich mir etwa folgendes Bild ergeben: von einer unmittelbaren Beteiligung am 20. Juli seinerseits kann nicht die Rede sein, er saß seit Februar im Zellenbau von Ravensbrück. Aber, wie viele verantwortungs-bewußte Männer, so hatte auch er sich gesagt, daß man dem vorauszuse-henden Zusammenbruch Deutschlands so etwas wie eine Auffangbewe-gung entgegenstellen müsse, um das schlimmste innerpolitische und wirtschaftliche Chaos nach dem Sturz des Hitler-Regimes zu verhüten. So hatte er die Verbindung hergestellt zwischen den noch vorhandenen aktiven politischen Kräften der SPD und des Zentrums, und zweimal hatte er sein Haus in Creisau für Begegnungen und Besprechungen dieser Art zur Verfügung gestellt. Sein Interesse an Politik war, wie er mir selber sagte, mehr theoretischer als praktischer Natur, und ganz gewiß ist er nicht unter die revolutionären Aktivisten zu zählen. Im Gegenteil, er ist von Anfang an ein Gegner radikaler Handlungen gewesen, also auch ein Gegner der Attentatsgläubigen; er war klug genug, vorauszusehen, daß ein gelungenes Attentat nicht weniger verhängisvoll gewesen wäre, als das mißlungene es wurde für alle direkt und indirekt Beteiligten und schließlich für das ganze Volk. Hitler, so meinte er, müsse unbedingt sich selbst und sein Regime ungestört zugrunde richten, damit den alten Nationalsozialisten kein Argument zu ihrer Verteidigung blieb. Wie richtig diese Überlegung war, erwies sich schon in der primitiven Reaktion unserer SS-Aufseher auf den 20. Juli, die allen Ernstes behaupteten, daß eben diese reaktionäre Clique, die im Attentat auf Hitler nur zu ihrem letzten Schlage ausgeholt hätte, auch verantwortlich sei für El Alamain und Stalingrad. Sie, diese Clique, zusammengesetzt aus Aristokraten, Freimaurern und Katholiken, hätten Hitler den Sieg nicht gegönnt, und hätten schon seit Jahren an ihrem jeweiligen Posten dagegen gearbeitet. So offensichtlich die Dummheit dieser Überlegung auch ist, so fest und überzeugt saß sie doch in den Köpfen dieser Menschen, deren Meinung man deshalb ernst nehmen muß, weil sie ein Gewicht hat dank der Menge derer, die sie teilen.

Nach dem 20. Juli ging Moltke ganz bewußt mit jedem neuen Verhör auch einen weiteren Schritt seinem Tode entgegen. Sein Name war gefunden worden in der Reihe derer, die für die Goerdeler-Regierung vorgesehen waren, und da Moltke die Lüge als Ausflucht verschmähte, blieb ihm nur die todbringende Wahrheit. «Wie kann ich jetzt lügen», sagte er mir, «und dadurch das nachträglich vernichten und verraten, was ich auch heute noch für das Richtige und Notwendige halte?» Er gehört zu den Wenigen, von denen man mit ganzer Gewißheit sagen kann, daß sie zum Märtyrer geworden sind. Im Bekenntnis der Wahrheit lieferte er sich mit vollem Bewußtsein diesen Henkersknechten aus; um diesem Tode zu entgehen, hätte er geistig sich selbst umbringen müssen, indem er das verleugnete, um dessentwillen er bisher gelebt hatte.

Seine Haltung in diesen Wochen war über die Maßen beeindruckend. Seine freundschaftliche Teilnahme für uns alle war immer gleichbleibend aufgeschlossen und herzlich. Immer verkleidete sich die tiefe Skepsis seines Wesens mit einem unbekümmerten, etwas ironischen Lächeln. «Hoffnung ist nicht mein Metier», sagte er einmal freundlich, und in dem Schornstein des Krematoriums hat er nie etwas anderes erblickt als das tägliche Memento.

Zu den freundlichsten Erscheinungen gehörte neben Puppi die Prinzessin Elisabeth Ruspoli, genannt Mary. Sie war eine geborene Belgierin, Marquise d'Arsche, und stand unter dem Verdacht, ihre Beziehungen zum deutschen Kommandanten in Belgien, General Falkenhausen, ausgenutzt zu haben, ja, geradezu den alten Herrn zu vielen Sachen bewogen zu haben, die er laut Besatzungsreglements nicht hätte tun dürfen. Ihre helle, lachende Erscheinung war eine richtige Wohltat in dieser grauen Umgebung, immer war es ein großes Vergnügen, ihr zu begegnen. Nie belästigte sie mit eigenem Kummer die anderen, und immer war sie bereit, einen Gegenstand zu suchen, über den wir gemeinsam lachen konnten. Sei es, daß sie erzählte von ihren letzten Versuchen, die Kakerlaken zu erziehen: der einen hätte sie einen Tropfen Cognac zu trinken gegeben, eine andere hätte sie lange an einem Bindfaden turnen lassen, oder daß wir uns unterhielten über die Fortschritte unserer Marschvorbereitungen – nach der Invasion herrschte für Wochen eine intensive Marschpsychose –, wobei Mary behauptete, sie trainiere jeden Tag in ihrer Zelle. Gestern wäre sie eine Stunde gelaufen, heute anderthalb, immer auf der Stelle natürlich, demnächst wolle sie das Training auch auf den Koffer ausdehnen, den sie erst einmal leer dabei in der Hand halten wolle, um dann sein Gewicht um je einen notwendigen Gegenstand pro Tag zu erhöhen, erst eine Zahnbürste, dann den Schwamm, dann das Nachthemd usw.

In diese Reihe der Freunde gehört auch Albrecht Graf Bernsdorff, der von den Wachen besonders schlecht behandelt wurde, wahrscheinlich, weil sie seine Intelligenz nicht bemerkten, an seiner weichen Angreifbarkeit aber nicht vorbeisehen konnten. Man mußte ihm immer Grüße bestellen, ihn immer ein wenig trösten, ein wenig aufheitern, ihm ein wenig Mut zusprechen – er lebte so spürbar am Rande der Hoffnungslosigkeit. Für Wochen konnte er sich nicht erholen von einem fürchterlichen Nachtverhör, wo man ihn mit schrecklichen Folterqualen zu Aussagen gepreßt hatte, die andere belasteten. Er war schon einmal längere Zeit in Dachau gewesen, war aber dann entlassen worden, nachdem er notariell seine Zustimmung dazu gegeben hatte, daß sein Neffe – Sohn der geschiedenen oder verwitweten Frau seines Bruders, die in zweiter Ehe einen hohen SS-Führer geheiratet hatte – seinen Besitz am Schallsee erben würde. Man erzählte sich, er habe gleich nach seiner Entlassung diese Bestimmung angefochten und sei teils deshalb, teils wegen seiner besonderen Beziehungen zum Hause Solf wieder eingesperrt worden. Immer wieder sprach er von dem großen Fest, das er mit uns allen auf seinem Gut feiern wollte, wenn alles vorüber wäre, ein Wunschtraum, mit dem er vor allem wohl sich selber über die tiefe Depression hinwegzutäuschen versuchte, mit der er seinen Tod erahnt hat. Er ist, so muß man es annehmen, an einem der letzten Berliner Tage erschossen worden.

Ein sehr anderes Temperament hatte Rudolf Pechel, der ehemalige Herausgeber der «Rundschau». Seine Entrüstung war täglich neu und immer gleich intensiv und voller Entsetzen, so als hätte er gerade an diesem Morgen zum erstenmal die ganze Abgründigkeit des schrecklichen und totalen Unrechts begriffen, das über jedem einzelnen hier lag, aber auch über jedem Deutschen, ja, durch diesen entsetzlichen Krieg nun schon seit fünf Jahren die ganze Welt heimsuchte. Wenn ich ihn traf, schüttelte er meist mit dem Kopf und stöhnte dann ein tiefes «Entsetzlich! Entsetzlich!» Von seiner Frau wußte er nur, daß auch sie eingesperrt worden war, gerade ein paar Tage bevor sein Sohn nach fast zwei Jahren wieder auf Urlaub erwartet wurde. Später kam er von Ravensbrück nach Sachsenhausen, von wo aus er offenbar inzwischen nach Berlin zurückgekehrt ist.

Im Gegensatz zu Pechel war der Schriftsteller und Philosoph Ewald Wasmuth immer und gerne bereit, etwas Gutes und Besinnliches zu sagen. Er war nach Ravensbrück gekommen in der Absicht, seinen Bruder, den Verleger, zu besuchen. Anstatt aber, entsprechend der vorher schriftlich gegebenen Zusage, ihn zu seinem Bruder vorzulassen, führte die Gestapo ihn selbst in eine Zelle, wo er dann für zwei Monate den Herren für ein paar Verhöre zur Verfügung stehen mußte. Beide Brüder waren ungeheuer fleißig; der eine schrieb philosophische Abhandlungen, der andere Märchen und Gedichte für seine Kinder, die aber, als er sie ihnen zu Weihnachten schicken wollte, wie so vieles andere im Papierkorb der Gestapo verschwanden. Er blieb in Ravensbrück bis zuletzt, kam dann nach Sachsenhausen und ist nach der allgemeinen Evakuierung des KZ von Schwerin nach Berlin zurückgekehrt.

Zu den nicht zu vergessenden Gestalten dieser ersten Wochen gehört der alte Herr Kuenzer, der eines Morgens eingerollt in eine Decke vom Verhör zurückgebracht wurde. Man hatte ihn so furchtbar dabei geprügelt, daß er über 14 Tage bei offener Zelle unter ständiger Pflege mehr tot als lebendig im Bett lag. Als ich ihn danach das erstemal wiedertraf beim Spaziergang, erschrak ich zutiefst über seine zahnlose, zerbrochene Greisenhaftigkeit, und für Wochen und Monate verlor sich nicht jener harte Zug aus seinem Gesicht, der in dessen Züge leicht sich prägt, dessen Seele unter dem Schmerz eines übergroßen ihr zugefügten Leidens einen Riß bekommen hat. Diese nächtlichen Prügelverhöre, die später, nach dem 20. Juli, zur Regel wurden, entstellten alle Gesichter auf das Erschrecklichste – nicht nur, daß die Mißhandelten mit blauen geschwollenen Augen und aufgesprungenen Lippen am nächsten Tage zum Rundgang kamen, erregender und beklemmender noch war der ungute, schillernde Ausdruck in ihren Augen. Bei vielen kehrte die leuchtende Natürlichkeit nicht wieder, sondern langsam trat anstelle des harten Flackerns der Ausdruck trüber Stumpfheit. Das erste Mal war ein so verstörtes Augenpaar mir im Gesicht einer Frau begegnet: Beromünster wurde eines Nachmittags plötzlich aus ihrer Zelle geholt ohne weiteren Kommentar und in großer Eile; nach kurzer Zeit hörte ich einen schleppenden Gang vor meiner Türe, dazu den klappernden Holzpantinenschritt einer unserer Kalfaktorinnen und dann das Riegelgeräusch vor ihrer Zelle. Im nächsten Moment schon pfiff sie mich ans Fenster. In ihren schwarzen Augen loderten Schmerz und wildes Entsetzen: sie hatte dreißig Peitschenhiebe bekommen, wofür wußte sie nicht, und lag nun mit blutendem Rücken in ihrer Zelle, überdies geplagt von den Schmerzen einer akuten Rippenfellentzündung und ohne jegliche Hilfe. Der Lagerarzt hat sich nie um sie gekümmert, obwohl es seine Pflicht gewesen wäre und sie von ihrem Recht, ihn für sich anzufordern, täglich Gebrauch machte.

Herr Kuenzer wurde im Laufe des Winters nach Berlin zurückgebracht und noch in den letzten Tagen des Regimes erschossen, nachdem seine Frau, gesundheitlich sehr geschwächt, im April aus der Sippenhaft entlassen worden war, die sie wegen ihres «entwichenen» Bruders Kniephausen hatte antreten müssen.

Sepp oder der Neuner war ein besonderer Freund von mir. Er war Kommunist und zeichnete sich aus durch eine zwingende Gutmütigkeit, die man nicht selten unter den Idealisten dieser Weltanschauung trifft. Immer wieder hat er mich beeindruckt durch die Fülle der ihm zur Verfügung stehenden Kenntnisse aus der politischen, wirtschaftlichen, sozialistischen Sphäre unseres Daseins; sehr viel unbeholfener hingegen war sein Denken auf ethischem, anthropologischem, transzendentalem Gebiet. In der Beantwortung der hier gestellten Fragen erwies sich sein – subjektiv betrachtet sehr wertvoller – Idealismus als ein ebenso naiver wie eigentlich antiquierter Materialismus, der mit aller Harmlosigkeit das als von der Natur mitgegebenen menschlichen Besitz voraussetzt, was ihm seine christlich-personalistische Erziehung in einer bayrischen Kloster- schule als kostbarste Frucht jahrhundertelangen Bemühens anvertraut hatte. Neben aller gebotenen Vorsicht entfaltete er eine fast brüderliche Teilnahme für seine Mitgefangenen: er gab und verschenkte an Bedürftigere, was immer von seinen Rationen er entbehren konnte. Für eine kurze Zeit waren in einer besonderen Strafzelle, die ihr Fenster zum Hof hatte, vier Mädchen aus dem Lager untergebracht, deren eine sich ihm zu erkennen gab als eine alte Freundin, die zusammen mit ihrem Vater schon in den zwanziger Jahren nach Rußland ausgewandert war. Als altes aktives Mitglied der KPD war sie während dieses Krieges mit gefälschten deutschen Papieren hinter den deutschen Linien abgesprun- gen als Agentin, wurde aber sehr bald entdeckt aufgrund eines Fehlers in ihren Ausweisen. Der gute Neuner hat es fertiggebracht, auf jedem seiner Spaziergänge ihr etwas zuzustecken, Brot, Käse und was er sonst hatte oder für diesen Zweck von anderen geschenkt bekam. Sehr lange aber konnte er nicht für sie sorgen – eines Abends wurde sie zusammen mit den drei anderen erschossen. Von diesen anderen hieß es, sie hätten vorsätzlich eine Aufseherin in die Jauchegrube gestoßen – wieviel davon wahr ist, weiß ich nicht; sicher ist nur, daß zwei von ihnen *halfsinners* waren, vielleicht von Geburt, vielleicht aber auch durch zuviel schreckli- ches Erleben . . .

Ein Freund vom Neuner war der andere Kommunist, Rudolf, auch Portier genannt oder Neptun. Die beiden letzteren Bezeichnungen hatten ihre Bedeutung. Portier nannten wir ihn deshalb, weil er dank seiner exponierten Zellenlage wirklich berufen war zu einer Art Hausmeisterpo- sten. Er funktionierte wie ein zuverlässiges Ermittlungsbüro, bewährte sich vortrefflich als Zwischenträger aller Nachrichten und verfügte immer über die neueste Fremdenliste. So erfuhr ich von ihm zuerst über das Eintreffen meiner Schwippschwägerin, Gräfin Gisela von Pletten- berg, und alle mir wissenswerten Einzelheiten über das Schicksal der Plettenbergschen Familie.

Neptun hieß er deshalb, weil er durch Wochen hindurch das Privileg genoß, abends die Blumen begießen zu dürfen, die der preußische Ordnungssinn uns eines Tages in den Hof gepflanzt hatte. Als ich nach Ravensbrück kam, war in dem Hof nur ein Aschenweg, der entlang dem Zellenbau verlief, während man unterhalb der Mauer auf einer Rasenflä- che spazierenging. Dabei hatte sich ein Weg gebildet, an den wir alle eine besondere Anhänglichkeit empfanden, denn er sah etwa so aus wie ein Wiesenpfad, der seine Existenz hartnäckiger Gewohnheit, nicht aber einem mit dem Lineal gezogenen Plane verdankt. Wir alle mochten dieses etwas zufällig und privat anmutende besonders gern, gerade weil es nicht mit dem Lineal gezogen war. Die Lagerleitung aber regelte all diese äußeren Schönheitsfragen mit aufreizender Korrektheit. Eines Tages überschwemmte eine Schar weiblicher Häftlinge den Hof, der von uns so geliebte Rasen wurde entfernt und statt dessen längs der Mauer ein halbmeterbreites Beet angelegt, säuberlich von großen Feldsteinen eingefaßt und schließlich mit Blumen bepflanzt in der Ordnung eines angetretenen Regimentes. Der Rest des Hofes wurde säuberlich mit Schlacke und Asche bedeckt und dann gewalzt, und wir hatten bis in den feuchten Herbst hinein nach jedem Spaziergang ganz grauenhaft schmutzige Füße und mußten eigentlich ein Vollbad nehmen, namentlich wenn es windig gewesen war, so völlig verdreckte man von diesem schwarzen Staub. Gewiß, auf einer Fotografie hätte das alles sehr einladend und freundlich ausgesehen: die Häftlinge verbringen ihre Freizeit in einem blumengeschmückten Hof – wir dankten bestens! Gerade diese Blumen unterstrichen in kränkender Weise die Diskrepanz der gesamten Situation: äußerste Sauberkeit und Akkuratesse nach außen – und nach innen? Unberechenbarkeit, Willkür, Grausamkeit. Als ob die Rechtlosigkeit bemüht war, sich zu tarnen! Zehn Schritt entfernt von diesen reizenden Blumen, die überdies in penetranter Aufdringlichkeit Kunde gaben vom Fortgang der Jahreszeiten, war die Prügelkammer, gleich hinter der Mauer war das Krematorium, und nur allzu oft mischte sich in den zarten Duft der sommerlichen Pflanzen der ekle Geruch verbrannten Fleisches . . .

Es gab auch ein kleines Kind im Zellenbau, die kleine Soia, die einzige Spaziergängerin ohne festgelegte Ausgangszeiten. Als ich ins Lager kam, mußte sie die meiste Zeit noch auf den Arm genommen und getragen werden, sie war etwa anderthalb Jahre alt, und als sie fortkam im späten Herbst, mußte man schon acht geben, daß sie einem nicht davonlief. Sie war die Tochter der Frau eines ukrainischen Ministers von der National Partei, die zusammen mit ihrer Cousine – diese hatte sich bei der Verhaftung zufällig bei ihr im Hause befunden – seit über einem halben Jahr in Ravensbrück war.

An der Gestalt dieses kleines Kindes offenbarte sich so viel Gutes und Schlechtes, daß es lohnt, einen Augenblick dabei zu verweilen. Immer wieder konnte man beobachten, welch zuverlässig versöhnliche Wirkung ausgeht von einem Kinde. Die rauhesten Männer finden ein freundliches Wort, auf den brutalsten Zügen erscheint ein Lächeln, die finstersten Mienen hellen sich auf, wenn so ein Unschuldsbalg vertrauensvoll angewackelt kommt. Bei einer Fahrt durch das besetzte Frankreich saß ich einmal in einem überfüllten Abteil zusammen mit deutschen Offizieren und französischen Zivilisten. In der Mitte stand ein deutscher Major der Luftwaffe, dessen blitzender Offiziersdegen in verführerischer Nähe vor der Nase eines kleinen französischen Kindes leise hin- und herschaukelte, und natürlich fing es gleich an damit zu spielen. Die Mutter versuchte vergeblich, es ihm zu verwehren, sie war die einzige, die ihre Reserve nicht verließ. Alle anderen, Deutsche und Franzosen, beteiligten sich in irgendeiner Form an diesem Spiel durch alberne Geräusche, ulkige Grimassen, Fragen und Bemerkungen, sie wurden zu Vätern, Müttern, Brüdern, Schwestern, sie wurden freundlich, sie wurden menschlich, und kaum einer hätte im Augenblick noch den Sinn und die Notwendigkeit des Krieges erkennen und behaupten können. Verleitet von der Arglosigkeit des Kindes hatten sie für einen kurzen, unbeobachteten Augenblick den sicheren Schutz ihrer vorgefaßten Meinungen verlassen und überließen sich ganz befreit dem natürlichen Zug des Herzens. Damals blieb dieser beglückende Eindruck unzerstört, aber daß er falsch war, zumindest nur teilweise richtig, haben mich die Beobachtungen aller Begegnungen mit der kleinen Soia gelehrt. Welch furchtbares Maß verlogenster Sentimentalität mischt sich in die Haltung der meisten Erwachsenen gegenüber dem Kinde! Die Hilflosigkeit des Kindes rührt sie, die «Schuldlosigkeit» des Kindes stimmt sie wehmütig, die Ahnungslosigkeit des Kindes macht sie so leidvoll überlegen – «armes Kind, wie gut, daß du noch nicht weißt, wie böse das Leben ist» oder so ähnlich. Unsere höheren und niederen Wärter, die Häftlinge, wer immer diesem Kinde begegnete, war nett zu ihm, lächelte es an, sagte etwas Freundliches, jeder, so schien es, war bemüht, ihm seine beste Seite zuzukehren. Vor allem die SS-Wachen schmückten sich geradezu mit dieser weichen Nettigkeit, mit der sie dem Kinde begegneten. Es war keineswegs ein besonders hübsches Kind, kein besonders liebenswürdiges und gescheites Kind, obwohl jeder bereit war, all dieses zu beteuern. Der Untersturmführer ging mit ihm auf und ab, nahm es auf den Arm, sprach freundlich und geduldig mit ihm immer dieselben Dinge, lachte, und schien ganz gerührt von der bezwingenden Harmlosigkeit eines so kleinen Wesens. Wie faul und unzuverlässig aber war das alles: zur gleichen Stunde saßen drinnen junge ukrainische Mädchen und flehten mit weinenden, klagenden Stimmen: «Biete, biete, gnädicke Frau, iech niecht getan, biete, gnädicke Frau . . .» und sie bekamen rechts und links welche hinter die Ohren, wurden angeschrieen und ihrem von Angst und Schrecken erfüllten Schicksal überlassen. War ihre Hilflosigkeit wirklich so grundverschieden von der Hilflosigkeit dieses Kindes? Ich glaube, hilfsbedürftig ist jeder Mensch in jedem Alter, und das Maß ändert sich nur im graduellen Sinne. Immer ist er angewiesen auf Glauben und

Vertrauen im anderen, ohne die ist er hilflos. Eine wesentliche Veränderung liegt nur auf dem Gebiete der eigenen Verantwortlichkeit vor, die bei einem Kinde solange im eigentlichen Sinne nicht vorhanden ist, als es sich selbst als Person noch nicht ins Blickfeld bekommen hat.

Einem Hilflosen freundlich zu begegnen, glaubten wir in der Natur des Menschen begründet zu wissen, aber wir müssen erkennen, daß nicht die Natur, sondern die Kultur ihm diesen Schutz gewährte. Die «Natürlichkeit» dieser SS-Leute anerkannte die Hilfsbedürftigkeit des Menschen nur, solange diese noch gedeckt war durch die Neutralität der kindlichen Daseinsweise. Im Augenblick, wo er aus dieser heraustrat in das Alter verantwortungsvollen Ichbewußtseins, fiel er unter die Freund- und Feindbeurteilung, wie sie von Dr. Karl Schmitt geprägt worden ist. Da hat die Menschlichkeit ihr Ende gefunden.

Für die kleine Soia selbst ist diese Zeit wahrscheinlich grundlegend geworden insofern, als keiner außer der Mutter sich ernsthaft mit ihr beschäftigte, alle sie nur verwöhnten und sie auch künftighin von jedem erwarten wird, daß er ihr etwas schenkt. Sie bekam von jedem immer irgend etwas – Bonbons, eine Puppe, bunte Knöpfe – die erstaunlichsten Sachen brachten vor allem die Häftlinge aus dem Lager, die fast täglich in den Zellenbau kamen, in dessen Souterrain sich die Entlausungskammer für die Wäsche und Kleider befand. Sie alle verzögerten ihre Arbeit um ein Beträchtliches, wenn die Kleine im Hof war, um mit ihr zu scherzen, sie zu einem freundlichen Kinderblick zu bewegen, und man kann sich leicht ausmalen, was für Gedanken durch die Herzen dieser Frauen gezogen sein mögen, von denen der weitaus größere Teil irgendwo eigene kleine und große Kinder in grauenvoller Unsicherheit zurückgelassen hatte. Die beiden Ukrainerinnen selber haben mich tief beeindruckt durch ihre gute Haltung. Sie lebten in zwei getrennten Zellen, aber tagsüber wurde die Cousine in die Zelle der Mutter und des Kindes gelassen, wo sie dann in aller Enge zu dritt beieinanderhockten. Wann immer ich beide auf dem Spaziergang traf, sie waren stets gleichmäßig freundlich zueinander, liebenswürdig und höflich, als sähen sie sich zum erstenmal. Nie eine gereizte Stimmung, nie ein hartes Wort – eine so tiefbegründete Kultiviertheit kam da zum Ausdruck, daß es nur recht und billig ist, ein Wort darüber zu verlieren. Alle drei kamen dann ganz unerwartet eines Tages fort – wohin, haben wir nie erfahren, nur daß es ihnen besser ginge, wurde uns erzählt. Nun ja – was die Gestapo unter «bessergehen» verstand, glich nicht selten einem reichlich optimistischen christlichen Jenseitsglauben, womit ich nicht sagen will, daß man sie umgebracht hat. Ich war zufällig beim Spaziergang, als sie abgeholt wurden, und habe meine ganze Fassung zusammennehmen müssen, um meiner spontanen Ergriffenheit keinen zu offenbaren Ausdruck zu geben. Es wurde so evident plötzlich, in welch einer totalen Ausgeliefertheit diese drei Frauen waren – sie lächelten zwar, aber die Mutter war todblaß und zitterte am ganzen Leibe, ebenso die Cousine –, so, als wollten sie sagen, es ist ja gleich, was ihr mit uns macht, aber das Kind, das Kind – wer erbarmt sich des Kindes . . .

Ein paar Wochen nach meiner Ankunft war ich in das obere Stockwerk verlegt worden, in Puppis Nachbarschaft. Der Unterschied in den Zellen oben und unten bestand nur hinsichtlich der Aussicht aus dem Fenster, die im Souterrain ihre sehr platte und enge Begrenzung gefunden hatte durch das nahe Gegenüber der Mauer. Im ersten Stock hingegen öffnete sich hinter den Stacheldrähten und dem Krematoriumskamin eine weite Landschaft, durchsetzt von Kiefern, Knicks und Wäldern. Etwas rechts unten lag der See, der erste See der hier beginnenden mecklenburgischen Seenplatte. Um ihn herum lagen herrliche Laubwälder und an seinem gegenüberliegenden Ufer die friedliche kleine Stadtsilhouette von Fürstenberg. Links herüber hatte die Landschaft mehr brandenburgisch-märkische Reize, zerzauste Kiefern, sehr viel Sand und abends oftmals zauberhafte, pastellfarbene Himmel. In gerader Richtung vor uns lag hinter Bäumen eine jener Fabriken, in denen die Häftlinge arbeiten mußten, die abends mit lautem Gesang von dort ins Lager zurückmarschierten. Ich habe einmal in der Mauerecke unseres Hofes stehend einem Einmarsch der Kolonnen zugehört und war ganz fasziniert von dem akustischen Eindruck und seinen visionären Auswirkungen: in diesem Winkel fingen sich die verschiedenen Lieder der heimkehrenden Häftlinge zu einem einzigen Brausen. Die ganze Luft schien erfüllt von harten, rauhen Tonfetzen, aus denen der Rhythmus die Melodie verdrängt hatte. Ich meinte den heißen, keuchenden Atem zu spüren, und sekundenlang fühlte ich mich völlig überwältigt von der Wucht dieser heranziehenden Massen, deren Singen nurmehr Ausdruck einer Besessenheit zu sein schien, die die Seele verbrannt hatte. Bilder und Vorstellungen heidnisch-germanischer Herkunft schossen mir durch den Kopf, dampfende Schlachtfelder und Heerscharen von Walküren. Völlig vergeblich versuchte ich aus all den sich jagenden, hetzenden, überschneidenden Tönen jenen herauszuhören, der Kunde gibt vom singenden Menschen selber, aber all das Zarte, Geheimnisvolle war ganz verschlungen von der Gewalt einer alles zerstampfenden Dynamik.

Dieses war der erste Eindruck vom inneren Gesicht des Lagers – so also sah das Innen aus, dessen Außen mir flüchtig begegnet war am Tage meiner Einlieferung; so also äußerte sich diese gesichtslose Masse, wenn sie als Ganzes in Bewegung gesetzt wurde: in abgerissenen, schreienden Fetzen stoßen verzerrte Töne aus ihr heraus, die keiner mehr verstehen konnte, außer der barmherzigen Liebe, die auch in den Scherben noch das geliebte Antlitz zu erkennen vermag. Die abnorme Häßlichkeit dieses

Gesanges war so erschütternd, weil nichts mehr zu erkennen war von der eigentlichen Schönheit des Menschen. Schönheit aber ist ein Geheimnis des Guten, so wie das Gute Geheimnis der Wahrheit ist.

Der 20. Juli

Anfang Juli wurde ich strafverlegt auf die Nordseite des Hauses. Der Unterschied zwischen den Süd- und Nordzellen war viel größer, als ich es mir hatte vorstellen können. Hier war es vor allem ganz dunkel, die Zellen waren viel schlechter gehalten als die auf der anderen Seite, der Kalk an den Wänden war rissig, voller Schmutz und Flecken und Bleistiftschmierereien, die Fenster waren ordnungsgemäß eingesetzt mit unlöslichen Bolzen und sämtlichen drei Scheiben und auch in den wärmsten Sommertagen blieb die Temperatur feucht und kalt. Der Gefängnischarakter trat viel stärker zum Vorschein als auf der südlichen, von uns so genannten Sanatoriumsseite. Und was noch einschneidender war, auf dieser Seite war jegliche Unterhaltung von Fenster zu Fenster zumindest tagsüber unmöglich, weil direkt gegenüber die Lagerschreibstube lag, die sich ein Vergnügen daraus machte, uns scharf zu kontrollieren. Aber auch nachts waren Gespräche äußerst gefährlich, zumal im Sommer, da die Dienstzimmerfenster offenstanden und so auch das geflüsterte Wort dort gehört werden konnte. Ein großer Trost für mich war, daß ich den erfahrenen Neuner als Nachbarn hatte, und nach wenigen Tagen schon waren wir eingespielt auf ein schönes Klopfsystem, mit dem wir uns unbemerkt verständigen konnten. Mit dieser Verlegung auf die Nordseite war ich natürlich automatisch zu dem schon erwähnten «Erkennungsdienst» verpflichtet, was nach dem 20. Juli eine seelisch und körperlich gleich große Anstrengung bedeutete. – Der Wagen von Drögen kam oft drei- viermal am Tage und noch öfter in der Nacht und, weiß Gott, es ist keine angenehme Nachtruhe mehr, wenn man einen der Freunde, z. B. Moltke, nachts um zehn gefesselt den Bau verlassen sah, um erst am anderen Morgen vom nächtlichen Verhör zurückzukommen. Wie grauenerregend sind diese Geräusche klirrender Hand- und Fußschellen, so ein gedämpftes, kurzes Sprechen in der Nacht, wie unerträglich ist diese Spannung des Dunklen, Geheimnisvollen, Grausamen, in der nie ein reines, klares Wort zu vernehmen war.

Der zwanzigste brachte viele Veränderungen für uns mit sich. Der ganze Betrieb wurde straffer und gefährlicher. Sehr bald nach diesem Tage zogen zwölf junge SS-Männer, «Beutegermanen», ins Haus, die je zu sechst den «Wach- und Schließdienst» besorgten. Alle zwölf waren recht unerträgliche Lümmel mit lauten, frechen Allüren, katzenhafter Geschmeidigkeit und unbeschreiblich bestechlich – was nützt Bestechlichkeit, wenn sie nicht zum Erfolge führt? dann ist sie schlichter

Diebstahl. – In kurzer Zeit verdienten sie sich den Spitznamen «die Ratten», natürlich von Puppi erdacht. Innerhalb weniger Wochen waren sie durch unsere Bestechungen einerseits, andererseits vor allem aber durch den mit diesem Sonderkommando verbundenen Zuwachs an Macht und Verfügungsgewalt total verdorben. Sie stahlen, was nicht niet- und nagelfest war, trieben sich nachts in den Zellen der Lagerhäftlinge herum, denunzierten uns und sich und logen mit verblüffender Unverschämtheit, sie waren wahrhaftig eine rechte Plage. Sie alle sprachen nur wenig Deutsch, und es war sehr schwierig herauszufinden, wem von ihnen man wirklich trauen konnte. Überhaupt erforderte diese Notwendigkeit, sich unter dem Personal Freunde zu schaffen und zu erhalten, eine außerordentlich zähe, mühsame Kleinarbeit, bei der ein falsches Wort im falschen Augenblick wochenlange Bemühungen wieder zunichte machen konnte.

Ihre Diensteinteilung war mehr als unerfreulich: es war angeordnet worden, daß ein Mann ständig vor den Zellen zu patrouillieren hatte, und das nichtabreißende Geräusch der unregelmäßigen Schritte dieses herumwandernden Postens brachte uns, vor allem nachts, an den Rand unserer Nerven. Außerdem aber bewachten sie uns auf unseren Spaziergängen, auf denen nun definitiv nicht mehr gesprochen werden durfte. Also mußten wir auch hier uns «umschulen». Beim Auf- und Zubinden von schadhaften Schuhbändern z. B., ergab sich ganz unauffällig die Möglichkeit, dem überholenden Spaziergänger das Notwendige zuzumurmeln. Meine Schnürsenkel sind durch die Abnützung in diesen Wochen in lauter kleine Stücke zerrissen. Da es trotz mehrfacher Versuche dank der fehlenden Konsequenz bei unseren Wachhabenden nicht gelingen wollte, die eigentliche Rundgangsdisziplin eines zünftigen Gefängnisses – der Gänsemarsch in festem Abstand – bei uns durchzusetzen, wurde es zu einer Art ehrgeizigem Sport, gerade in Gegenwart der Wachen möglichst mit allen einmal gesprochen zu haben.

Zu den bekanntesten Einlieferungen nach dem 20. Juli gehörte Graf Helldorf, der eine Zeitlang im Souterrain lag in einer auch nachts hellerleuchteten Zelle, vor deren offener Tür ständig zwei Soldaten wachten.

Hin und wieder traf man im Hof den alten Geßler, den ehemaligen Reichswehrminister, der mehr sterbend als lebend mit unsagbar traurigem Ausdruck, müde und erlöschend auf einem Stuhl in der Sonne saß.

Der ehemalige Chef des Stabes, Generaloberst Halder, und seine Frau, denen beiden lange Zeit das Märchen erzählt wurde, daß der andere ganz woanders sei, obwohl sie sich doch schon seit längerem des Abends gute Nacht und des Morgens guten Morgen sagten, sie lagen beide ein paar Monate im Sanatoriumsflügel, bis er zur Vernehmung nach Drögen und

Berlin geholt wurde und die Generalin ins Souterrain der Nordseite verlegt wurde, weil sie beim Pendeln erwischt worden war. (Pendeln, auch ein Vorzug der Südseite, heißt mit seinem Zellennachbar mit Hilfe einer Schnur verschiedene Gegenstände auszutauschen, ein Spiel, das mit Geschick zu beherrschen, Ehrgeiz jedes guten Häftlings war.) Monate später hat sich das Ehepaar Halder in Dachau wiedergetroffen, um dann nach der Kapitulation von den Amerikanern wieder getrennt zu werden. Er ist ein vollendeter Typ der alten Offiziers-Generation, der seinen Homer so gut kennt wie die Heilige Schrift und in der klassischen Musik so gut Bescheid weiß wie in der Weimarer Literatur, sehr unauffällig, sehr liebenswürdig, sehr bescheiden. Er war der einzige unter uns, der nach der gelungenen Invasion in Frankreich die strategischen Möglichkeiten und Fortschritte der Alliierten klar abzuschätzen verstand, seine Prognose bezüglich des Kriegsendes hat sich fast auf den Tag bewahrheitet. Einem späteren Gespräch mit ihm verdanke ich eine schwerwiegende Information, die Bestätigung eines alten Verdachtes: jene erste berühmte und furchtbare sogenannte Terrorbombe im Frühjahr 1940, durch die in Freiburg elf Kinder ums Leben kamen, ist auf deutschen Befehl von deutschen Flugzeugen geworfen worden . . .

In diesen Tagen erschien auch der alte Bürgermeister Seitz aus Wien, dessen Bild ich kürzlich in der Zeitung sah. Es war so ohne weiteres nicht anzunehmen, daß er die Zeit überleben würde. Als er kam, sah er aus, als wäre er just dem Goldrahmen seines eigenen Ölgemäldes entstiegen. Er war eine prachtvolle Erscheinung aus den letzten Tagen des vergangenen Jahrhunderts: er trug einen sehr gepflegten weißen Vollbart, ganz enge Hosen und blanke schmale Knöpfstiefel, einen hohen Vatermörder mit Plastron und Perle, und das Jackett seines grauen Kammgarnanzuges hielt etwa die Mitte zwischen einem Cut und einem Gehrock. Wenn er einer Dame im Hof begegnete, zog er grüßend den großen Hut mit dem aufwärts geschwungenen Rand, und in den langen, gepflegten Händen, mit den schweren goldenen Ringen, hielt er einen hellen Spazierstock mit Silberknauf. Wahrscheinlich duftete er von Natur nach Lavendel Uralt. Wie ein lebendiger Anachronismus nahm er sich aus auf diesem graugrünen Hintergrund der Gefängnismauer. Aber wie wurde dieser arme Mann zugerichtet. Die Höflichkeit der ersten Tage gab sich bald, und dann wurde er nur noch angebrüllt – in der dortigen Umgebung sagte man «angeschissen», und das trifft den Tonfall noch besser. «Wenn Sie nicht machen, daß Sie weiterkommen, können Sie sich mal da mit dem Gesicht zur Wand stellen, solange, wie es mir paßt.» So und ähnlich vergnügten sich die jungen SS-Wachen an dem alten Herrn, der sichtlich zerfiel, wie eine welkende Rose, die ihre Blätter verliert. Er wurde mager und aß nicht mehr, seine vollen, leicht rosa gefärbten Wangen wurden

hohl und kalkfarben, er wurde krank und konnte nicht mehr spazierengehen – wir alle meinten, daß er bald sterben würde.

Der geglückte Selbstmordversuch eines Mannes zog weitere Verschär-
fungen nach sich: aus allen Zellen wurden die Gegenstände entfernt, mit
denen man sich selber ans Leben hätte gehen können, Rasiermesser,
Handtücher, Krawatten, Schnürbänder, Uhren usw. In einer Zelle gibt es
nur zwei Selbstmordmöglichkeiten: Erhängen oder Aufschneiden der
Pulsader. Dieser Mann hatte sich erhängt. Ich hatte ihn nur einmal im
Hof getroffen, aber sein furchtbares Bild hat sich mir unauslöschlich
eingeprägt: wie ein großes, weißes Tier mit den Gliedmaßen eines
Gorillas saß er, die stieren dunklen Augen voller Todesschatten,
unbeweglich und schon ganz verstummt auf einem Stein mit einem schon
toten Gesicht zwischen den gewölbten, riesigen Schultern. Seinen Namen
habe ich nicht erfahren können.

Nach seinem unglückseligen Ende also erschienen die übrigen Männer
nun ohne Schlips und Kragen im Hof, mit offenen Stiefeln und
rutschender Hose – wirklich, selten habe ich einen so jämmerlichen
Eindruck vom männlichen Geschlecht bekommen wie in diesen Wochen.
Bei kaum einem von ihnen war das Format der inneren Haltung so groß,
daß man auch in diesem Aufzug den ‹Herren› in ihm erkennen konnte.
Bei Moltke ja, seine aristokratische Haltung war auch im gestreiften
Häftlingsanzug noch so unverkennbar wie in seinen englischen Anzügen.
Ebenso blieb bei einem jungen Kaplan die heitere Frömmigkeit auch ohne
Hosenträger der hervorstechende Eindruck seiner Erscheinung. Er
gedachte täglich unser aller am Abend und am Morgen, wenn er zur
bestimmten Stunde nach einem verabredeten Klopfzeichen, das wir
untereinander weitergaben, den priesterlichen Segen erteilte über das
Haus und alle seine Bewohner. Ebenfalls Baron Guttenberg, der nur
kurze Zeit in Ravensbrück war, behielt in diesem Aufzug den vollen
Charme seiner ritterlichen Liebenswürdigkeit und verlor nichts von
seiner heiter gelassenen Ruhe. (Baron Guttenberg ist zusammen mit Graf
Bernsdorff am Ende der Berliner Tage erschossen worden.) Aber die
anderen boten ein klägliches Bild zerrupfter Würde und verstörter
Männlichkeit.

In diesen letzten Julitagen wurden auch drei Damen Hoepner eingeliefert: die Frau des Generals, seine Tochter und seine Schwester – alle drei
Gestalten reiner Potsdamer Prägung! Der Tochter und ihrer Tante
begegnete ich an einem ihrer ersten Tage und fragte natürlich sofort, wer
sie seien, was sie auch gleich beantworteten. Die Tante meinte, das sei
doch nun zu ärgerlich, daß das gerade jetzt habe passieren müssen, wo sie
nach Jahren endlich für sich und ihren Mann wieder einen Platz in ihrem

alten Sanatorium bekommen hätte für einen dreiwöchigen Erholungsauf-
enthalt. Die Koffer wären schon gepackt gewesen! Und da wäre nun
ausgerechnet bloß wegen ihres Bruders . . . Und die Tochter überlegte, ob
es denn keine Möglichkeit gäbe, ihrem Vater einen Revolver zuzustellen,
und beklagte es, daß auch ihr eigener Mann nicht mehr aktiver Offizier
würde bleiben können. Die Tante wurde zuerst entlassen, darauf die
Tochter, nachdem sie ihre Mutter für vier Wochen in den Strafblock des
Lagers begleitet hatte; die Mutter hingegen hat dieses härteste Los bis
zum Tage der Auflösung von Ravensbrück aushalten müssen. Ich habe sie
später noch einmal wiedergesehen, blaß, mager und mit geschorenen
Haaren. Es hieß, daß ihr Mann sie durch eine Aussage schwer belastet
habe. Der Sohn Hoepner, dem ich später kurz begegnet bin, erzählte mir
u. a., daß die im Völkischen Beobachter zitierte Antwort seines Vaters:
«Nein, ich war ein Esel», noch einen Nachsatz gehabt habe, nämlich: «Ich
war ein Esel, daß ich diesen Kerl nicht erschossen habe, als ich drei Meter
vor ihm stand.»

Erschreckend für mich und ergreifend war ein kurzes Wiedersehen mit
Dr. Julius Leber, dem ehemaligen sozialdemokratischen Reichstagsabge-
ordneten, den ich von früher aus Lübeck kannte. Da wir zufällig allein
waren im Hof, konnte ich ihm zur Begrüßung die Hand geben. Meine
Fragen nach seiner Frau konnte er nicht beantworten. Erst Monate später
habe ich eine Dame getroffen, die mit ihr zusammen in einem Berliner
Gefängnis gesessen hatte, aus dem Frau Leber eines Tages entlassen
wurde mit dem Bemerken, daß das Todesurteil an ihrem Manne nunmehr
vollstreckt sei. Er sah grau aus und alt, wie immer lag dieser trotzige,
entschlossene Zug um seinen Mund, und der Ausdruck seiner Augen war
voll resignierter Traurigkeit. Er sagte gleich, daß für ihn nichts zu hoffen
sei, fand aber an der Größe des Unternehmens gemessen den Einsatz des
eigenen Lebens nur entsprechend und bat mich, auch seiner Frau in
diesem Sinne Grüße von ihm zu sagen. Er prophezeite für Deutschland
eine entsetzliche Zukunft mit einem schlimmeren Tiefstand als nach dem
Dreißigjährigen Kriege und trug mir Grüße auf an die Lübecker
Arbeiterschaft, sie sollten treu bleiben und nie die gute gemeinsame
Sache verraten. Er erzählte mir, daß die hauptsächlichste Belastung ihm
aus dem Tagebuch von Dr. Goerdeler erwachsen sei, in dem unter dem
Decknamen Dr. Milz – ein primitiverer Deckname war schwer auszuden-
ken – sein ganzes Tun und Reden genau verzeichnet war. Ich habe ihn
noch zweimal wiedergesehen, einmal kurz nach einem Nachtverhör mit
blauem, zerbeulten Gesicht und dann, wie er in gestreifter Häftlingskleidung und gefesselt von Ravensbrück abgeholt wurde. Am 5. Januar ist er
gehängt worden.

Im engen Zusammenhang mit ihm erschien auch der Berliner Anwalt
Dr. Würmer, der während der kurzen Zeit seines dortigen Aufenthaltes

in dem Ruf stand, zu «gut ausgesagt» zu haben. Deshalb genoß er keine großen Sympathien unter uns. Er ist noch vor Weihnachten hingerichtet worden.

In diese Zeit fällt der kurze Aufenthalt des ehemaligen Botschafters aus Rom, Ulrich von Hassell, und als allgemeiner Bekannter erschien der alte Baron Werner von Alvensleben auf dem Plan, der anfangs voller Übermut war, bis er in einem nächtlichen Verhör so übel zugerichtet wurde, daß er am nächsten Tag einen Schlaganfall hatte, woraufhin ihm gewisse Vergünstigungen zuteil wurden. Trotz aller Sympathien fürchteten wir ihn jedoch ein wenig, weil er unvorsichtig und bei Bestechungen des Personals so großzügig war, daß er uns die Preise verdarb.

Er erholte sich im Grunde rasch, spielte aber mit Fleiß und großem Geschick bis zuletzt den Schwerkranken und humpelte an seinem Stock wie ein alter Mime durch den Hof, was nicht selten zu unserer Erheiterung beigetragen hat. Nach einem kurzen Intermezzo in einem anderen KZ ist er inzwischen – nun sicher wieder völlig obenauf – zu Hause gelandet.

Zu den prominenteren Einlieferungen dieser Tage gehörte außerdem Dr. Hjalmar Schacht, wie immer den Eindruck wahrhaft lederner Zähigkeit und Unverletzlichkeit um sich verbreitend und immer in Begleitung des bekannten hohen Kragens. Für die Dauer eines kurzen Zwischenspieles lief er ohne diesen und blau-weiß-gestreift herum, später haben wir ihn dann wieder in der vertrauten Aufmachung als einen der wenigen Überlebenden in Innsbruck begrüßen können.

Gerade während und nach der Zeit des 20. Juli wurden uns alle Zeitungen vorenthalten, die wir bis dahin hatten abonnieren können. Die wenigen Blätter, die durch die Kontrolle gerutscht oder sonstwie eingeschmuggelt waren, gingen langsam von Zelle zu Zelle, eine Zeit lebhaftester Arbeit für unseren wohlorganisierten Nachrichtenapparat. Die politischen und strategischen Nachrichten waren vor allem wegen ihrer moralischen Wirkung von unentbehrlicher Wichtigkeit, lebten wir doch alle mit jedem Tage mehr von der intensiven Hoffnung auf den schnellen Sieg unserer auswärtigen Feinde. Vor allem für die Leute des 20. galt die Parole: Zeit gewinnen! in der Hoffnung, daß das Ende, das die Gestapo ihnen zugedacht hatte, noch überholt werden könnte von dem Ende, das dieser von dem Sieg unserer Feinde bereitet werden sollte.

An einem Mittag beobachtete ich von meinem Fenster aus die Ankunft des Drögener Polizeiautos. Hinten auf dem Kofferraum des Wagens lag aufgeschnallt ein menschlicher Körper. Ich glaubte, es sei ein Toter. Keineswegs! Nachdem die Riemen gelöst worden waren, stellte sich ein baumlanger amerikanischer Flieger auf seine schwankenden Füße, der mit Hilfe seines Fallschirms sich aus seiner Maschine hatte retten können, die während einer Luftschlacht ihm in Brand geschossen war. Der Lagerkommandant, der Schutzhaftlagerführer und einige SS-Offiziere standen schreiend und gestikulierend um den Mann herum, der noch völlig benommen zu sein schien von seinem Sturz und dieser unmenschlichen Autofahrt. Da keiner der SS-Leute Englisch konnte, hat schließlich Peter Bielenberg, ein Mithäftling, den Dometscherdienst übernehmen müssen. Der Flieger blieb ziemlich lange bei uns im Bau, wurde aber ängstlich geheimgehalten. Er war keineswegs der einzige ausländische Soldat, der sich in Ravensbrück befand. Ein englischer Fliegermajor ist monatelang zusammen mit Neptun in einer Zelle gewesen. Anfangs wurde er gut behandelt, dann wurde er auf die schlechte Essensration gesetzt und dann wurden ihm die Hände gefesselt, erst vorne und dann, was ungleich schmerzhafter ist, auf dem Rücken. Ich habe mich unterhalten mit ihm, so oft sich nur die Gelegenheit bot, und habe nie etwas anderes von ihm zu sehen bekommen als lächelnde Unbekümmertheit, freundliche Teilnahme und heiterste Zuversicht.

Als weitere Ausländer sei noch genannt Mrs. Churchill, eine gebürtige Französin, die unter dem Decknamen Madame Choué dort eingebürgert war. Sie und ihr Mann, Cpt. Peter Churchill hatten in der französischen Widerstandsbewegung gearbeitet. Die Begegnungen mit ihr waren selten, dennoch gehörte diese Bekanntschaft zu den wertvollsten der ganzen Monate. Trotz aller Flüchtigkeit wurde in unseren Gesprächen eine so große Übereinstimmung im Denken und Wollen deutlich, daß mit jedem Treffen sich das Gefühl vertiefte, echte Gemeinschaft dort gefunden zu haben, wo man nur Ablehnung und Unverständnis erwartet hatte. Bei der Auflösung des Lagers Ravensbrück im April dieses Jahres ist sie zusammen mit einigen anderen Häftlingen in einem Auto gesehen worden, das vom Kommandanten selbst auf der Flucht in nordwestlicher Richtung begleitet worden ist. Wo und wie diese Fahrt für sie zu Ende gegangen ist, habe ich bisher nicht ermitteln können, aber zu meiner größten Freude erfuhr ich, daß sie gesund nach England zurückgekehrt ist.

Das Frauenkonzentrationslager

In allem Bisherigen ist von dem eigentlichen Konzentrationslager und seinen Insassen kaum die Rede gewesen – wir begegneten ihnen fast nie, obwohl wir doch auf engstem Raume beieinander lebten. Wir externen Berliner Häftlinge wurden auf das schärfste getrennt gehalten von den Ravensbrücker Internen. Täglichen Kontakt hatten wir nur mit den drei Bibelforscherinnen, die als sogenannte Kalfaktorinnen im Zellenbau tätig waren.

Den ersten flüchtigen Eindruck vom Lager hatte ich bei meiner Einlieferung gewonnen, einen zweiten in den brausenden Schlachtrufen der singenden Häftlingskolonnen.

Der Zellenbau als Bunker

Für die Mädchen aus dem KZ hatte der Zellenbau weiß Gott ein ganz anderes Gesicht, sie nannten ihn ‹Bunker› und hatten mit Recht große Furcht, dort eingewiesen zu werden. Wochen- und monatelang lagen sie zu zweit, zu dritt, zu viert in einer Zelle, mit oder ohne Strohsack, mit oder ohne Decken, je nach Gutdünken des Unterscharführers, der mit ihrer Betreuung beauftragt war. Die Ansichten über diesen Mann waren bei den Häftlingen verschieden, einige behaupteten, er sorge wie ein Vater für sie, andere hielten ihn für ein ausgekochtes Vieh. Ich neige zu letzterer Beurteilung nach allem, was ich beobachten konnte. Sicher ist, daß er seine Kompetenzen weitgehend überschritt und nicht selten auf eigene Faust es unternahm, sich aktiv in den Gang der Vernehmung einzuschalten. Wie zufällig stellte er dann hintenherum eine verfängliche Frage an den Häftling und machte nur zu oft den Essensempfang abhängig von der Brauchbarkeit der ihm zuteil gewordenen Antwort. Mit dieser Methode bewährte er sich als ein gelehriger Untergebener seines besonderen Vorgesetzten – des «Henkers von Ravensbrück», Kriminalsekretär Ramdow. Dieser war berüchtigt dafür, daß er dem Häftling genau die Aussage in den Mund legte, mit der dieser sich oder andere belasten mußte, und er scheute keine Mittel, diese gewünschte Antwort aus ihnen herauszupressen: Bestechungen mit Zigaretten, Sonderzuteilungen, tagelanges Strafestehen mit Kostabzug, wochenlange Dunkelhaft ohne Nahrung, Schläge, Prügel usw., bis die Frauen halbwahnsinnig vor Schmerzen und Verzweiflung alle Bindungen fallen und auch bis zur bewußten Lüge sich verleiten ließen, nur um weiteren Folterungen zu entgehen.

Das sogenannte Gerichtsverfahren war Hohn jeder Rechtsprechung. In einer Zelle unter uns lag eine Polin Mimi, die kurz nach mir in den Bau gekommen war. Die ersten Tage hatte sie viel gesungen mit rauher musikalischer Stimme; sie war Pianistin und hatte in Polen einen kleinen Sohn zurücklassen müssen, als sie wegen ihrer national-polnischen Haltung von der Gestapo verhaftet wurde. Jetzt, als ich sie nach drei Monaten da unter mir wiedertraf, war sie sehr still und blaß geworden, und eine wunderbar abgeklärte Güte und Bescheidenheit sprach aus allem, was sie sagte. Ihre Geschichte ist kurz: in der gegenüberliegenden Fabrik hatte sie an einer Maschine gearbeitet, und als diese eines Tages ihren Dienst versagte, war sie wegen Sabotageverdachts in den Bunker gekommen. Ein paarmal war sie verhört worden, aber das war ganz bedeutungslos gewesen. Daß *sie* die Maschine kaputt gemacht habe, stand für den Kommissar schon fest vor ihrer ersten Aussage, und sämtliche Fragen waren so angelegt, daß alle Antworten zur Bestätigung des auf ihr liegenden Verdachtes werden mußten. Für sie selber bestand seitdem kein Zweifel mehr über das Ende ihrer Haft. Eines Abends erschien der Schutzhaftlagerführer in ihrer Zelle, um ihr mitzuteilen, daß er ihre Akten nach Berlin geschickt habe – die Antwort könne sie sich wohl denken. Sie wurde nur eine Schattierung blasser noch und stiller, denn damit, das wußte sie, war ihr Tod besiegelt.

Wenige Tage später hörten wir, wie abends etwa gegen halb zehn, zu einer ungewöhnlichen Tageszeit also, ihre Zelle aufgeriegelt wurde und die Aufseherin sagte: «Machen Sie sich fertig, Sie sollen nach vorne kommen ... Nein, Ihre Sachen können Sie hierlassen ... Los, ein bißchen voran, die warten schon.» Und dann folgte dem eisernen Stiefelschritt der Aufseherin das unsichere Klappern der Holzpantoffeln.

Etwa eine Viertelstunde später vernahmen wir hinter der Lagermauer Schritte und gedämpfte Stimmen, dann ein merkwürdiges Knacken, das sich in Abständen wiederholte. Plötzlich zerriß ein todwunder Schrei die gespannte Stille – wieder ein kurzes Knacken, und alles war ruhig wie zuvor. Dann wieder Schritte, Knacken, Stille ... Schritte, Knack, Stille ... Am ganzen nächsten Tage stieg dunkler, stinkender Qualm aus dem Schornstein hinter der Mauer – die Polin, die Freundin vom Neuner und noch sechs andere Frauen aus dem Lager waren erschossen worden. Wenige Tage später passierte das gleiche – wir zählten 21 Genickschüsse der schallgedämpften Pistole. An 21 Polinnen war «das Urteil vollstreckt worden». In dieser Weise kam auch Helena ums Leben – so nannten wir die junge Deutsche, die seit ihrer Heirat Engländerin war und auch als solche zusammen mit ihrem Manne als englische Geheimagentin mit dem Fallschirm über Deutschland abgesprungen war. Sehr bald nach ihrer Landung war sie denunziert und verhaftet worden. Zwei Jahre waren seitdem vergangen, die sie im Keller dieses Bunkers verbracht hatte, bis

45

eines Abends der Kommandant bei ihr erschien und ihr mitteilte, daß ihre Angelegenheit nun endgültig zum Abschluß gekommen sei, es stünde gut um sie, in wenigen Tagen würde es ihr besser gehen . . . Zwei Tage darauf öffnete sich abends in der todbringenden halben Stunde ihre Zelle, und nach fünfzehn Minuten knackte es einmal leise hinter der großen Mauer.

Diese Exekutionen setzten sich fort durch einige Tage und Wochen, und langsam geriet der ganze Zellenbau aus den Fugen vor Entsetzen. Das langsame Heraufdämmern des Abends schien schon so voll böser Grausamkeit, die Luft geschwängert von Mord und Tod, und wirklich zitternd vor Angst verfolgten wir die Vorgänge im Bau zwischen halb zehn und zehn, ob wieder eine Türe sich öffnen würde. Für Tage verstummte das Schluchzen der armen Boschka nicht, die auf so grausame Weise ihre Freundin, die Polin Mimi, verloren hatte, immer wieder kamen uns Tränen der Verzweiflung über den Tod der sehr reizenden Helena, und wohl aus allen Zellen sind Gebete zum Himmel aufgestiegen, um Erbarmen für ihre armen Seelen, für Mimis Sohn und alle Angehörigen der Ermordeten und schließlich wohl auch um Erbarmen für die Seelen ihrer Mörder – um Jesu Christi willen. Es dauerte eine lange Zeit, bis abends wieder das erste Lied erklang. Vor allem zwei Russinnen sangen mit prachtvollen Stimmen und einer so reichen Musikalität unendlich wehmütige Lieder ihres weiten, traurigen Landes; ich kenne keine Landschaft, in der der Mensch sich so verloren vorkommen n uß wie inmitten dieser unendlichen Weite, und alle Lieder, meine ich, geben ergreifende Kunde von einem Heimweh, das über diese Welt hinaus nach echter, letzter Geborgenheit sucht.

Es war an einem stillen Sonntagabend, als plötzlich mit der lauwarmen Brise eines weichen sommerlichen Windhauchs aus großer Ferne, aber ganz klar die Klänge eines männlichen Chorgesanges zu uns herüberdrangen. Es war ein russisches Lied, gesungen von russischen Häftlingen drüben aus dem Männerlager, und seine schwermütige Melodie wurde unterbrochen nur von dem herzzerreißenden Weinen der eingesperrten Russinnen unter uns.

Vor der Schreibstube

Während ich auf der Nordseite lag, habe ich oft viele Stunden lang am Fenster gestanden und ungläubig hinausgeschaut auf das, was sich vor meinen Augen dort abspielte. Es war wie ein Schauspiel, das nicht von Menschen gespielt wird, und es hat eine lange Zeit gedauert, bis das, was ich sah, den Zugang zu meinem Herzen fand, so sehr wollte dieses sich davor verschließen, das, was da draußen geschah, als wirklich zu begreifen.

Gegenüber von meinem Fenster in etwa acht Meter Entfernung lag die Herzkammer des Lagers, die Schreibstube. In ihr hatten der Schutzhaftlagerführer, Hauptsturmführer Breuning, und die Oberaufseherin Binz ihre Arbeitszimmer, dort wurden die wichtigsten laufenden Kartotheken geführt, dort war der Lagergerichtshof, wo die Disziplinarstrafen beschlossen und verhängt wurden, dort war das Zentrum der internen Lagerverwaltung, dort war der einzelne Häftling nur eine Nummer, und die Masse der gefangenen Frauen war eine Summe, die stimmte oder auch nicht stimmte.

Durch tägliches, stundenlanges Hinausschauen zu allen Tageszeiten und bei jedem Lärm lernte ich allmählich einiges begreifen von den dort unten vor sich gehenden Dingen. Die Häftlinge zum Beispiel, die direkt unter meinem Fenster an der Gittermauer standen, hatten sogenanntes Strafestehen, das in der Frühe anfing mit dem Arbeitsbeginn und abends nach der Freistunde aufhörte, das heißt, daß die Frauen geschlagene zwölf Stunden dort in der brennenden Sommersonne stehen mußten ohne die Erlaubnis, sich zu bewegen, sich zu setzen, sich zu unterhalten. Wenn sie austreten wollten, mußten sie sich an die sie bewachende Lagerpolizei wenden, die sie auf diesem Wege dann begleitete. (Die Lagerpolizei war eine aus Häftlingen gebildete Formation, die eigentlich zu sorgen hatte für die Wahrung der bestimmten Verkehrsordnung im Lager, also zum Beispiel dafür, daß zu gewissen Tageszeiten niemand auf der Lagerstraße war, daß die Kolonnen beim Ein- und Ausmarsch in Reih und Glied gingen, daß die Strafesteher nicht davonliefen, daß von dem vor der Küche liegenden Gemüse nichts gestohlen wurde usw. Überdies standen sie zur besonderen Verfügung der Schreibstube; sie wurden geschickt, wenn ein besonderer Häftling gesucht wurde, wenn einem Häftling ein Befehl erteilt werden mußte, wenn eine Aufseherin gebraucht wurde, kurzum, sie versahen den Läuferdienst im Lager, und soweit waren sie harmlos. Gefährlich wurden sie erst dann, und das gilt nur von einzelnen, wenn sie ihre besondere Bewegungsfreiheit im Lager auch für Spitzeldienste ausnutzten und so als verlängerter Arm des Schutzhaftlagerführers gefürchtet werden mußten.) Zu essen bekamen diese Strafesteher nur dann, wenn ausdrücklich vermerkt war: Strafestehen *mit* Kostempfang, was aber meistens nicht der Fall war, auch dann nicht, wenn sie mehrere Strafestehtage hatten. Wen wird es wundern zu hören, daß spätestens jeden dritten Tag wenigstens eines dieser armen Geschöpfe zu Tode ermattet in Ohnmacht fiel? Daraufhin geschah dann auch nichts weiter, man ließ sie liegen; die nächste vorbeikommende Aufseherin versuchte gewöhnlich, sie durch Anbrüllen, Püffe und Fußtritte zum Wiederaufstehen zu bewegen. Wenn alles vergeblich war, kam im Laufe der nächsten Stunden eine Abordnung vom Revier, um sie auf einer

Bahre wegzutragen. Natürlich war es gegen die Vorschriften, daß man sie endlos liegen ließ, aber die Geschwindigkeit, mit der sie aufgesammelt wurden, richtete sich nur danach, ob der Lagerführer zugegen war oder nicht. Die Unterhaltung war den Sträflingen verboten; taten sie es trotzdem, so mußten sie damit rechnen, daß sie plötzlich von hinten knallend eins hinter die Ohren bekamen von irgendeiner beflissenen Aufseherin, die alle fast ausnahmslos in der Nähe der Schreibstube schärfer und brutaler wurden, als es sonst ihre Art war. Immer war der Kopf das gesuchteste Ziel aller Hiebe und Schläge, und wenn der Häftling in unwillkürlicher Abwehr die Arme schützend vors Gesicht legte, dann hagelte es nur um so heftiger auf seinen Hinterkopf, wozu gebrüllt wurde: «Arme runter, oder ich prügele dich windelweich, du Schwein», und oftmals endete die Szene erst, wenn der Häftling aus Nase oder aufgeschlagenen Lippen zu bluten begann. Wie oft habe ich beobachten müssen, daß eine Aufseherin versuchte, das laute Stöhnen eines erschöpften Strafestehers durch Ohrfeigen und Prügel zum Schweigen zu bringen. Szenen dieser Art ereigneten sich täglich mehr oder weniger brutal. Geschrei jeglicher Art erklang nur allzu oft von unten herauf – wimmerndes Wehklagen der gequälten Frauen, gereiztes Schreien der Lagerpolizei, heiseres Keifen der Aufseherinnen –, es waren alle Tonarten dort vertreten bis auf die eine gütiger, fröhlicher Menschlichkeit.

Folgende drei Bilder haben in dieser Zeit sich mir besonders eingeprägt, die vielleicht geeignet sind, eine erste Einfühlung in dieses völlig verzerrte Dasein möglich zu machen:

Ein junges, sehr dünnes, blasses Mädchen war aus der Prügelkammer kommend zum Strafestehen angetreten. Das Prügeln übrigens ereignete sich jeden Freitag in der Mittagszeit in einem besonders dafür vorgesehenen Kellerraum im Zellenbau. Zwar war die Kammer dicht verschlossen und auch die Spaziergänger mußten vom Hof verschwinden, aber das Entsetzen und Schreien drang hör- und spürbar doch durch alle Ritzen. Die schuldige Gefangene mußte sich bäuchlings mit entblößtem Rücken auf die Pritsche legen – wenn sie widerspenstig war, wurden ihr die Hände festgebunden –, und dann vollzog ein anderer Häftling an ihr die verhängte Strafe, 25 bis 75 Hiebe mit einer Peitsche aus mehreren Lederriemen, je nach dem Strafmaß. Zwei Häftlinge gab es, die sich bereitgefunden hatten, gegen eine besondere Brotzulage die Prügel auszuteilen: eine Halbrussin, die ihr Schicksal schon ereilt haben soll: es heißt, die Häftlinge selber hätten sie umgebracht, und eine deutsche Kriminelle, deren äußere Erscheinung an alte Darstellungen des Knochenmannes erinnerte. Zum vollen Ensemble dieser Prügelszene gehörte außer dem Arzt, der während des Schlagens den Puls fühlen mußte, um rechtzeitig Einhalt gebieten zu können, falls der Häftling ohnmächtig wurde – den fehlenden Rest der Prügelstrafe bekam er dann nach acht

Tagen –, auch der Schutzhaftlagerführer und die Oberaufseherin, von denen jeder wußte, daß sie ein glückliches Verhältnis miteinander hatten.

Der blasse Häftling nun, von dem oben die Rede begonnen hatte, brach nach kurzer Zeit ohnmächtig zusammen. Eine ganze Weile später kam aus der Schreibstube ein anderer Häftling, der dort als Sekretärin arbeitete. Diese warf nur einen Blick auf das ohnmächtige Mädchen und widmete sich dann mit eifriger Sorge einem verdorrten, lächerlichen Blumenstrunk, den sie in einen Topf gepflanzt hatte. Vier-, fünfmal bückte sie sich nieder zu ihm, holte Wasser und sorgte, daß die Sonne ihn voll bescheinen könne – für den Häftling, für den Menschen, tat sie nichts. Warum nicht? Aus Stumpfheit? Aus Angst? Meine späteren Eindrücke haben mich dahingehend belehrt, daß nur diese beiden Gründe es gewesen sein können; dem Zuviel an Leid, das jeder Tag im Lager den Seelen auflastete, waren nur die stärksten Herzen gewachsen. Die meisten brachen unter ihm zusammen und klammerten sich nur noch an den einen Spruch: jeder ist sich selbst der Nächste, – aber damit wird, ja, ist man schon stumpf gegen alle fremde Not. Und Angst mußten sie haben, denn nichts wurde so verfolgt und bekämpft wie hilfreiche Menschlichkeit, wenn sie einem Häftling sich zuwenden wollte, der im besonderen Sinne Opfer seiner grausamen Obrigkeit geworden war, wie in diesem Falle das blasse ohnmächtige Kind.

Ein andermal schreckte ein ganz fürchterliches, vielstimmiges Geschrei mich aus meinen Gedanken. Vor der Schreibstube sammelten sich zahllose laut keifende und gestikulierende Häftlinge, soweit ich erkennen konnte, vor allem Blockälteste und Lagerpolizei, die im Halbkreis um zwei Mädchen standen, deren eine todblaß und schweratmend an der Wand lehnte. Ich konnte anfangs gar nichts verstehen, bis sich mehrmals das Wort «El-el» (Bezeichnung für lesbische Liebe) wiederholte, und «Gib's doch zu, daß du mit ihr geschlafen hast», «Lüg doch nicht, du bist doch ihre Freundin» und ähnliches mehr. Mir erstarrte wirklich das Blut in den Adern, als ich ein Thema so komplizierter und verletzbarer Problematik in dieser Weise ausgeliefert sah an eine geifernde Masse. Plötzlich schrie das junge Mädchen auf: «Das ist nicht wahr, ihr versteht es alle nicht, so war es nicht, oh, laßt mich, ihr quält mich zu Tode», und sank erschöpft von diesem Ausbruch in sich zusammen.

Diese Aufwallung war so ehrlich und überzeugend, kam so spürbar aus dem Grunde einer verzweifelten Seele, daß es ein helles Licht warf auf den eigentlichen Stand der Dinge. Offenbar hatte sie unter all diesen in sich verkapselten Menschen endlich ein offenes Herz gefunden, das dem eigenen Wärme und Geborgenheit zu geben vermochte. Und nichts lag bei dieser zutiefst ungütigen Lageratmosphäre näher, als daß jene Freundschaft des Herzens, deren Bedürfnis es immer ist, das geliebte andere Herz schützend zu umgeben, auch nach außen ihren Ausdruck fand, um wohlzutun, zu trösten, und das Sanfte, Zarte im anderen zu erhalten. Man kann nicht eindringlich genug die Gottverlassenheit schildern, die über diesem Flecken Erde lag; vor allem nachts, wenn ein unruhiger Wind das letzte an Gottes trostvolle Nähe gemahnende Zeichen, die friedensvolle Stille der Nacht mit heulenden Stößen vertrieb und klagend unsere Verlorenheit besang – wie oft mag da ein junges Mädchen, das noch unerfahren war in all dem, was es ruhig auszuhalten galt, hinübergekrochen sein auf den Strohsack einer anderen, deren tiefe, gleichmäßige Atemzüge kein Zeichen von Angst verrieten, nur um am Bewußtsein der Gegenwart einer Stärkeren die eigene Hilflosigkeit zu beschwichtigen. Wie die Tiere auf der Weide zueinander drängen angesichts der drohenden, schwarzen Gewitterwand, wie wir Menschen schutzsuchend zusammenrücken beim Heraufziehen einer Katastrophe, so suchten und fanden sich in der vielseitigen Bedrohung und allseitigen Verlassenheit dieses Lagers auch jene, für die das Bewußtsein von der Verletzlichkeit des Menschen auch ein Merkmal seiner Kostbarkeit war. Gewiß, die Grenze zwischen geordneter und ungeordneter Liebe zwischen zwei Menschen ist schwer und von einem außenstehenden Dritten überhaupt nicht mit Sicherheit zu bezeichnen; verhielt es sich aber so mit diesem Mädchen, wie es hier ausgelegt wurde, dann wurde ihm mit der gemeinen Anschuldigung: «Du hast mit ihr geschlafen», ein wahrer Todesstoß versetzt, denn nichts ist der schamhaften Seele unerträglicher, als in der Reinheit ihrer Liebe verkannt zu werden. Die schreienden Frauen aber kannten keine Gnade. Mit Püffen trieben sie sie über den Lagerhof, und am nächsten Tag wurde sie im Strafblock eingeliefert. Dieser Strafblock war eine von Stacheldraht umzäunte Baracke im großen Lager. Es lohnt sich, in diesem Zusammenhang ein Wort darüber zu verlieren, denn tatsächlich war er die Brutstätte jener wirklich lesbischen Liebe mit allen abstoßenden Erscheinungen ihrer verzerrenden Wirkung. Die jüngeren Insassinnen des Strafblocks waren zum größeren Teil diesem Laster verfallen, und unschwer konnte man sie erkennen an ihren sehr maskulinen Äußerlichkeiten. Sie trugen kurzgeschnittene Haare, die sie mit der typischen Jungensbewegung der ganzen flachen Hand und weitausladenden Ellbogen sich immer wieder über den Kopf strichen. Sie standen zusammen wie junge Männer in betont lässiger Haltung, ein Bein vorgestellt und die Hände tief in die Taschen vergraben, lachten kurz und rauh und verwandten in der Unterhaltung miteinander ein ganz erstaunliches Vokabular blödester Formeln und billigster Gemeinplätze. Ich glaube, diese Mädchen hätten etwas darum gegeben, Hosen tragen zu dürfen und morgens wenigstens pro forma sich zu rasieren. Zu ihren Gesten gehörte auch dieses nachdenklich mißtrauische Greifen junger Männer nach dem Kinn, um festzustellen, ob der Bart noch nicht zu sehr wieder gewachsen sei. Kaum eine von ihnen übrigens war Trägerin des rosa Winkels, also waren sie nicht wegen lesbischer Tendenz eingeliefert worden, sondern diese hatte sich erst im Lager herausgebildet, bei den meisten wahrscheinlich aus ganz harmlosen Anfängen, deren echte Zartheit sehr bald zerrieben wurde von der Roheit, mit der die Umgebung die beginnende Neigung zu spiegeln wußte.

Für die weitere Entwicklung des jungen Mädchens, von dem oben die Rede war, gab es eigentlich nur noch zwei Möglichkeiten: entweder sie verzichtete künftighin auf jede weitere oder neue Freundschaft, aus Furcht, noch einmal so grausam verkannt zu werden, dann bezahlte sie es mit der Verhärtung des vereinsamenden Herzens. Oder aber sie legte nunmehr Wert darauf, weiterhin so und nicht anders eingeschätzt zu werden, womit sie sich eine gewisse Bewegungsfreiheit gesichert hätte. Die aber hätte sie dann bezahlen müssen mit dem Verlust echter Schamhaftigkeit, mit der Preisgabe der Reinheit ihres Herzens und der Verrohung ihres ganzen Wesens. Um weder den einen noch den anderen Weg zu gehen, hätte sie weniger jung sein müssen und durch Erkenntnis und Erfahrung gewappneter gegen diese haßerfüllte Mißgunst, die sich gegen jeden richtete, dessen Herz noch über eine Kostbarkeit verfügte, zu der das eigene nicht mehr fähig war.

Und noch ein dritter Fall ist mir gegenwärtig, der mit nicht weniger Geschrei verbunden war wie dieser eben erwähnte. Wieder standen wildgewordene Weiber um einen einzelnen jungen Häftling herum, der eigentlich gar nichts sagte, obwohl er mit Fragen überhäuft wurde und auch mit Schlägen und Ohrfeigen. Man ließ ihr keine Zeit zur Antwort, sondern einer fiel ein in die Frage des anderen, und alle nahmen sie ihr die jeweilige Antwort vorweg in gemeiner, vernichtender Art. Ich konnte erst mit der Zeit begreifen, worum es eigentlich ging: dieses junge Mädchen hatte sich acht Tage lang im Lager verborgen gehalten unter den Betten, zwischen den Strohsäcken, jede Nacht auf einem anderen Block und hatte gelebt von dem, was ihre Freundinnen ihr heimlich zusteckten. Warum sie dieses getan hatte? – Sie selber gab keine Auskunft darüber. Ich könnte mir denken, daß es einfach Müdigkeit gewesen ist, Müdigkeit der Seele und der Nerven, die zu ihrer Erholung nicht so sehr des Schlafes, sondern vor allem des Alleinseins bedurfte.

Die Art des Verhörs da unter meinem Fenster war ein Hohn auf jede Gerechtigkeit, schlimmer noch: auf jede Kameradschaftlichkeit. Das waren doch alles Häftlinge unter sich, die da miteinander wetteiferten, eine der Ihren schuldig zu sprechen! Am lautesten schrie die Lagerpolizei, hatte sie doch acht Tage vergeblich nach diesem Häftling gefahndet, was ihrem Ansehen in der Schreibstube teuer zu stehen gekommen war. Die empfangenen Schmähungen gaben sie nun in dreifacher Auflage an das arme Wesen weiter. Das ganze laute Geschrei dauerte über eine halbe Stunde. Einige Aufseherinnen gesellten sich dazu, die ebenfalls durch Brüllen und Schlagen versuchten, eine Antwort aus dem verstummten Mädchen herauszubringen. Diese mag sich gesagt haben: es ist egal, ob ich etwas sage, ob ich nichts sage, verloren bin ich so und so. Tatsächlich wurde sie zu fünf Jahren Strafblock verurteilt!

Diese ganze erregte Verhandlung hatte einen sehr grotesken Schluß: plötzlich schrie ihre ehemalige Blockälteste sie an: «Was, du Schwein, zwei Jahre bist du jetzt im Lager? So ein nettes Mädchen warst du, wie du kamst, und jetzt bist du so ein Biest geworden?» – Weiß Gott, eine naive Frage, die nur umgekehrt richtig gestellt gewesen wäre: wer ist zwei Jahre im Lager und wurde kein Biest?

Einige Stunden später sah ich dann eine andere Blockälteste in ruhigem und offenbar sehr freundschaftlichem Gespräch mit dem Mädchen. Da endlich zerbrach diese unnatürlich reglose Haltung in einem herzzerreißenden Schluchzen. Wie ausgeliefert ist der Mensch jener Stimmlage, in der ein herzlicher Ton zum Klingen kommt. Wie unter der leichten Berührung eines Zauberstabes zerbricht alle Auflehnung, weinend bekennt er sich zu Schuld und Hilflosigkeit. Voller Dankbarkeit empfindet er die Erlösung aus der bösen Verkrampfung, und im zuversichtlichen Vertrauen auf die nachsichtige Güte im anderen verläßt er reuevoll das Unrecht, um mit neuem Mut sich Besserem zuzuwenden. Nur die Güte ist auch vernünftig. Der unter Schreien und Ohrfeigen sich versteifende Widerstand zerbricht eher den Menschen selber, als daß er von solchen Methoden sich erweichen ließe, wohingegen ein gütiges Wort genügen kann, die sich auflehnenden Kräfte in die geordnete Bahn des guten Willens zurückzuführen.

Die Aufseherinnen
In diese Zeit auf der Nordseite fällt auch mein intensiver Versuch, etwas tiefer einzudringen in die Psychologie der Aufseherinnen. Von meinem Fenster aus hatte ich täglich einmal Gelegenheit, die ganze Schar der Aufseherinnen, etwa siebzig an der Zahl, zu beobachten, wenn sie zu ihrem Appell in die Schreibstube kamen. Nie hätte ich so viel Häßlichkeit für möglich gehalten! Und so uniforme Häßlichkeit dazu! Es war schwer, die eine von der anderen zu unterscheiden. Alle hatten sie die gleiche Figur, deren hervorstechendste Linie die Diagonale war: vorne oben hatten sie viel und hinten unten noch mehr. Und wie sie das durch die Gegend schaukelten, watschelten, schleppten, schoben, zogen, steuerten und balancierten – wahrhaftig, eine Parade des Unmöglichen. Dazu trugen sie ausnahmslos alle eine wilde, seetangartige Dauerwellenfrisur, die ihnen wie schlecht angepaßte Perücken auf den dicken Gesichtern

saßen – dicken Gesichtern? Roten Gesichtern, schwammigen Gesichtern, formlosen Gesichtern, ‹Visagen› im schlimmsten Sinne, in denen sämtliche Bosheit, Dummheit, Frechheit, Brutalität, kurz, eine der schlimmen Möglichkeiten des menschlichen Wesens seine besondere Prägung fand. Man wird meinen, ich übertreibe hier, aber was nützt die eine oder andere Ausnahme, wenn sie nur um so deutlicher die Regel unterstreicht? Hände, Beine, Füße – alles war von der gleichen klobigen Art, die nie durch die Mangel des Wunsches gegangen ist, hübsch zu sein. Und doch bildeten sie sich offensichtlich ein, fesche Gestalten zu sein. Anders läßt sich diese schamlose Zurschaustellung der eigenen Häßlichkeit nicht begreifen. Bei allen lag eine unbegreifliche Unempfindlichkeit vor gegen die Wirkung der eigenen Erscheinung, daß man es mit mehr, letztlich wohl anderem als normaler Stumpfsinnigkeit zu tun hatte.

Ich glaube, daß hier das Phänomen der Uniform die entscheidende Rolle spielt. Bei uniformierten Frauen geht offenbar die stärkste Wirkung von den Stiefeln aus, die wie mit magnetischer Kraft alle männlichen Wesensakzente in die Gangart zwingen. Alle Aufseherinnen gingen gleich, denn bei allen handelte es sich um den ungeschickten Versuch, die gleiche Idealgestalt darzustellen, wie sie sich im Laufe der zwölf Jahre herausgebildet hatte im Spiegel von Wort und Bild der Propaganda. – Wir alle haben mal als Kinder versucht, einen Klaviervirtuosen nachzuahmen, haben uns an die Tasten gesetzt und mehr oder weniger begabt die schwankende Bewegung des Oberkörpers, das wilde Spiel der Arme und Finger zu imitieren versucht, mit dem höchst schauervollen Effekt entsetzlich ungeordneten Lärmes. Etwas ganz Ähnliches lag hier vor, nur daß es hier nicht Halt machte bei diesem kindlichen und rein visuellen Nachahmungstrieb, sondern sich noch erweiterte um die ganze mit der äußeren Erscheinung verbundene innere Problematik. Man kann sich von der grotesken Zwitterhaftigkeit dieser uniformierten Gestalten kaum eine Vorstellung machen: vollste weibliche Formen – dazu forciert männliche Bewegungen; steife Lockenmähne und dicke Ohrringe – dazu Hosenröcke und Schaftstiefel; trübe Kinderaugen – dazu harte, laute Stimmen; das Ganze die Karikatur einer Köchin in Generalsattitüde.

So wenig diese Mädchen rein äußerlich ihrer uniformierten Idealgestalt entsprachen, genau so kläglich war es um die inneren Voraussetzungen für diesen Beruf bestellt. Es erübrigt sich, zu bemerken, daß es dem Wesen der Frau überhaupt widerspricht, nach militärischen Gesichtspunkten uniformiert zu werden. Überdies muß erwähnt werden, und es dürfte in keinem Verteidigungsplädoyer für diese irregeleiteten Geschöpfe fehlen, daß sie für diesen Beruf geworben wurden mit falschen Ködern: Kameradinnen der SS würden sie sein, freie Wohnung, gute Verpflegung und eine Uniform würden sie bekommen, dazu ein unverhältnismäßig hohes Gehalt und einen leichten Dienst. Und gerade über diesen wurde nur in vagen Andeutungen gesprochen, etwa von einer Beaufsichtigung ausländischer Arbeiterinnen, oder einer Bürotätigkeit in einer SS-Kanzlei und so fort. Viele von ihnen haben sich für diesen Beruf entschlossen in dem Wunsch, ein bequemes, sorgloses Leben zu führen. In dieser verlogenen Art der Werbung offenbarte sich zweierlei: einmal die Notwendigkeit, den bösen Zweck vor der in jeder Öffentlichkeit latent vorhandenen Gutgläubigkeit zu tarnen, und zum anderen eine wahrhaft teuflische Gleichgültigkeit gegen den Betroffenen. Die Betroffenen dieser Auswahl waren nicht nur die verführten «SS-Kameradinnen», sondern vor allem auch die Häftlinge, die auf diese Weise völlig unqualifizierten Aufseherinnen ausgeliefert waren.

Mit der Vorstellung einer idealen Aufseherin verbinden sich wenigstens drei Tugenden: Verantwortungsfreudigkeit, Gerechtigkeit und selbstlose Hingabe an jenes Ideal, in dessen Dienst sie sich sichtbar durch das Tragen ihrer Uniform gestellt hat. Es bedarf keiner besonderen Erwähnung, daß ich keine dieser drei Tugenden auch nur andeutungsweise jemals verwirklicht gefunden habe. Dahingegen lohnt es sich festzustellen, daß diese Tugenden gar nicht verwirklicht werden konnten, und zwar deshalb nicht, weil das Ideal, dem die uniformierte SS sich verschrieben hatte, von vornherein das Wachsen jeder echten Tugend unmöglich machte.

Die Würde einer Uniform entscheidet sich am Wert der Sache, der sie dient. Das Ziel, dem die SS sich verschrieben hatte, war, die Macht zu erlangen, zu haben und zu behalten. Macht aber ist noch kein Inhalt, sondern nur ein Mittel, um einem Inhalt zum Durchbruch zu verhelfen; wie weit also Macht gut ist, liegt bei dem Inhalt, für den sie sich einsetzt. Die SS gebrauchte ihre Macht «zur radikalen Durchführung des Nihilismus, um auf der tabula rasa der völligen Befreiung von Bindungen die totale Despotie aufzurichten. Und der Begriff der Macht hatte bereits in den meisten Köpfen den Bedeutungswandel auf die Gewalt hin angenomn en.» Dieses Zitat ist dem Buche *Die Revolution des Nihilismus* von Hermann Rauschning entnommen, das in wahrhaft erschütternder Klarheit das ganze entsetzensvolle Antlitz des Nationalsozialismus vor uns enthüllt. Auf dieses Buch stützt sich auch die unkommentierte Anwendung des Begriffes der SS in diesen Zeilen; mehr als einmal weist Rauschning darauf hin, daß die radikalen Aktivisten dieser nihilistischen Revolution nur einen kleinen Elitekader bildeten, der zum größten Teil der SS angehörte.

Bewußt verfolgte nur diese kleine Elite das vernichtende Prinzip «Macht um der Macht willen», trotzdem wirkte es sich bis in die untersten Reihen dieser unglückseligen Aufseherinnen aus, deren eigene Entwicklung notwendig unfruchtbar bleiben mußte bei der totalen Inhaltslosigkeit der Sache, der sie dienten. Im Gegenteil, gerade dieses

Prinzip verzehrt die Substanz aller geistigen Bindungen um so schneller, je eher diese erkannt werden als ein Widerstand, der sich der totalen Machtentfaltung entgegensetzen will. Die wahrhaft beängstigende Wirklichkeit dieses tödlichen Prinzips wird besonders deutlich an jener Stelle, wo es auch die Zerstörung natürlicher Gefühlsgebundenheit fordert. Wer möchte sich zwingen lassen zur Brutalität, zwingen lassen, Frauen zu prügeln, denen die Würde einer Mutter eigen ist, zwingen lassen, vor zu Tode gequälten Wesensgefährtinnen eben jene Autorität zu vertreten, die die Schwester so zugerichtet hat? Und warum wurde von diesen Uniformträgerinnen das nicht mehr als Verbrechen empfunden, was doch jedes natürliche Gefühl als ein solches erkennen mußte?

Zwei Dinge, so meine ich, gehören in die Beantwortung dieser Frage: einmal der Hinweis auf die diabolische Wirkung der Uniform im seelischen Bereich des Menschen: sie ersetzt ihm – unter dem moralischen Deckmantel des «blinden Gehorsams» – das Gewissen. Nicht ich bin mehr verantwortlich für das, was ich tue, sondern jener, der mir den Befehl gab; nicht ich gab den Befehl, sondern der Dienst an der Sache erforderte ihn. Diese Logik scheint zwingend, ist aber falsch, und sie leitet hinüber zu der anderen Antwort auf die oben gestellte Frage. Das «natürliche» Gefühl gibt es nicht wie etwas, was man als stabil voraussetzen kann. Das «Natürlich», das «natürlich Menschliche», wie es in diesem Zusammenhange als umfassender ethischer Begriff gebraucht wird, ist das kostbarste Produkt einer ungebrochenen Tradition. Wo aber diese zerstört ist, muß auch jenes zugrunde gehen, und das Absinken in die Barbarei wird unaufhaltsam. Sehr beweiskräftig für diese Behauptung scheint mir die kürzlich in einem Bericht aus dem Belsen-Prozeß zitierte Frage zu sein: nachdem durch viele Zeugenaussagen die besondere Brutalität einer Aufseherin festgestellt worden war, fragte der Richter sie: «Sind Sie grausam?» worauf er die Antwort bekam: «Ich weiß nicht, was ich mir unter grausam vorstellen soll.» Welch ein haarsträubender Unterschied zwischen dem Wirklichkeitsbewußtsein dieser Aufseherin und dem des Richters! Das ‹natürliche› Gefühl des Richters erkannte in den zahllosen und willkürlichen Mißhandlungen seitens dieser Aufseherin den Niederschlag echter Grausamkeit; sie hingegen konnte es auf Grund jahrelanger Belehrung durch die Nazi-Propaganda fast für ein gutes Werk halten, eine Jüdin totzuprügeln. Dieser Unterschied im Denken, Empfinden und Urteilen erhellt ein wenig vom eigentlichen Sachverhalt, daß nämlich der Wirklichkeitsbegriff abhängig ist vom Wahrheitsbegriff. Und in der Verkennung dieses Sachverhaltes liegt der Fehler der oben als ‹zwingend, aber falsch› bezeichneten Logik, die den Versuch darstellt, von der Wirklichkeit her die Wahrheit bestimmen zu wollen. In diesem genialen und großangelegten Selbstbetruge des Menschen ist immer die Wirklichkeit das primär Vorhandene, und «die Wahrheit ist degradiert zum Zufall der Kombination».

Dem Bereich des Wirklichen ist das Willensvermögen des Menschen zugeordnet sowie dem Bereich der Wahrheit seine Erkenntnisfähigkeit. Erkenntnis wurzelt in der demütigen Bereitschaft, sich von der Wahrheit belehren zu lassen, und in dem Maße versucht der Mensch, «aus Eigenem klug zu sein», als ihm diese Demut fehlt. Mit der Abwendung von der Wahrheit begibt sich der Mensch auf die Flucht, und anstelle der Lebensfreude tritt die Lebensangst. Die Akedeia, die Traurigkeit, die nichts mehr wissen will von dem Hohen, Guten, zu dem der Mensch berufen ist, sitzt wie der todbringende Krebs in der Seele des modernen Menschen, und langsam versinken ihm Wahrheit und Wirklichkeit im Begriff des Möglichen. Losgelöst von jeglicher Bindung, kann nun der Mensch bestimmen, was er für wirklich halten will, und voller Entsetzen erkennt man nachträglich die abgründige Bedeutung der intensiven Willenspropaganda aus den letzten Jahren. Ihr Symbol war das Zeichen vom Totenkopf mit den zwei gekreuzten Knochen, und das Wort aus Goethes Faust: «Am Anfang war die Tat» eines ihrer liebsten Zitate.

In dem Versuch, der von ihm bestimmten Wirklichkeit auch die Überzeugungskraft der Wahrheit zu verleihen, mußte der Mensch möglichst viele zwingen, dasselbe wie er für wirklich zu halten, das heißt, er ersetzte die Qualität durch die Quantität; und wer es wagte, eine andere Wirklichkeit denn diese als wahr zu erkennen, verwirkte sein Leben, so angreifbar blieb trotz allem die vermeintliche Sicherheit des Menschen in der von ihm selbst gesetzten Wirklichkeit. Der angestrebten einheitlichen Übereinstimmung verlieh der Mensch sichtbaren äußeren Ausdruck durch die totale Uniformierung der Masse, wodurch jeder einzelne dazu beitrug, sein Bild von der Wirklichkeit als echt zu bestätigen.

Jener der da sagte, nicht ich gebe den Befehl, sondern die Sache erfordert ihn – wobei er unter Sache die Aufrechterhaltung der von ihm gesetzten Wirklichkeit versteht –, wird der Sache gefügig bleiben, solange die damit für ihn verbundene Wirklichkeit geeignet ist, ihm das zu vermitteln, was er zusammen mit dem Wahrheitsbewußtsein verloren hat: – das intensive Lebensgefühl.

Es klingt dem heutigen Menschen philiströs und unglaubwürdig, wenn ihm erzählt wird, daß es früher ganze Generationen gegeben hat, denen nichts ein solches Bedürfnis war wie die Erkenntnis der Wahrheit und deren Lebensgefühl und Lebensfreude sich steigerte mit jedem Schritt, den sie der Wahrheit näher kamen. Das Experiment des heutigen Menschen, im Bereich des Möglichen die gleiche Befriedigung zu finden, mutet etwa so an wie der Versuch, unter Wasser atmen zu wollen – in beiden Fällen muß der Mensch ertrinken. Die Jagd nach dem Lebensgefühl im Raume des Erfahrbaren führt zu einer endlosen Irrfahrt, denn befruchtend und befriedigend vollzieht Erfahrung sich nur, wenn Wahrheit und Wirklichkeit einander begegnen, nicht aber wenn zwei Möglichkeiten aufeinander prallen. Um so gehetzter nur sucht der Mensch nach jenem Ufer, wo die Wogen des Möglichen ihn wieder auf den festen Boden der Wirklichkeit spülen können. Folgende Zitate aus einem Buch von Max Picard «Flucht vor Gott» mögen als Abschluß und Überleitung dieser Überlegung dienen: «Wenigstens die Wirklichkeit der Sünde will ein solcher Mensch in dieser Welt haben, hoffend, daß wenn die Sünde, wenigstens sie, in die Wirklichkeit gezwungen würde, auch alles andere zurückkehren würde aus der Möglichkeit in die Wirklichkeit.» «Man ist radikal in der Welt der Flucht, weil die Radikalität einen bis an den Rand vortreibt. Nicht eine Sache will man radikal vortreiben, sondern sich selber, der Radikalismus ist nur das Mittel, das Maß der Radikalität wird nicht von der Sache bestimmt, sondern von dem Maß, das notwendig ist, um sich in der allgemeinen Undeutlichkeit der Flucht selber sichtbar zu machen. Es gibt nur noch einen Radikalismus der Form, nicht einen des Inhalts.» «Der Mensch ist imstande, etwas Böses zu tun, nur damit die Angst nicht mehr so leer sei, und damit wenigstens das Böse in ihr sei. Er fundamentiert das Haus der Angst mit dem Bösen, nachträglich, damit er einen Boden unter den Füßen spürt. Er experimentiert mit dem Bösen, er sucht das Böseste herzustellen, er sucht den Grund der Angst zu fabrizieren, selbst zu fabrizieren, weil er den wahren Grund nicht anerkennen will.» Hier, glaube ich, öffnet sich der eigentliche Zugang zur höllischen Wirklichkeit der Konzentrationslager.

Die Aufgabe der Ravensbrücker Aufseherinnen im Lager war, positiv ausgedrückt, Aufrichtung und Aufrechterhaltung des Ansehens der Autorität, so etwa formuliert sich das Prinzip «Macht um der Macht willen». Praktisch wirkte sich das dahingehend aus, daß immer wieder die Angst vor der Macht geschürt wurde, daß jede Form sich bildender Häftlingsgemeinschaft gesprengt wurde, daß, wo immer sich etwas Angreifbares fand im äußeren und inneren Bereich des Menschen, die Macht sich umsetzte in Zerstörung. Dieses Fehlen jeglicher positiven Aufgabe hemmte nun vollends die sowieso kärglichen Entwicklungsmöglichkeiten dieser durchweg sehr trivialen Mädchen, von denen kaum eine mehr zu bedenken schien als die nächste Mahlzeit. Ich kann mich der Peinlichkeit einer Situation noch gut erinnern, deren Zeuge ich wurde während der kurzen Wochen, die ich später selber im Lager verbrachte: ich hatte mich mit meiner Blockältesten in ihrem Dienstzimmer unterhalten über die Bedeutung dieses Krieges, Europas Zukunftsaussichten und ähnliches mehr, als plötzlich unsere Blockleiterin mit einer Freundin in die Tür trat. Vorschriftsmäßig sprangen wir auf, machten

Meldung, halfen den beiden unförmigen Gestalten aus dem Mantel und auf die Stühle, und schwerfällig niedersackend sagte die dicke Freundin in breitem Mecklenburgisch: «Du Frieda, weißt du, was ich jetzt möchte? Griesbrei! ahmmmm, ühmmm, usw.» Die andere bemerkte, daß sie persönlich es vorziehen würde, zu schlafen, womit das Gespräch nicht etwa beendet war, sondern dank der offenbar abstrusen Gefräßigkeit der dicken Freundin wieder zum Essen zurückkehrte, worüber sie sich dann lange und ohne jegliches Gefühl für ihre peinliche Wirkung unterhielten. Wie kränkend zu allem Überfluß noch diese Lächerlichkeit ist! Da sind sie und bilden sich ein, das berufene Volk der Welt zu sein, reden von der Verpflichtung, als ‹Herrenrasse› die Welt beherrschen zu müssen und träumen von Griesbrei! Nicht einmal die Eitelkeit konnte sie vor einem solchen Sich-gehen-lassen bewahren, dafür waren sie zu dumm. Sie meinten wohl, daß das Ansehen ihrer Uniform einen so lächerlichen Eindruck leicht aushalten könne, anstatt, wie es eigentlich sein müßte, durch die ständige Hingabe aller besten Bemühungen die Würde des Rockes stets neu zu beleben. Die «Pflicht», die sie bewußt mit dieser Uniform übernommen hatten, war wohl nur die, ständigen Gebrauch zu machen von den mit ihr verliehenen Rechten, die den Häftlingen gegenüber in dem Begriff des Herrschens zusammengefaßt werden können, wobei man nur hinzusetzen muß, daß gesetzlose Herrschaft dasselbe ist wie Willkür. Willkür aber ist verheerend, unabhängig davon, ob sie in den Händen eines großen Mannes liegt oder in den ungeschickten Fingern dicker, dummer Mädchen.

Die folgenden Skizzen sind ein Versuch, die oben angeführte Problematik des Aufseherinnenberufes in ihrer praktischen Auswirkung im Bilde dreier Gestalten zu zeichnen, an der Person der Frau Mewes, der Frau Boedecker und der Oberaufseherin des Lagers, Fräulein Binz.

Frau Mewes war eine unserer SS-Wächterinnen im Zellenbau. In ihrer äußeren Erscheinung war sie keine Ausnahme von der oben geschilderten Norm: sie war von kleinem Wuchs, und der schmale Oberkörper stand in keinem Verhältnis zur Stämmigkeit der Beine. Ihr schmales Gesicht war umrahmt von der üblichen Dauerwellenpracht dünner, aschblonder Haare, deren wilde, anspruchsvolle Aufmachung in einem grotesken Widerspruch stand zu der sonstigen Ungepflegtheit ihres Äußeren, und die unkleidsame graue Uniform mit der zu kurzen Jacke, dem unförmigen Hosenrock und den dickwadigen Schaftstiefeln vollendete die häßliche Uneleganz ihrer Erscheinung.

Anfangs hatte ich Angst vor ihr. Sie war so entsetzlich laut, so laut, daß ich hinten in meiner Zelle ihr Eintreffen vorne im Bau hören konnte. Wenn sie Dienst hatte, pfiff ein scharfer Zugwind durchs Haus. Sie war so unwirsch, so kurz, so schnell, so zackig und präzise in allem, was sie tat, daß ich es lange ängstlich vermieden habe, sie anders als nur dienstlich anzusprechen. Sie hatte scheinbar ein so sachliches Verhältnis zu ihrem Beruf, daß es der Unpersönlichkeit ihrer Haltung fast etwas Unheimliches verlieh. Gegen die Schicksale und Vorgänge im Zellenbau trug sie eine absolute Unempfindlichkeit zur Schau, und in dieser Umgebung schien es nichts zu geben, was ihre privaten Empfindungen hätte berühren können. Sie war nicht launisch, nicht brutal, nicht intrigant, sie funktionierte wie ein seelenloser Dynamo, dessen einzige Freude die schnelle Umdrehung ist. Das etwa war die eine, die uniformierte Erscheinungsform von Frau Mewes, mit der sie jeden zweiten Tag ihren Dienst bei uns versah. Mit zweiundzwanzig Jahren war sie Aufseherin geworden in dem damals neugegründeten Ravensbrücker Lager. Mit ihrer nunmehr fünfjährigen Dienstzeit gehörte sie zu den wenigen «alten Aufseherinnen», über die das Lager zu meiner Zeit noch verfügte.

Die zwischen ihrem Dienst liegenden vierundzwanzig freien Stunden verbrachte sie in Fürstenberg mit ihren drei Kindern im Hause ihrer Mutter, und die Art, wie sie später von diesem Zuhause sprach, ließ unschwer erkennen, daß sie selber sich dort als viertes Kind fühlte. Den freien Tag verbrachte sie bis zum Mittag im Bett, lesender-, dösenderweise, ließ sich bedienen und verwöhnen wie ein krankes Kind von ihrer rührend sorgenden Mutter. Um keinen Preis war sie zu bewegen, auch nur für einen Schritt aus dem Hause zu gehen, kostete es sie doch schon Überwindung, die Geborgenheit des Bettes zu verlassen. Selbst die Verpflichtung ihren drei Kindern gegenüber vermochte nicht, ihre Aktivität in Gang zu bringen. Am liebsten hätte sie um den ihr teuersten Aufenthaltsort, das Bett, noch einen Wandschirm gestellt, um wirklich ganz geschützt und geborgen zu sein vor der Außenwelt, so groß war das Gefühl der eigenen Hilflosigkeit und Ausgeliefertheit. Der rasenden und knallenden Aktivität, die sie als Aufseherin zur Schau trug, war im Grunde die Angst verschwistert. Ihr Leben zerfiel in zwei Teile, ein uniformiertes und ein nicht uniformiertes, und sie führte beide mit geschlossenen Augen. Uniformtragen ist wesentlich verknüpft mit der Vorstellung von selbstloser Hingabe an einen übergeordneten Wert. An der Gestalt von Frau Mewes wird etwas deutlich von der äußersten Perversion dieser zauberhaften Tugend, die nun nicht mehr den Namen Selbstlosigkeit verdient, sondern Leblosigkeit heißen muß. Die Autorität des Rockes, den sie trug, zwang sie nicht nur, ihren Inhalt in eine neue Form zu geben, sondern verlangte überdies die Preisgabe des Inhalts selber, um der Autorität willen, die den totalen Machtanspruch vertrat. Die Uniform dispensierte sie von jeder Herzensbindung, jeder Gewissensbindung, jeder in ihrem eigenen Wesen lagernden Verpflichtung. So war sie wohl «selbstlos» geworden in ihrem Dienst, aber diese Selbstlosigkeit ist nicht mehr die schönste Frucht der Tugend der Selbstüberwindung, sondern ihr ist vorausgegangen furchtbarste Selbstvernichtung, ihr sind nicht mehr die Vorstellungen des geläuterten, leuchtenden, «siebenfach im Tiegel gereinigten Goldes» zugeordnet, sondern die leergebrannten, fensterlosen Fassaden unserer zerstörten Städte sind die rechte Versinnbildlichung dieser Seelenverfassung.

Von hier aus gesehen bekommt diese ganze Art, mit der Frau Mewes ihren Dienst versah, ein anderes Gesicht. Das rasende Arbeitstempo, der ohrenbetäubende Krach, diese unheimliche Sachlichkeit, das alles wirkt von dieser Deutung aus gesehen anders: hinter der Aktivität verbirgt sich die Flucht vor der äußeren, hinter dem Lärm der Angriff gegen die innere Wirklichkeit, und hinter der Sachlichkeit der Versuch zur Neutralität. Neutralität nicht als Haltung, sondern als Zustand bildet sich zwangsläufig bei jedem Menschen, der in dieser Weise den Versuch begeht, eine Person vor der Begegnung mit der Wirklichkeit zu schützen, um vor sich selbst die Ausrede zu behalten, es sei ja alles gar nicht wahr. An kleinen Kindern kann man hin und wieder beobachten, daß sie die Hände vor die Augen legen und dann sagen: «Such mich mal!» So etwa, meine ich, ist es auch hier: in der Dunkelheit des Nicht-mehr-sehen-könnens gibt es für mich die Wirklichkeit nicht mehr, und so bin auch ich vor ihr verborgen. Ein Trugschluß zwar, aber ein wie weit verbreiteter! Ich würde ihre seelische Entwicklung auf höchstens vierzehn Jahre ansetzen. In dem Alter etwa mag es gewesen sein, daß mit dem beginnenden Bewußtsein der eigenen Schwäche ihre Kräfte mehr und mehr versagten, Erkenntnis und Erfahrung fruchtbar gegeneinander auszuwerten. Die Geschichte ihrer drei unehelichen Kinder scheint mir in etwa diese Spekulation zu bestätigen; auf drei verschiedene Männer dreimal hereinfallen kann eigentlich nur einer, der endgültig darauf verzichtet hat, bestimmend in sein eigenes Leben einzugreifen.

Die uns erkennbare Schuld eines solchen Menschen beginnt da, wo er im Bewußtsein der eigenen Schwäche auch einen Dispens für seine Handlungen findet, anstatt seinen Lebensraum enger abzustecken nach dem Maße der eigenen Verantwortungskraft. Entsprechend der Kleinheit und Schwäche ihres ganzen Formates mag diese Entwicklung sich ohne jeden dramatischen Höhepunkt vollzogen haben; unbemerkt von ihr selber war diese Zersetzung vor sich gegangen, und nur manchmal fand sich im Ausdruck ihrer kleinen Augen ein Schatten jener dumpfen Ahnung, daß all dieses wohl vom Übel sei.

Frau Mewes' Kollegin im Zellenbau, Frau Boedecker, war ebenfalls ein Prototyp der Aufseherinnen, aber in einer anderen, weniger dramatischen, dafür aber allgemeineren Art. Sie war ein typisches Opfer der verlogenen Werbung für diesen Beruf, deren Angebot ihrer abgründigen Trägheit so gewaltigen Vorschub geleistet hatte. Ihr war es zu tun um die freie Wohnung, die gute Verpflegung, die leichte Arbeit. Der normale Dienst im Zellenbau war nicht anstrengend, aber offenbar immer noch zu anstrengend für Frau Boedecker, die sich oft genug durch trübe Vergeßlichkeit den wenigen täglichen Pflichten entzog. Sie machte eine kurze Wandlung durch in den Flitterwochen eines sommerlichen Verhältnisses zu einem unserer SS-Untersturmführer, und für die kurze Zeit schimmerte ein harmloses Kindergesicht durch die dicke Schicht zähflüssiger Faulheit. Wie merkwürdig sah es aus in den Köpfen dieser verführten Mädchen: Frau Boedecker wünschte für sich mit großer Selbstverständlichkeit ein kleines Haus mit einem Garten, wo sie friedlich leben wollte. Die Haus- und Gartenarbeit sollte ein dienstbarer Geist, eine Polin oder Russin verrichten, und auf Befragen, was sie selber denn tun wolle, gab sie ganz harmlos zur Antwort: «Die Blumen in die Vase stellen.» Wie will man die Menge derer zum geordneten Arbeits- und Dienstbegriff zurückführen, die auf so unsittliche Weise wie zum Beispiel diese Aufseherinnen in den letzten Jahren ihr Geld verdient haben? Wofür eigentlich bekamen sie ihre einhundertundachtzig Mark im Monat? Genau besehen für ihre willfährige Dummheit, für ihre stupide Bereitschaft, als kleinstes Rad der riesigen Staatsmaschine im Werk der totalen Vernichtung zu dienen.

Das kurze Glück ihrer sommerlichen Liebe stand Frau Boedecker eigentlich reizend zu Gesicht. Sie verschönte sich sichtlich und konnte beinahe hübsch aussehen mit ihren bunten Farben, roten Backen, braunen, mandelförmigen Augen, weißen Zähnen und dunklen Haaren; nach Dienstschluß schminkte sie sich sogar ein wenig, und legte im ganzen Wert auf eine gepflegte Erscheinung. Sie war aufgeschlossen, freundlich und gesprächig und teilte ein paar Wochen unser allgemeines Unverständnis für alle Abnormitäten innerhalb dieser hohen Lagermauern. In dieser Zeit erfüllte sie die angenehmeren Pflichten ihres Berufes gerne, sie holte uns regelmäßig und lange zum Spaziergang, und die unangenehmen Aufträge überließ sie nach Möglichkeit ihrer Kollegin. Immer war es Frau Mewes, die abends um halb zehn die Todgeweihten aus ihrer Zelle holen mußte. Vielleicht hat in diesem letzten Sommer der SS-Obrigkeit auch die Seele der Frau Boedecker das letzte Mal geblüht. Eine Zeitlang waren beide, er und sie, ganz klar und einig im Bewußtsein, auf einem sinkenden Schiff zu stehen, und in diesen Tagen zogen wilde, abenteuerliche Pläne durch ihre Herzen, die nach echter Freiheit suchten. Sie hätten fliehen müssen aus dem Lager, denn eine andere Möglichkeit, diesem Leben zu entkommen, gab es auch für die SS-Mannschaften nicht, und ihr Fluchtversuch wurde nicht weniger hart bestraft als der eines Häftlings. In dieser Zeit merkten sie, daß kein wesentlicher Unterschied bestand zwischen ihrer und unserer Freiheit bzw. Unfreiheit, und hin und wieder war fast so etwas wie ein kameradschaftlicher Unterton zu hören, wenn sie mit uns sprachen.

Aber ihre Kraft und Kunst, einander zu lieben, hatte sich bald erschöpft. Die Flitterwochen gingen zu Ende und mit ihnen auch der ahnungsvolle Traum vom freien, menschenwürdigen Dasein, und im Heraufdämmern ihrer dunklen Zukunft verfärbte sich alles Helle ins Finstere. In der Unfähigkeit, sich mit der eigenen Terminologie herauszulösen als einzelne Person aus dem fatalen Wir-Bewußtsein ihrer verbrecherischen Kameraderie, griffen sie wahllos aus dem Wust der Goebbelsschen Propagandaphrasen die eine oder andere heraus im Versuch, sich zu schützen und zu verteidigen gegen die hereinbrechende unheilvolle Zerstörung ihres bisherigen Lebensraumes. Ihre Weise zu argumentieren war mehr als primitiv und lautete etwa folgendermaßen: hätten wir dieses Leben verlassen können, hätte auch unsere Liebe sich in glücklichster Weise vollendet, aber wir konnten es nicht, da die allgemeine Kriegslage einen Berufs- und Stellungswechsel dieser Art unmöglich macht. Wer aber ist schuld an dieser Kriegslage? Die bösen Freimaurer, die bösen Katholiken, die bösen Aristokraten. Frau Boedekker vertrat ganz ernsthaft diese schon im Zusammenhang mit dem 20. Juli erwähnte Anschauung, und es wundert einen gar nicht mehr zu hören, daß sie nach diesem Datum nur noch böse und abfällig über Moltke sprach, für den sie bis dahin doch eine offenkundige Sympathie an den Tag gelegt hatte.

Ihre unfreundliche Trägheit wuchs sich im Laufe des Winters zu unwahrscheinlichen Formen aus. Fast den ganzen Tag verbrachte sie mit Kartenspiel im Dienstzimmer. Die dumpfe Ahnung von der Hoffnungslosigkeit der ihr bevorstehenden Zukunft lag wie ein bleiernes Gewicht auf all ihren inneren und äußeren Bewegungen, und in der Gewißheit, daß für sie das Leben nur schlechter werden könne, wurde sie völlig skrupellos im Nehmen des Besten, was sie jetzt noch haben konnte. Bequem wollte sie es haben, und sie machte es sich bequem auf Kosten der Häftlinge; gut essen wollte sie, und wo sie vorher nur bestechlich gewesen war, wurde sie jetzt erpresserisch; rauchen wollte sie und trinken, und da sie es nicht geschenkt bekam, mußte sie es stehlen. Gewiß, diese moralischen Verstöße sind im Grunde die harmlose Erscheinungsform vom Fin de siècle im Leben eines kleinen Mädchens, aber was für Katastrophen sind dem vorausgegangen!

Die dritte Aufseherin, die mir zur Gestalt wurde, ist die Oberaufseherin Binz, die mit Frau Mewes befreundet war. Diese Freundschaft erinnert an die blühende Blume auf dem schwarzen Schutthaufen des zertrümmerten Hauses. Es war keine Berufs- oder Kollegenfreundschaft, sondern eine echte, menschliche Neigung, wie sie sich nur bilden kann um die Treue im Glauben an das Gute im anderen. Fräulein Binz war 25 Jahre alt und war etwas länger und etwas schlanker als die übrigen Aufseherinnen, von deren oben gezeichnetem Normaltyp sie nur die Beine und den Gang übernommen hatte. Ihrer ganzen Erscheinung fehlte die verschwommene, farblose Breiförmigkeit ihrer übrigen Kolleginnen, sie war eigentlich die einzige, die noch ein Gesicht hatte. Ihre jungen Züge waren umrahmt von einer leuchtend blonden Löwenmähne, deren wilde Gelocktheit anmutete wie eine äußere Versinnbildlichung der in ihrem Inneren sich heftig widerstreitenden Gedanken und Empfindungen. Mund und Stirn waren überladen von Trotz und Bockigkeit, und die scharfe Falte zwischen den Augenbrauen stand wie eine harte Narbe in ihrem Gesicht. Wieder bestätigte sich mir eine häufig gemachte Beobachtung, daß gerade von dieser Stelle eines Antlitzes – von dem Dreieck zwischen Augenbrauen und Nase – so etwas wie ein entscheidendes Licht auf die ganzen Züge fällt. Bewußt machte ich diese Beobachtung zum erstenmal am Christuskopf auf dem berühmten Abendmahl von Leonardo da Vinci, wo in dieser lichten Stelle sich das ganze erfüllte Ewigkeitsbewußtsein zu spiegeln scheint. Im Gesicht jener jungen Aufseherin war diese Stelle wie zerfetzt und zerrissen, ein finsteres, verqueres Daseinsbewußtsein äußerte sich hier, an dem die zarteren Dinge zerschellen mußten. Alles war überlagert vom Ausdruck der Abwehr und Unverbindlichkeit, und nur in den Augen gab hin und wieder ein Schimmer angstvoller Unsicherheit noch Kunde von der Bedürftigkeit des Herzens.

Von meinem Zellenfenster aus habe ich sie oft im Zustand erregtesten Zornes beobachten können: dann schrie sie mit heiserer Stimme und schlug mit wütend gerötetem Gesicht auf irgendeinen Häftling ein. In diesem Augenblick glichen ihre Züge einem klirrenden Scherbenhaufen, und nur allzu leicht kam in solchen Auftritten eine Wildheit zum Durchbruch, wie nur die Verzweiflung sie hervorbringen kann, Verzweiflung, die sich bildet über die Aussichtslosigkeit des Guten in sich selbst, Verzweiflung, die alles zerschlagen und vernichten möchte, um endlich Ruhe vor sich selbst zu haben. Das ist nicht die Weise des radikalen «Wenn schon – denn schon» totaler Gewissenlosigkeit, die immer gekennzeichnet ist durch die schmerzlose Leichtigkeit, mit der sie das Böse tut, wie ein Experiment mit neugierigem Eifer, sondern diese Weise trug noch alle Merkmale lebhaftester Gewissensnot. Die wilden Schläge auf den Kopf des armen Häftlings ließen ein anderes, tiefer liegendes Umsichschlagen erkennen, das gerichtet war gegen das «Entweder-Oder», das wie ein unsichtbarer Feind ständig und von allen Seiten zugleich herandrängte.

Im Laufe der Begegnungen mit diesem Gesicht haben sich mir noch zwei Metamorphosen besonders deutlich eingeprägt. An einem Abend gegen neun Uhr, also nach Dienstschluß, wurde ich zum Schutzhaftlagerführer gerufen, um ihm und der Oberaufseherin etwas vorzuspielen und vorzusingen. Da wich unter der Wirkung der Lieder für Momente das Finstere, Verkrampfte aus den Zügen dieses jungen Wesens, und eine Unsicherheit flackerte über das Gesicht, die auch durch die betont gleichgültige Haltung nicht verdeckt werden konnte; es war wie ein verwundertes, unruhiges Aufhorchen auf einen neuen und doch zutiefst vertrauten Ton, und als wollte sie sich dem Zugriff entziehen, wandte sie sich mit rauher Gebärde dem vor ihr liegenden Hunde zu, um ihm mit fahrigen Bewegungen über den Kopf zu streicheln, wobei sie mit ihrer heiseren Stimme liebkosende Worte murmelte.

Der dritte Eindruck dieses Gesichtes fällt in eine viel spätere Zeit; es mag im Januar, Februar 1945 gewesen sein, als die Eindeutigkeit der gesamten Lage schon keinen Zweifel mehr über den Ausgang des Krieges ließ. Ich war gerade auf dem Spaziergang im Hof, als Fräulein Binz durch die Türe trat. Den Kopf weit vorgestreckt, eilte sie mit ihrem stampfenden Gang die Treppen hinauf, und ihr Gesicht war ganz entstellt von der offenbaren Zerquältheit ihrer inneren Verfassung. «Mit dem Kopf durch die Wand!» dachte ich ganz unwillkürlich. Als sie meiner Gegenwart inne wurde und meinen Gruß bemerkte, löste sich die Spannung in ihren Zügen ein wenig, und für Sekunden trat eine große Müdigkeit an ihre Stelle. Da öffnete sich die Tür des Zellenbaus, und das aufmunternde ‹Na› ihrer Freundin zauberte ein so hinreißendes Lächeln auf ihre Züge, daß ich im Moment ganz verblüfft dachte: was für ein hübsches Mädchen! Leuchtend blonde Haare, strahlende weiße Zähne und plötzlich über der ganzen Erscheinung ein Schimmer von unbeschwerter Heiterkeit und inniger Freude – so also konnte sie aussehen, wenn es ihr gelang, die innere und äußere Wirklichkeit ihres beruflichen Daseins für einen Augenblick zu verlassen.

Natürlich war sie nicht beliebt bei den Häftlingen, aber es herrschte auch keine schaudernde Furcht vor ihr. Gefürchtet wurden ihre «schlechten Tage», an denen sie völlig unberechenbar war und ohne Maß in ihren willkürlichen Anordnungen; an guten Tagen war sie einem Argument, einer Bitte nicht unzugänglich. Für ihren Beruf als Oberaufseherin war sie vor allem zu jung, um dem Maß der Verantwortung entsprechen, und selber noch zu unerzogen, um eine wirkliche Autorität aufrichten zu können. Sie war weder dumm noch faul und im Grunde kein böser und gemeiner Charakter. Aber sie war auf dem Wege, es zu werden, wobei ihrem Verhältnis mit dem Schutzhaftlagerführer ein wesentlicher Teil der Schuld zufiel: er gehörte wirklich zu jenen Elitekadern der SS, wie sie in Rauschnings Buch geschildert werden, und es war ihr Verhängnis, diesen diabolischen Zauber scheinbar vollendeter Kühnheit, totaler Gewissenlosigkeit jemals mit dem Bilde echter Freiheit verwechselt zu haben.

In den Monaten, die mir gegeben waren, all diese Beobachtungen und Betrachtungen anzustellen, war es wirklich eine harte Arbeit, die vielen schlimmen Eindrücke hereinzulassen in den Bannkreis erkennender Liebe. Stunden und Tage innig bemühten Nachdenkens hat es gekostet, in den widerwärtigen Verzerrungen vor meinem Fenster das Gesicht des Menschen wiederzufinden, das uns die christliche Offenbarung als liebenswert anvertraut hat. Die natürliche Liebe versagt vor dieser scheußlichen Entstellung, und ein ganzes Heer dialektischer Spitzfindigkeiten deckt ihren feigen Rückzug vor dieser Aufgabe, in diesem entsetzlichen Anderen noch den Gleichen, den Nächsten, den Menschen wie ich einer bin, anzuerkennen. In der natürlichen Abwehr gegen die furchtbaren von draußen hereindringenden Eindrücke tauchte immer wieder die Versuchung auf, sich einfach abzuwenden, das Fenster zuzumachen und ein Buch zu lesen. Das wäre der erste Schritt zu jener Stumpfheit gewesen, die gleichzeitig auch zur Dummheit führt: das, was ich nicht sehen will, werde ich auch nie begreifen können. Was für ein ungefüger Bolzen das Herz doch ist, man muß sich hüten, seine natürliche Liebes- und Leidensbereitschaft zu überschätzen. Nicht nur das, was ich im Lager sah, gibt mir Veranlassung zu dieser Warnung, sondern was ich im Zusammenhang damit im eigenen Herzen erfuhr, macht mich fast noch besorgter. Wie wohlbegründet ist diese Furcht, so einem schrecklichen Bilde des Menschen zu begegnen, wie es täglich vor meinem Fenster sich mir bot, muß man doch gewärtig sein, in ihm auch das Spiegelbild des eigenen Gesichts zu finden.

Die Häftlinge – Das äußere Bild

Wenn man vom Häftling reden will, muß man über das Lager berichten, und wenn man über das Lager schreibt, spricht man vom Häftling. Die Lebensbedingungen in einem KZ sind so ohne jeden Vergleich, daß man ein Bild davon nicht mit einigen leichten Strichen zeichnen kann, sondern mühsam zusammentragen muß aus all den Einzelheiten, in denen diese Andersartigkeit sich manifestiert. Die Unglaubwürdigkeit des sich dann ergebenden Bildes beruht nicht auf falscher Zeugenaussage, sondern auf der feigen Oberflächlichkeit des Betrachters, der sich der Wirklichkeit verschließt, um die in ihr enthaltene Wahrheit nicht annehmen zu müssen. Das Nachstehende erhebt nicht den Anspruch, zuständig zu sein für alle Konzentrationslager, sondern es beschränkt sich auf den Versuch, ein äußeres und inneres Bild vom KZ Ravensbrück zu zeichnen, wobei es dahingestellt bleiben soll, wie weit das allen KZs Gemeinsame darin enthalten ist.

Ravensbrück war ausschließlich ein Frauenkonzentrationslager, ohne den Untertitel ‹Vernichtungslager›. Daß und wie in den sechs Jahren seiner Existenz seine ursprüngliche Gestalt sich verwandelte, ist nicht anders zu werten als die gesamte Veränderung überhaupt, die wir in Deutschland erleben mußten, nämlich als das Offenbarwerden des eigentlich waltenden Prinzips ‹Macht um der Macht willen›, als die zerstörende Auswirkung des sich vollendenden Nihilismus. Das Ende ist im Anfang immer schon enthalten, so ist es müßig, angesichts der schauderhaften Zustände, in die die KZs im Laufe der letzten Jahre geraten waren, darauf hinzuweisen, daß es früher mal besser gewesen sei. Zwischen heute und früher lag wohl bei keinem KZ eine essentielle Veränderung vor, sondern eine graduelle und nur mittelbar durch den Krieg beeinflußte Verschlechterung, denn auch der schlechteste Zustand war unmittelbar schon vorbereitet durch die grundsätzliche Bereitschaft dazu auf Seiten seiner Gründer. Die Wucht des fallenden Steines der totalen Gewissenlosigkeit hat eine riesige Lawine ins Rollen gebracht, die kaum einer, der von ihr erfaßt wurde, überleben konnte, und wenn, dann nur mit zerschlagenen Knochen. Gewissenlosigkeit ist wie eine ansteckende Krankheit, und jeder, der ihr begegnet, muß sich hüten, im Unrecht, das der Andere begeht, nicht auch einen Dispens zu sehen von seiner eigenen sittlichen Norm. Nichts ist so irreparabel wie eine zerbrochene Tradition, nichts so untröstbar wie eine geplünderte und enttäuschte Seele und nichts so gefährlich wie ein Mensch in der Verzweiflung.

Einlieferung ins Lager – Einkleidung und Unterbringung
Eines Tages wurde der Gräfin Plettenberg und mir folgende Eröffnung
gemacht: Die Untersuchung der Geheimen Staatspolizei hatte ergeben,
daß wir durch Mitwisserschaft uns mitschuldig gemacht hatten am
Vergehen unserer Geschwister, demzufolge war Schutzhaft über uns
verhängt worden und wir wurden vom Zellenbau ins Lager versetzt.

Ich hatte mehr als einmal aus meinem Zellenfenster die Ankunft eines
Massentransportes beobachten können, und immer wiederholte sich das
gleiche Bild: plötzlich brach durch das Lagertor ein nicht abreißender
Strom von Frauen herein, der sich wie ein dicker, zähflüssiger Brei auf
den Lagerhof ergoß, und es dauerte tagelang, bis die letzten von ihnen den
Hof in Richtung der Blocks verließen. Die Organisation der Aufnahme
war offenbar viel zu klein für diese Masseneinlieferungen, und es war mir
unerfindlich gewesen, warum sie nicht vergrößert wurde, denndalle
dadurch entstehenden Stockungen mußten doch eine starke Belastung
des ganzen Lagerorganismus bedeuten. Erst jetzt, im Lager selber, wurde
mir durch viele und ähnliche Eindrücke klar, wie symptomatisch gerade
diese schlechte Organisation war, und am besten stellt man gleich hier
ein- für allemal fest, daß es eine verpflichtende Idealvorstellung von
einem «gut funktionierenden» KZ nur in einem negativen Sinne gegeben
hat. Bei keinem Verantwortlichen also hätte der berufliche Ehrgeiz sich
darauf spannen können, für eine möglichst rasche Unterbringung und
Versorgung der Neuankömmlinge zu sorgen. Die Einstellung war genau
umgekehrt: was macht es denn schon, wenn die Häftlinge drei, vier Tage
auf dem Hof liegenbleiben müssen? Ohne Decken und Strohsäcke
natürlich, ohne ein Dach gegen den Regen, ohne irgendeine Art der
primitivsten Fürsorge? Sie bekamen die übliche Lagerverpflegung, das
war alles, wobei sich in der Art der Verteilung dieselbe Gleichgültigkeit
äußerte: die Häftlinge selber mußten sich an die Kübel herandrängen, um
den einen Schlag Suppe zu empfangen, dabei gab es weder genügend
Eßgeschirre, noch wurde rein zahlenmäßig kontrolliert, ob jeder etwas
bekommen hatte, ganz zu schweigen von einer namentlichen Überwa-
chung. So ist es also gewiß, daß aktivere, vitalere Typen zwei- und
dreimal sich geben ließen, während die Älteren, Erschöpfteren nicht
einmal das bekamen, was ihnen zustand.

Ihr Gepäck mußten sie abgeben, Koffer, Schachteln, Handtaschen,
auch die mitgeführten Vorräte, Geld, Schmucksachen usw. Die Koffer,
sofern sie guter lederner Qualität waren, wie auch die Handtaschen
wurden zur Versuchung für soundsoviele Aufseherinnen, die die
unglaublichsten Schieber- und Wuchergeschäfte damit machten. Sie
wurden dafür bestraft, aber nicht etwa, weil sie sich an fremdem
Eigentum vergangen hatten, sondern weil sie der nächsthöheren
Dienststelle damit ins Handwerk pfuschten – der Verwalter der

Effektenkammer muß ein sagenhaft reiches, prasserisches Leben geführt haben! Die Kleider kamen, sofern sie schlechterer Qualität waren, nachdem sie die Entlausung passiert hatten, zur Kammer, wo sie mit dem obligatorischen weißen Kreuz auf Rücken und Rock versehen wurden, um dann an andere Häftlinge als Lagerkleidung wieder ausgegeben zu werden. Die Unterwäsche, soweit sie aus Seide war – und wieviel herrliche Sachen müssen da zusammengekommen sein von ehemals reichen Juden, Polen, Franzosen, überhaupt all jenen Frauen, deren Verhältnisse es einmal gestattet hatten, diesem natürlichen Bedürfnis nach «hübscher Sauberkeit» zu entsprechen – verschwand ebenfalls lautlos in dem Abgrund dunkler Geschäfte, die schlechteren Sachen wurden zur Verarbeitung und weiteren Verfügung fortgegeben – wie oft habe ich Lastwagen hochbepackt mit diesen gestohlenen Sachen den Hof verlassen sehen! – Die Schmucksachen, sofern sie wertvoll waren, müßten sich ebenfalls in den Händen des verantwortlichen Beamten wiederfinden lassen – die schlechten Sachen verschwanden in den Taschen des minderen Personals, und der Rest wurde weggeworfen. Aus dieser ganzen Sammlung stammt mein heutiger Rosenkranz, durch den glücklichen Umstand, daß Puppi eine Zeitlang damit beauftragt war, ganze Koffer von diesen Sachen zu sortieren, dabei verschwanden drei der schönsten Ringe in der Tasche von Untersturmführer Weber! Er besuchte Puppi eines Morgens bei ihrer Arbeit, sah und bewunderte die drei Ringe, und als Puppi nach dem Essen wiederkam, waren sie verschwunden – Zeugen dafür, daß er sie gestohlen hatte, gab es nicht; eine Instanz, die man mit der Beweisaufnahme hätte betrauen können, gab es ebenfalls nicht, und Puppi selbst war Häftling und hätte als solche niemals die Möglichkeit gehabt, für Recht zu sorgen gegen eine Clique, die in ihren von Raub und Mord besudelten Händen noch immer die Macht über Tod und Leben hielt – «Verbrechen bindet stärker als Idealismus!» – Den Rosenkranz nahm Puppi deshalb an sich, weil Rosenkränze auch zu dem «Mist» rechneten, der dann weggeworfen wurde. «Mist?» Lauter rührend scheußliche Dinge, an denen gewiß immer die Erinnerung an eine glückliche Stunde, ein liebevolles Herz, ein Versprechen fürs Leben hing – auch Eheringe mußten abgegeben werden.

Eßbare Vorräte wurden in Wäschkörben in der Schreibstube abgeliefert. Würste, Marmeladengläser, Schmalztöpfe, selbst bestrichene Butterbrote waren dieser nimmersatten Gier willkommen, die sich hinter dem «gerechten» Befehl tarnte, kein Häftling soll mehr haben als der andere. Es ist richtig gut zu denken, wieviel aus diesen Körben in die Jackentaschen der hungrigen Häftlinge wanderte, die mit dem Transport der Sachen von der Sammelstelle bis zum Zimmer der Oberaufseherin beauftragt waren. So kam wenigstens ein kleiner Teil den Häftlingen zugute – das meiste aber floß der Lagerleitung zu, wo einer ängstlich vor dem anderen seine Diebesbeute verborgen hielt, handelten sie doch alle dem eigentlichen Befehl entgegen, die ganzen Dinge der Lagerküche abzuliefern als zusätzliche Verpflegung für die Häftlinge.

Da Gisela Plettenberg und ich Einzeleinlieferungen ins Lager waren, blieb uns dieser schlimmste Teil des endlosen Kampierens auf dem Hofe erspart. Als Deutsche genossen wir eine bevorzugte Abfertigung vor den Ausländerinnen – und man schämte sich nur um so mehr vor ihnen; keinen Augenblick konnte man vergessen, daß all dieses sich in einem deutschen Konzentrationslager abspielte – unser Weg ging direkt über die Schreibstube zum Bad. Dort wurde uns, gleichsam als Quittung für unsere Einlieferung, eine Nummer in die Hand gedrückt, die wir dann später zusammen mit einem roten Winkel auf dem linken Oberarm trugen. Im Bad mußten wir alles, was wir bei uns hatten, auch das was wir am Leibe trugen, einer Aufseherin geben, die mit ungewöhnlich gelangweiltem Gesicht wie hinter einem Ladentisch saß, ein Ausdruck, der eigentlich erleichternd wirkte in dieser etwas peinlichen Szene. Die abgegebenen Sachen wurden – nur noch pro forma für alle Angehörigen östlicher Nationen – säuberlich registriert und wanderten dann samt und sonders in einen Sack, in dem sie zur Entlausung kamen, um dann «in der Effektenkammer bereitgelegt zu werden für den Tag der Entlassung». (Ursprünglich war es so gewesen, daß alle mitgeführten Sachen eines Häftlings für die Dauer seines Aufenthaltes im Lager von der Effekten- kammer verwahrt wurden. Diese Regel galt heute nur noch für die deutschen Häftlinge und die der westlichen Nationen. Das Effektengut aller anderen war durch eine Unterschrift von Himmler Eigentum der SS geworden, als es nötig wurde, für die fehlende blau-weiß gestreifte Häftlingstracht Ersatz zu stellen. Aus dieser umfangreichen Diebesbeute stammten die zum Teil auch recht guten Kleidungsstücke, in denen die Häftlinge zu meiner Zeit herumliefen.) Entkleidet, wie man nun war, mußte man sich dann in einen anderen Raum begeben, wo zwei Häftlinge die Haare nach Läusen durchkämmten und eine weit unangenehmere Untersuchung feststellte, ob man vielleicht doch noch verbotene Gegen- stände bei sich führte. Mit einem dann ausgehändigten Lappen von der Größe eines Taschentuchs wurden wir unter die Brause geschickt, und das Bad, das nun fällig war, wird für viele ihr erstes und letztes geblieben sein.

Daran anschließend erfolgte die Einkleidung, die bei den großen Masseneinlieferungen oftmals mehr der Kostümierung für ein gespensti- sches Stück glich, nicht aber als normale Bekleidung angesprochen werden konnte. Die Schuhe hätten genommen sein können aus einem ganz alten Theaterfundus – lange, schmale Lackstiefel von 1870, Knöpfschuhe mit hochgebogener Spitze von 1890, seidene Tanzschuhe mit Stöckelabsatz, Strandschuhe mit Holzsohlen – ausgetretene durchlöcherte Schuhe jeglicher Farbe, aller Formate, sämtlicher Gattungen, nur keine gesunden richtigen Laufschuhe, in denen man einigermaßen gut und trocken gegangen wäre. Mit den Kleidern war es genauso und noch schlimmer – Bettler und Zigeuner haben nicht ärger ausgesehen in der elendesten Vermummung: bunte Fetzen und Flicken hingen ihnen über die Schultern, zerlumpte Kleider, zerrissene Jacken, zerfranste Röcke umflatterten die mageren Gestalten. Da alles sehr dünnes Zeug war, trachteten sie danach, möglichst viel davon zu bekommen, die Armen müssen trotzdem unsagbar gefroren haben. Strümpfe gab es kaum noch für diese spät eingelieferten Opfer der sinnlos um sich schlagenden Macht, und ich habe später im Lager mehr Beine gesehen bedeckt mit aufgesprungenen, blutigen Stellen von Frost oder Avitaminose, mehr Beine dürftig mit Papier und Flicken umwickelt als Beine in normalen Strümpfen . . .

Zu den Beobachtungen dieser Masseneinlieferungen gehört noch ein unauslöschlicher Eindruck aus einer langen Nacht: den ganzen Tag über waren immer neue Trupps auf dem Hof erschienen und hatten mit wirrem Krach die Luft erfüllt. Gegen Abend beruhigte sich der Lärm ein wenig, und es blieb nur ein leise bewegtes Murmeln ähnlich dem Wellenschlag des Meeres. Im fahlen Licht der Bogenlampen entdeckte ich eine Gruppe dicht beieinander stehender Nonnen, die mit zögernden, unentschlossenen Bewegungen an ihren schwarz-weißen Hauben zu nesteln begannen.

Nach der Einkleidung wurden die Häftlinge erst auf dem Zugangsblock untergebracht, das heißt, in einem großen, hohen Zelt mit der blanken Erde als Fußboden, ohne Fenster, ohne Heizung. Dort lagen sie in kleinen Haufen auf wenigen Strohsäcken zusammengedrängt, mit viel zu wenig Decken ausgerüstet, und warteten oft Tage und Wochen auf die Erlösung aus diesem schlimmsten Zustand. Die nächste Station war dann die Einweisung in einen Block, das heißt, in eine Baracke, auch noch Zugangsblock genannt, auf dem sie aber greifbar waren für den Arbeitseinsatz. Von dort wurden sie dann verlegt zu den einzelnen Arbeitskommandos, die früher einheitlich auf den verschiedenen Blocks untergebracht waren; während des Krieges, in dem das Lager anwuchs auf das vier- bis fünffache seines eigentlich vorgesehenen Bestandes, funktionierten diese ganzen Einteilungen nicht mehr, da die Zahl der Arbeitsunfähigen sich erhöhte und bei weitem nicht genügend Arbeitsplätze zur Verfügung standen für die Arbeitsfähigen.

Diese saubere Einteilung wurde nur noch im sogenannten Küchenblock und für die Verwaltung gewahrt. Block I war der Küchenblock. Auf ihm waren untergebracht die ca. 250 Mädchen, meist Polinnen, die in der

Küche zu tun hatten. Dieser Block lag aus begreiflichen Gründen unter besonderem Schutz: die Betten waren einfach belegt und mit blaukarierter Wäsche bezogen, die Insassen mußten wenigstens einmal in der Woche baden, eine Bestimmung, die in den ersten Jahren für alle Lagerinsassen gegolten hatte, und im ganzen wurde dort mehr auf Sauberkeit geachtet als auf anderen Blocks, selbst mehr als im Revier. Außerdem wohnten dort die Koriphäen des Lagers – die Schreibstubendamen und andere avancierte Häftlinge. Auf Block II, wo Gisela und ich noch am Tage unserer Einlieferung untergebracht worden waren, lagen vor allem die in der Verwaltung tätigen Frauen, die sogenannte geistige Oberschicht des Lagers – sie waren besser, zum Teil sogar gut angezogen. Nur wenige mußten das Bett mit einer anderen teilen, sie lebten gleichsam in geordneten Verhältnissen. Für Block III galt etwa dasselbe. Block IV beherbergte schon etwa das doppelte an Häftlingen bei gleicher Bettenzahl. Block V war vor allem belegt mit Bibelforscherinnen, die aber immer mehr an die Wand gedrängt wurden von der Masse der neu Eingelieferten – die Zahl der Insassen betrug etwa 1300 auf 450 Betten! Die nächsten drei Blocks waren dem Revier zugeteilt und verdienen eine besondere Erwähnung an anderer Stelle. Die restlichen Blocks – von 9 bis 31 – faßte man zusammen unter dem Ausdruck «Slums», und man kann die Zustände dort nicht entsetzlich genug schildern!

Der Grundriß war bei allen Blocks weitgehend derselbe, nur die Ausmaße waren verschieden – die «feinen» Blocks waren kleiner, die «Slums» größer. Bei einer normalen Besetzung war der Grundriß nicht allzu schlecht, aber je voller ein Block wurde, um so verwickelter wirkte sich der Schneckenhauscharakter der Raumaufteilung aus. In der Engigkeit des kleinen Flures, auf dem die Türen aller Räumlichkeiten zusammenliefen, staute sich an bestimmten Zeiten des Tages der ganze Verkehr zu einer solchen Festigkeit, daß es für eine halbe Stunde lang unmöglich sein konnte, zu einer der Türen durchzudringen. Am verheerendsten auf diesen überfüllten Blocks war der Mangel an Waschgelegenheiten und Toiletten. Die acht Klosetts auf Block II erwiesen sich schon als nicht ausreichend für seine vierhunderköpfige Besatzung, aber um wieviel ärger noch war es auf den Slums, wo nicht mehr als zwölf dieser unentbehrlichen Einrichtungen für eine Menge von 1200 bis 1600 Frauen zur Verfügung standen, noch dazu verstopft, ohne rechte Spülung und ganz entsetzlich verdreckt. Der Erfolg war eine nie abreißende Typhusepidemie, die zeitweilig bis zu 70 Opfer täglich forderte.

Auf diesen Armenblocks schliefen die Frauen teilweise zu sechst in einem Bett. Man wird fragen, wie das praktisch möglich war? Darauf läßt sich nur antworten, die Not kennt ihre eigenen Rechenexempel. Die Schläferinnen waren sehr mager, sehr müde und wie Tiere in ihrem instinkthaften Bequemlichkeitssinn. Außerdem bedurfte eines der Wärme des anderen, denn mit den zwei, drei Decken, die ihnen zu sechst zur Verfügung standen – scheußliche, ausgediente Pferdedecken –, konnten sie sich kaum gegen die feuchtkalte Dämmerung der Abend- und Morgenstunden schützen, die ungehindert durch die zerbrochenen Fensterscheiben hereinströmte. Auf diesen Blocks konnte natürlich nicht mehr von irgendeiner Bettwäsche die Rede sein, nicht einmal mehr von ordentlichen Strohsäcken. Dieser mit einer Handvoll Heu gefüllte und aus Papierband geflochtene Sack verdiente nicht mehr den runden Namen Strohsack, geschweige denn den einer Matratze, er war bestenfalls eine Unterlage und noch dazu die schlechteste, die denkbar ist. Um einigermaßen weich und warm zu liegen, gingen die Frauen begreiflicherweise ganz bekleidet ins Bett, und nur einzelne machten sich noch die tägliche Mühe einer Morgenwäsche.

Ich kann mich an einen Vorfall erinnern, der diese Behauptung als richtig bestätigt: morgens, nach dem Appell, bei der allgemeinen Auflösung, brach plötzlich neben mir eine alte Frau zusammen. Ich beugte mit anderen mich über sie, um sie aus dem Gewühl zu tragen, als ich wie betäubt zurückprallte von diesem unbeschreiblichen Gestank, der von ihr ausging, und es bedurfte eines Aktes harter Selbstüberwindung, um ihr den Samariterdienst zu erweisen. Man muß sich die Auswirkungen dieser furchtbaren Lebensbedingungen bis in diese Einzelheiten ausmalen, um der schaudernden Phantasie das rechte Bild zu vermitteln. Auf diesen Blocks wimmelte es von Ungeziefer jeglicher Art, sie waren die Krankheitsherde des Lagers, und es wird nicht verwundern, daß täglich wenigstens zehn Frauen eine tote Schläferin im Arm hielten, wenn sie des Morgens erwachten. Seitens der Lagerleitung geschah zu meiner Zeit nichts mehr zur Besserung dieser Zustände, und ich möchte bezweifeln, daß sie jemals Gegenstand verantwortungsbewußter Mühe gewesen sind. Angesichts der nötigen Maßnahmen, wie Isolierung der Kranken, Desinfizierung der Räume, Impfung der anderen Häftlinge, Sorge für bessere hygienische Verhältnisse, Erweiterung der Räumlichkeiten, war es der Mentalität der Leitung entsprechend, sich von vornherein auf die Unmöglichkeit der Durchführung zu berufen mit dem Hinweis auf den Krieg, die fehlenden Medikamente, das nicht vorhandene Material usw., und dabei im Stillen die Totenziffer zu begrüßen, verringerte sie doch die Zahl der Essensempfänger und machte Platz für die laufend neu eintreffenden Häftlinge.

Verpflegung
Ursprünglich hatten folgende Regeln gegolten: der Schlafraum durfte nur abends zum Schlafengehen aufgesucht werden, tagsüber war das

Betreten verboten. Für die Mahlzeiten und die Freistunde stand den Häftlingen der jeweilige Tagesraum zur Verfügung, der mit einer Reihe von Tischen, Hockern und Spinden das Nötigste enthielt. Diese Disziplin war unter dem Druck der wachsenden Kopfzahl vollkommen verschwunden. Über die Hälfte jedes Tagesraums war mit Betten belegt, denen die Tische und Hocker natürlich hatten weichen müssen, und in den Slums-Blocks fand sich nicht mehr als ein Stuhl höchstens. Man darf sich einen Tagesraum nicht zu groß vorstellen – seine Maße betrugen etwa 10 zu 10 Meter auf den kleineren und etwa 15 zu 15 Meter auf den größeren Blocks. Für alle jene also, die nicht zur Arbeit gingen – über die Arbeitseinteilung im Lager wird noch an anderer Stelle gesprochen werden –, war es praktisch unmöglich geworden, am Tage etwas anderes zu tun als in der Nacht: auf dem Bett liegenbleiben und vor sich hindämmern, wodurch sich Tag und Nacht zu einem einheitlichen Grau zusammenzogen und wirklich die Vorstellung vom Massengrab der Lebendigen sich nahelegt. Unterbrochen wurde dieser Zustand nur vom morgendlichen Appell und von der Essensausteilung mittags und abends.

Der tägliche Essensempfang auf diesen Blocks glich einem wilden Handgemenge. Es war schon auf unserem Block II eine Schwierigkeit, daß jeder die ihm zustehende Portion bekam und nicht einer deren zwei und ein anderer gar keine. Aber wie unmöglich war das auf diesen überfüllten Elendsblocks! Nicht nur bekamen sie ihr Essen zu ungleichmäßigen Tageszeiten, denn pünktlich mußten nur jene versorgt werden, deren Arbeitskraft wichtig war für die Fortexistenz des Lagers, sondern an ihnen kamen auch die Differenzen zum Austrag, die von der Küche verschuldet wurden, sei es, weil ein Kessel ausfiel, oder etwa vom zur Verfügung stehenden Gemüse zuviel verdorben war usw. Gewiß, der Hunger treibt den Menschen zu gewaltigen Kraftanstrengungen; in welchem Maße aber die alten, erschöpften Frauen auf diesen Blocks zu ihrem Recht gekommen sind in dieser entsetzlichen Enge, bei diesem furchtbaren Geschrei, in dieser leidenschaftlichen Gier Hunderter von hungrigen Menschen – die Vorstellung wird die Entsetzlichkeit dieser furchtbaren Wirklichkeit nie einholen, geschweige denn überbieten können, und es ist sicher, daß mehr als eine von den toten Frauen jeden Morgens am Hunger gestorben war, weil es ihr an der Kraft gefehlt hatte, sich ihr bißchen Essen zu besorgen.

Wo das Vertrauen nicht mehr bestehen kann, daß die Zuverlässigkeit einer gerechten Organisation dem einzelnen seinen Anteil am Ganzen schützt vor fremdem Zugriff und nur dem etwas zuteil werden läßt, der das Recht darauf hat, da wächst, getrieben vom Bewußtsein der Ausgeliefertheit, die Rücksichtslosigkeit des Menschen ins Ungeheure. Die Frau, die hier am Hungertode gestorben war, war einem zweifachen Sachverhalt zum Opfer gefallen: einmal der Unfähigkeit ihrer verantwortlichen Blockführerinnen, der Aufseherinnen wie auch der Blockältesten, deren Aufgabe die bessere Organisation gewesen wäre, und zum anderen der Unbarmherzigkeit ihrer Kameradinnen, die erst die zweite und unrechtmäßige Kelle verschlangen, bevor sie die Überlegung anstellten, ob vielleicht einer da sei, der noch gar nichts hätte. Es erübrigt sich, zu bemerken, daß die großen Schiebungen, die immer wieder mit Vorräten der Häftlings- wie auch der SS-Kantine gemacht wurden, nur einigen wenigen zugute gekommen sind, nicht ohne das Allgemeinwohl erheblich zu schädigen.

Ärztliche Versorgung und Revier

Es wurde schon oben kurz erwähnt, in welcher Weise zum Beispiel dem Typhus im Lager begegnet bzw. nicht begegnet wurde. Die gesamte ärztliche Betreuung schien nach dem Prinzip zu handeln: ein toter Häftling ist besser als ein kranker, der nicht zu den gesunden gerechnet werden kann.

Wer sich krank fühlte, konnte dieses seiner Blockältesten melden, die ihn dann zur nächsten ärztlichen Untersuchung nach vorne begleiten mußte, wobei ich gleich einschalten will, daß die Blockältesten vieles mußten, aber nicht alle immer alles taten; brachte sie also den Häftling nicht zum Arzt, war's auch noch so. Dem Revier standen vor zwei SS-Ärzte, von denen der eine ein außerordentlich dummer, eingebildeter Flegel war, dessen Sachkenntnissen ich nicht meinen Hund anvertraut haben würde; vom anderen hieß es, er sei ein guter Chirurg, aber auch er schien von der caritativen Pflicht seines Berufes nie etwas vernommen zu haben. Die Oberschwester war eine dicke, träge, klatschsüchtige Tyrannin, die ihr Dienstzimmer nur im äußersten Notfall verließ, wohl um sich die schöne Vorstellung zu erhalten, es liefe alles wie am Schnürchen. In den Händen dieser drei lag vor allem die Verwaltung; daneben bestand die Hauptbeschäftigung der beiden Ärzte in der sogenannten Untersuchung der Häftlinge, wenn es sich um die Zusammenstellung eines Arbeitskommandos handelte. Die eigentliche ärztliche Behandlung der Häftlinge lag in den Händen von ausgebildeten Medizinerinnen, die selber Nummer und Winkel trugen. Sie stellten die Diagnose, verteilten die Bettkarten und konnten verfügen über die mageren Bestände der Häftlingsapotheke. Es hieß, daß aus den für die Häftlinge eintreffenden Paketen alle Sorten von Medizinen, Stärkungsmitteln und vitaminhaltigen Zusendungen herausgenommen würden, um in der Häftlingsapotheke für die Bedürftigsten zur Verfügung zu stehen. Daß diese Dinge aus den Paketen verschwanden, ist gewiß, als weniger eindeutig aber hat sich erwiesen, daß sie ihrer eigentlichen Bestimmung zugeführt wurden. Ich persönlich neige mehr zu der Ansicht, daß soundso viele kleine SS-Kinder davon großgezogen sind, denn tatsächlich wurden diese Zusatzmedikamente in einem so lächerlich geringen Prozentsatz verteilt, daß eine andere Lösung angesichts der täglich eintreffenden Menge von Paketen, vor allem auch Rot-Kreuz-Paketen, nicht plausibel erscheint.

Wurde ein Häftling wirklich so krank, daß er ins Revier mußte, so war damit auch sein Leben in besonderer Weise aufs Spiel gesetzt, denn tatsächlich waren die Zustände im Revier schlechthin mörderisch. Auch hier diese entsetzliche Überfüllung, mehrere in einem Bett, ohne nach Krankheiten getrennt zu sein, wer also nur die eine hatte, bekam mit Sicherheit die andere dazu. Vergeblich habe ich nach irgendeiner einem Krankenhaus angemessenen Maßnahme gesucht: es gab keine besondere Ordnung und Sauberkeit, nicht die geringsten Vorsichtsmaßnahmen gegen Ansteckung und Infizierung, es fehlte an Bettwäsche, an warmem Wasser, an Seife, an Verbandszeug jeglicher Art, an Medikamenten, an Desinfektionsmitteln, so daß die Krankenblocks sich eigentlich in nichts anderem von einem Gesundenblock unterschieden als nur darin, daß hier die Kranken in der Mehrzahl waren. Als einzige Erleichterung genossen sie die Befreiung vom morgendlichen Zählappell. Ein großer Teil der Ärztinnen, die ja selber Häftlinge waren, haben mit dem Wenigen, was ihnen zur Verfügung stand, Bewundernswertes erreicht.

Die Verpflegung im Revier bestand aus der sogenannten Diätkost, unter der man sich aber nichts anderes vorstellen darf als eine andere dünne Wassersuppe, die auf Grund ihrer angeblich besseren Qualität in geringerer Menge als die Normalverpflegung zur Verteilung kam. Weißbrot, Zucker, Butter, Fleisch, ein Ei oder frisches Gemüse, all diese Dinge hat weder ein gesunder noch ein kranker Häftling jemals von seiten der Lagerleitung zugeteilt bekommen. Was davon im Lager anzutreffen war, entstammte entweder treusorgenden Paketen oder aber halsbrecherischen Schiebungen.

Die Essensverteilung war auch hier nicht weniger dramatisch als auf den anderen Blocks, fast im Gegenteil: hier hatte man ein Recht, auf den Tod zu lauern, hier kam man ihm entgegen: war eine Kranke schon von ihm gezeichnet, so hat sie in den letzten Tagen vor ihrem Sterben gewiß nichts mehr zu essen bekommen. Es wäre doch Verschwendung gewesen, ihr, die ja fast schon tot war, noch die Nahrung zu geben, anstatt jener, die morgen als genesen den Block verlassen würde. Man kann nicht ausdenken, wie viele da in einer so abgründigen Verlassenheit gestorben sind, daß ein Tod in der Wüste nicht einsamer sein kann.

Die Ärzte, so wurde schon einmal gesagt, waren damit beauftragt, arbeitsfähige Frauen für die Arbeitsverschickung auszusuchen. Ravensbrück versorgte laufend einige Fabriken mit Arbeitskräften, etwa so, wie eine Großtankstelle Betriebsstoff ausgibt an kleinere Verbraucher. In der

Anforderung der Fabrik hieß es dann, «möglichst Frauen zwischen zwanzig und dreißig, ältere können wir nicht gebrauchen». Aufgabe des Arbeitseinsatzes war es, an Hand der vorliegenden Häftlingskartothek die gewünschte Kopfzahl aufzustellen. Was haben sich dabei oft für Tragödien abgespielt, wenn auf diese Weise Mutter und Tochter, Schwestern, Freundinnen voneinander getrennt wurden, und nicht selten hat der Arbeitseinsatz versucht, eine «Alte» mit hineinzumogeln, um sie nicht von ihrer jüngeren Gefährtin zu trennen. Dem endgültigen Abtransport ging eine ärztliche Untersuchung voraus, eine ebenso groteske wie sadistische Farce. Die benannten Frauen mußten dann total entkleidet vor den beiden Ärzten defilieren, die mit den Beinen baumelnd und Zigaretten rauchend auf einem Tisch saßen, widerliche Bemerkungen tauschten und mit einer Mischung von schamloser Unanständigkeit und bösem Abscheu die Häftlinge musterten.

Ich selber war über die Maßen erschüttert von der Häßlichkeit dieser Frauengestalten. Im Elend, so schien es, vermag auch die natürliche Schönheit nicht mehr sich zu halten, sie deformiert sich entsprechend den seelischen Verzerrungen, die der so vielfach Geschändete durchleiden muß. Und nie werde ich meine wilde Empörung vergessen können beim Anblick der tätowierten Nummer auf dem Unterarm eines Auschwitzer Häftlings. In ihr enthüllte sich wirklich mit beißender Schamlosigkeit die ganze satanische Frechheit dieser bis zum Wahnsinn gesteigerten Macht- und Besitzgier, die über die Arbeitskraft des Menschen hinaus auch seinen Leib mit Beschlag belegt, mit einem Brandzeichen versieht, das den ganzen Menschen als Staatseigentum deklariert. Ich sah dieses Zeichen zuerst auf einem weißen wohlgebildeten Arm, dessen schöne, schmale und so entsetzlich verarbeitete Hände wie geschaffen schienen mit Blumen umzugehen, einen Fächer zu führen und mit jeder Geste alles Zarte und Weibliche der Ritterlichkeit ihrer Umgebung anzuvertrauen. Erst in der strahlenden Güte der großen blauen Augen dieser Frau fand ich ein wenig Trost für meine brennende Scham. Diese Frau war als Angehörige der polnischen Aristokratie zwei Jahre in Auschwitz gewesen.

Diese ärztliche Untersuchung der Arbeitsfähigen beschränkte sich auf die Ausscheidung der Humpelnden, der Buckligen und der Krätzekranken – unsichtbare Leiden wurden nicht berücksichtigt.

Diese Unglücksfrauen haben oft genug ein entsetzliches Los gezogen – manche haben es besser gehabt, wo die Fabrikleitung der Pflicht der Menschlichkeit gehorchend sich kümmerte um Kleidung, Unterbringung und Ernährung dieser Menschen – aber viele von ihnen wurden nur wie Benzin verwandt: wenn ihre Leistungsfähigkeit verbraucht war, wurden sie dem Lager wie leere Kanister zurückgeschickt, damit wieder volle, frische Kräfte an ihre Stelle treten konnten.

Unter diesen rückkehrenden Transporten fehlten häufig welche – sie waren gestorben oder bei Luftangriffen umgekommen. Und unter den Überlebenden waren mehr als einmal Frauen, die den Verstand verloren hatten durch die Angst bei den Luftangriffen, denen sie völlig schutzlos preisgegeben waren. Ohne die psychologische Wohltat vier fester Kellerwände, einfach so in ihren leichten, von Stacheldraht umzäunten Baracken hatten sie den Angriff auf die zunächst liegende Fabrik mit durchmachen müssen. Die ungeduldige und zutiefst ungütige Atmosphäre des Lagers konnte niemals geeignet sein, ihren wundgeschlagenen Seelen heilend und hilfreich zu begegnen – in dem bösen, irren Blick der geistig so entstellten Frauen war so viel geduckte, bebende Furcht zu lesen, so viel flackernde, hilfeschreiende Angst – und weiß Gott! Sie hatten recht, denn was ihnen in diesem Zustand als Behandlung bevorstand, übersteigt alles menschliche Begreifen.

Kein Mensch machte sich die Mühe, diesen unglückseligen Kreaturen mit etwas Geduld, etwas Nachsicht und gütiger Strenge zu begegnen, sondern im Gegenteil, ihre törichte Blödheit und Unverständigkeit wurde ihnen mit harten Schlägen bitter heimgezahlt. Natürlich begingen sie einen Verstoß nach dem anderen gegen die Lagerordnung, bis sie strafversetzt wurden in den Strafblock, wo es nicht besser, sondern nur schlimmer werden konnte, bis sie von dort ins sogenannte Verrückten- zimmer wanderten.

Als die Zahl der Geisteskranken zu groß wurde, hatte man auf einem Revierblock, damit die normalen Häftlinge nicht mehr als nötig gestört wurden, das Dienstzimmer geräumt, einen Raum etwa drei zu sechs Meter groß, dort ein paar Strohsäcke und Decken hineingeworfen und dann hinter 69 irrsinnigen Frauen die Tür fest verschlossen! Zweimal am Tage wurde das Zimmer geöffnet, um die Wahnsinnigen zum Austreten zu lassen, was die meisten von ihnen schon im Zimmer besorgt hatten. Und dreimal täglich wurde ihnen die halbe Essensration hineingereicht, die die wenigen physisch überlegenen Frauen alleine verschlangen. Täglich wurden aus dieser Hölle wenigstens zwei Tote gezogen; die eine war verhungert, eine andere erwürgt, eine dritte war erstickt, weil eine dicke, starke Person sich auf sie gesetzt hatte, eine saß auf dem brennenden Ofen, bis der fürchterliche Gestank das ganze Haus erfüllte … Das Blut gerinnt einem in den Adern, wenn man denkt, daß der Entscheidung über verrückt oder nicht verrückt keine medizinische Untersuchung vorausging, sondern der Anweisungshäftling des Reviers so oder so entscheiden konnte. Zu meiner Zeit wurde eingewiesen in diese Folterkammer ein junges Mädchen von meinem Block, das unter temporären Störungen litt. Dann bockte sie, machte Schwierigkeiten beim Appellstehen, störte die Ordnung und beschwor den Auftritt einer Aufseherin – kurzum, das Mädchen wurde zum Revier geschickt, und weil sie weder Antworten noch sonst eine normale Reaktion von sich geben wollte, wurde sie in die Verrücktenkammer gesteckt. Ich denke mir ihren Fall etwa so, daß ihre gesamten geistigen Funktionen einer Stockung unterworfen waren, die als unbewußte Abwehr gegen das schreckliche Dasein angesehen werden kann in dem verzweifelten Versuch, auf diese Weise den Ablauf der Zeit anzuhalten und sich der Wirklichkeit zu entziehen. In dem Augenblick, wo sie wieder normal wurde und sich selbst im Verrücktenzimmer wiederfand, mußte sie in ihrer schwachen Verworrenheit darauf stoßen, daß sie verrückt geworden sei, und die Flucht aus dem Zimmer wurde ihr nicht nur verlegt von der versperrten Tür, sondern vor allem von dem Schicksal unrettbarer Lächerlichkeit, dem sie sich preisgab, wenn sie, die Entsprungene aus dieser Idiotenkammer, vor der Öffentlichkeit den Anspruch erheben wollte, wieder als normal zu gelten. In dieser Unentrinnbarkeit der Verkennung verfällt man unrettbar dem Wahnsinn.

Einmal wurde die Oberaufseherin aufgefordert, dieses Zimmer zu besichtigen. Zur eindeutigen Illustration der Zustände hatte man den besonders arg zugerichteten Leichnam der letzten Nacht noch aufbewahrt – blutige, zerfetzte Reste eines weiblichen Körpers. Acht Tage nach dieser Besichtigung zog mitten in der Nacht ein kleiner Zug schwankender Frauengestalten durch das schaukelnde, fahle Licht der Bogenlampe, und eine tödliche Stille lag auf dem Hof, nachdem das große eiserne Tor sich rasselnd hinter der kleinen Karawane geschlossen hatte. Drei Tage noch vor dem Abmarsch dieser Todgeweihten war mit einem Riesenkrach im Zimmer der Oberaufseherin ein Streit zu Ende gebracht worden, der an der Frage sich entzündet hatte, wer den besonders schönen Kamelhaarmantel bekommen sollte, den das oben erwähnte junge Mädchen bis dahin getragen hatte, und das letzte Geräusch in jener grausigen Nacht war das Fluchen der Lagerpolizei gewesen über den langen Dienst in der zugigen Kälte. –

Im März 1945 haben die Ärzte ihre «Fachkenntnisse» dann noch an drei Selektionen für die Gaskammer verschwendet: ergraute Frauen, abgemagerte Frauen, geschwächte Frauen, verhungerte Frauen – all jene sollten noch schnell vernichtet werden, deren äußere Erscheinung beweisen konnte, was im Innern der Lagermauern sich abgespielt hatte.

Allgemeines über die Lagerorganisation
Damit der noch leicht verblendete Blick des Lesers nicht etwa auf die Idee kommen kann, es sei im Vergangenen wie im noch Folgenden von einem bestimmten Volk, einer Nation oder Rasse die Rede gewesen, sei noch kurz etwas erwähnt über die politische Zusammenstellung des Lagers und die gesamte Lagerorganisation überhaupt. Im Gründungsjahr des Lagers

1938 waren deutsche Bibelforscherinnen, deutsche Asoziale und Kriminelle die ersten Insassinnen gewesen. Nach der Besetzung Österreichs
hatten sich die ersten Wiener Kommunistinnen zu den wenigen
deutschen politischen Häftlingen gesellt. Die Lagerstärke betrug zu der
Zeit etwa 1500 Kopf. Es sei hier die Bemerkung eingeschaltet, daß es eine
untere oder obere Altersgrenze nicht gab: vom Säugling bis zur Greisin
war jeder Jahrgang vertreten. Die erste Masseneinlieferung erfolgte nach
der Besetzung Polens, nachdem Himmler seinen Namen unter den
Haftbefehl für die gesamte polnische Intelligenz gesetzt hatte. Die
Auswirkungen dieser polnischen Invasion waren noch immer erkennbar
daran, daß fast alle leitenden Posten von Polinnen besetzt waren, die
meisten Blockleiterinnen waren polnisch – und wie weitgespannt die
Verantwortung auf diesem Posten sein konnte, wird noch in einem
späteren Zusammenhang besprochen werden –, die ganze Küche lag in
polnischen Händen, und die meisten Kapos (Führerinnen von Arbeitskommandos) waren ebenfalls Polinnen. Da man in keinem anderen Falle
die Auswahl der zu Verhaftenden nach dem Gesichtspunkt der Intelligenz
getroffen hatte, kann dieser Tatbestand nicht verwundern. Das geistige
und kulturelle Niveau dieser Polinnen ist im Lager von keiner anderen
Nation erreicht, geschweige denn überboten worden. Ich sage, «dieser»
Polinnen, denn neben dieser geistigen Oberschicht befand sich eine
ungleich größere Zahl einfacherer Polinnen im Lager, die sich durch
nichts unterschied von dem übrigen Völkergemisch, es sei denn durch
eine größere Heftigkeit des Temperaments.

Mit der Besetzung des Westens hatten die Zuwanderungen aus
Frankreich, Holland und Belgien begonnen, und mit jedem weiteren
deutschen Sieg vergrößerte sich die Zahl der Gefangenen, die wie eine
selbstverständliche Beute hier angeschleppt wurden. Vor allem unter den
Französinnen fanden sich oftmals solche, die sich auch unter diesen
Umständen und in der häßlichsten Verkleidung den ihrem Volke eigenen
Charme erhielten, und unter den Vertreterinnen dieser Nation konnte
man mitunter der glücklichsten Verbindung von Anmut und Würde
begegnen. Besonders unter ihnen entwickelte sich, ähnlich wie bei den
Polinnen, die ja genugsam bekannt sind für diese Eigenschaft, der
Nationalstolz zur wesentlichen moralischen Stütze, eine Stütze, die jeder
Ausländerin zur Verfügung stand im Kampf um die Bewährung, und die
begreiflicherweise den Deutschen nachweisbar fehlte. Nach Beginn des
russischen Feldzuges setzte ein nicht endender Strom von russischen
Häftlingen ein, der quantitativ dem polnischen die Waage hielt, nicht aber
qualitativ. Mir ist keine besonders intelligente Russin begegnet, noch
habe ich von einer reden hören, sondern alle Russinnen schienen etwa das
gleiche Kaliber harmloser Mädchen vom Lande, die offenbar in Bausch
und Bogen und ohne besonderes Verschulden der einzelnen nach

Ravensbrück verfrachtet worden waren, um von dort den Fabriken als Arbeitskraft zuzugehen. Trotz der stark bolschewisierenden Tendenzen im Lager war es ihnen nicht gelungen, die Polinnen aus ihren Posten zu verdrängen. Nicht nur waren in diesem Lager alle europäischen Nationen mehr oder weniger zahlreich vertreten, sondern auch die anderen Erdteile hatten hier wenigstens ein paar Vertreterinnen – es wird in keinem Lande an Augenzeugen fehlen.

Die Unterbringung auf den Blocks war nicht nach Nationalitäten getrennt, sondern anfangs nach Arbeitskommandos und Winkeln; auf sämtlichen Blocks lagen alle Nationen und nachgerade auch alle Winkel durcheinander. Die einzige Ausnahme in dieser Regel wurde mit den Zigeunern und mit den Juden gemacht. Bei diesen beiden Gruppen war die nationale Zugehörigkeit ein sekundärer Gesichtspunkt; die Juden aller Nationalitäten trugen den Judenstern und die Zigeuner ausnahmslos den schwarzen Winkel der Asozialen. So undefinierbar bei den letzteren auch ihre nationale und politische Zugehörigkeit sein mag, so unverwechselbar hoben sie sich von der Masse der gesamten Häftlinge ab. Ihre Gesten, ihre Nasen, ihre Hautfarbe, ihre dunklen, schnellen Augen, die Art, wie sie das Schultertuch trugen – ein möglichst buntes Schultertuch –, wie sie mit hexenhafter Schnelligkeit und drei entwendeten Kohlköpfen unter dem Arm um die Ecke huschten, das alles machte sie ganz unverkennbar. Natürlich legten sie einem auch die Karten, lasen aus der Hand, stahlen wie die Raben und lehrten ihre Kinder das gleiche. Sie genossen als einzige den Vorzug, ihre Nachkommenschaft bei sich zu führen, und es wimmelte auf ihren Blocks von kleinen und kleinsten Kindern, alle sehr, sehr niedlich, alle sehr, sehr schmutzig, alle sehr, sehr verwahrlost und alle entsetzlich verdorben. Alle diese Kinder sind am 5. Februar 1945 sterilisiert worden.

Der deutsche Prozentsatz in der Lagerzusammensetzung war nach dem russischen und polnischen zwar der größte, blieb aber zahlenmäßig weit hinter ihnen zurück und lag etwa auf gleicher Höhe mit dem tschechischen. Es gab keine deutschen Masseneinlieferungen, wie etwa die im Frühjahr von uns beobachtete, wo in einer Nacht an die fünftausend Polinnen kamen, alle unter dem Obertitel «Evakuierung» aus Warschau verschleppt, nach Möglichkeit mit allem Hausrat und Besitz. Zu der Zeit wurden die unglaublichsten Schiebergeschäfte von allen Aufsehern gemacht. Ich habe sie nachts Teppiche und Koffer, Möbel und Matratzen, Säcke und Körbe herein- und herausschleppen sehen, alles «organisierte» Sachen vom Besitz der polnischen Flüchtlinge.

Die deutschen Trägerinnen des politischen Winkels waren in der Mehrzahl National-Österreicherinnen oder österreichische Kommunistinnen und ansonsten vor allem harmlose Opfer bösartiger Denunziation. Einer politischen deutschen Intelligenz bin ich nicht begegnet. Sie hätte, wenn überhaupt, nur unter einem weltanschaulichen Nenner sich gruppieren und damit bewußt den Anfang der Europa so notwendigen Überwindung seines veralteten Nationalismus machen können. Die ganz wenigen politisch ernsthaft interessierten Mädchen fanden ihre Freundinnen eher unter den Ausländerinnen als unter den eigenen Leuten, und ich glaube, das wirft ein starkes Licht darauf, wie weit es in den letzten zwölf Jahren gelungen ist, den aktiven Einsatz der weiblichen Intelligenz aus dem öffentlichen Leben zu verdrängen. Dank der im Lager sich bietenden Vergleichsmöglichkeiten ist mir aufgegangen, wie weit zum Beispiel die intelligente Slawin oder Französin der intelligenten Deutschen überlegen ist auf Grund einer jahrelang in der Öffentlichkeit bewährten politischen Selbständigkeit. Die intelligentesten Deutschen habe ich unter dem gelbschwarzen Winkel gefunden, der das Delikt der Rassenschande kennzeichnete. Die ganze Schreibstube war von ihnen besetzt und auch leitende Posten im Arbeitseinsatz. Zum Teil waren es sehr nette Mädchen, die die entsetzlichen Folgen ihrer unglücklichen Liebe mit großer Würde trugen. Außerdem stellten die Deutschen die meisten grünen Winkel (Berufsverbrecher), denn die kriminelle Handlung einer Ausländerin wurde im allgemeinen als politisches Vergehen gewertet.

Posten, die eine besondere Diskretion und Zuverlässigkeit erforderten, wurden mit Vorliebe mit Bibelforscherinnen besetzt, zum Beispiel unsere Versorgung im Zellenbau, der Reinmachedienst in den Arbeitszimmern des Schutzhaftlagerführers und der Oberaufseherin, die Aufwartedienste in den Wohnungen der Aufseherinnen, die Verwaltung der Häftlingskantine usw. Wegen ihrer Verschwiegenheit und Unbestechlichkeit genossen sie ein besonderes Ansehen weniger unter den Häftlingen als vor allem bei den Aufseherinnen, was ihnen aber keine gemilderten Strafen eintrug, wenn sie sich etwas zuschulden kommen ließen. Im Sommer war einmal im Bett einer Bibelforscherin eine Bibel gefunden worden, woraufhin sie mit sieben anderen zu acht Tagen Strafestehen verurteilt wurde. Alle waren weit über fünfzig Jahre alt, und nach vier Tagen brach auch die letzte in der brennenden Sonne ohnmächtig zusammen.

Die nationalen Gegnerschaften schienen weitgehend überwunden in der gemeinsamen Feindschaft gegen den deutschen Unterdrücker, sicher aber sind schon am Tage der Auflösung weltanschauliche und alte historische Gegensätze zum Durchbruch gekommen. Das tägliche Lagerleben war zu elend einerseits und zu spannungsgeladen andererseits, als daß eine andere als rein polemische Diskussion für oder gegen dieses oder jenes sich hätte ergeben können. Das geistige Niveau überhaupt war zu tief, als daß Nennenswertes im allgemeinen gesprochen wurde. Der tägliche Wehrmachtsbericht stand im Mittelpunkt der Debatte, und alles andere wurde gleichsam auf später verschoben.

Die Arbeitsmöglichkeiten, die sich im Lager boten, waren sehr verschiedener Art. Von der Verschickung in die Fabriken wurde schon gesprochen, ebenso von den Häftlingen, die in einer dicht beim Lager gelegenen Fabrik arbeiteten. Dank der nicht abreißenden Masseneinlieferungen – in der Zeit vom November 1944 bis Januar 1945 stieg die Einlieferungsnummer von 78 000 auf 100 000, womit sich die Zahl der im Lager anwesenden Häftlinge auf etwa 60 bis 70 000 vergrößerte, die sich verteilen mußten auf einen Raum, der für 15 000 gedacht war – erweiterte sich auch täglich die Zahl derer, die beschäftigungslos auf den Blocks herumlagen. Neben kleineren Arbeitskommandos, die für die Erledigung besonderer Aufgaben außerhalb des Lagers verwandt wurden, zum Beispiel für Schanzarbeiten an den Maschinengewehrbunkern, die von hochgelegener Stelle aus das ganze Lager überwachten, Straßenbauarbeiten an den Zufahrtswegen, den Abtransport von Material für irgendwelche baulichen Veränderungen im Lager – im Laufe der Jahre ist die Lagermauer viermal von den Häftlingen neu angelegt worden –, das Heranschleppen der Kartoffeln in diesem Winter usw. bestand vor allem die Masse der Häftlinge, die im Lager selbst beschäftigt war. Die gesamte Arbeit der internen Lagerverwaltung lag in den Händen der Häftlinge, wobei die Aufseherin nur die Aufsicht hatte. Alle Entscheidungen, die über die vier Wände ihres eigenen Büros hinausgingen, mußte sie von der Schreibstube einholen. Über die Möglichkeiten, die sich durch diesen Sachverhalt den Häftlingen öffneten, wird an anderer Stelle noch die Rede sein. Neben diesen bürokratischen Arbeiten gab es dann noch die ganzen praktischen Arbeiten dieses autarken Betriebes, als da sind die Küche, die Wäsche, der Garten, die Schneiderei usw. usw.

Tageslauf

Das unentbehrliche Ordnungssignal in diesem wimmelnden Ameisenhaufen war die Lagersirene, die sogenannte Uhle. Sie heulte in der Frühe zum erstenmal gegen vier Uhr. Dann mußten wir in großer Hast aus den Betten springen, sofern man das Bedürfnis danach empfand, sich im Waschraum ein Becken erobern und einen Platz auf der Toilette. Man mußte sich anstrengen, einen Becher heißen Kaffees zu erwischen, und bevor wir um fünf den Block verließen, um zum Appell anzutreten, mußte auch das Bett ordnungsgemäß gebaut sein. Für all dieses war die eine Stunde deshalb viel zu kurz, weil man sich in der dunklen Engigkeit kaum vom Fleck rühren konnte.

Täglich bedurfte es der gleichen zähen Geduld und Hartnäckigkeit seitens der Block- und Stubenältesten, um die Häftlinge wie eine Herde unwilliger Kühe hinaus auf die Lagerstraße zu treiben, die sich überdies bei Regen in eine einzige große Pfütze verwandelte, aus der kaum einer mit trockenen Füßen wieder zurückkam. Auf der Lagerstraße hatte jeder Block seinen ihm zugewiesenen Platz, wo er sich aufstellen mußte, zehn Reihen tief und die Blocks schön säuberlich getrennt voneinander, die Reihen hübsch gerade von vorn und von der Seite. Obwohl es doch eine tägliche Übung war, dauerte es jeden Morgen über eine Stunde, bis es den Anweisungen der Blockältesten gelungen war, die geforderte Ordnung herzustellen. Kein Häftling dachte auch nur daran, aus eigener Initiative sich gleich der Vorschrift entsprechend aufzubauen, im Gegenteil, die Stimmung war voll gereizter Widerspenstigkeit, und in dem unablässigen Murmeln vibrierte eine böse Spannung. Viermal, fünfmal, zehnmal mußte der Häftling gerufen, gebeten, ermahnt werden, bis er seinen «Vordermann genommen» und auch zur Seite sehend sich richtig placiert hatte. Gebeten, gerufen, ermahnt? Jede Blockälteste hatte ihre eigene Weise, und nicht wenige gab es, die ohne Hemmungen vom Faustrecht Gebrauch machten. Dann wurde sorgfältig die Zahl der stehenden Häftlinge verglichen mit der Sollzahl entsprechend der Blockbucheintragung, und dann warteten wir auf das Erscheinen der Aufseherinnen, die sich oftmals eine halbe, und noch öfter auch eine ganze Stunde Zeit ließen. Der Himmel war zu dieser Stunde noch dunkel, und von weither trug ein unruhiger Wind den Duft der herbstlichen Wälder zu uns herüber. Das fade Licht der Bogenlampen schwankte gespenstisch hin und her, und das dumpfe Raunen der vierzigtausend wartenden Häftlinge klang wie das ferne Brausen großer, schwerer Wellen. Wirklich gefesselte Menschheit, der die Angst das Rückgrat gebrochen hatte. Beim Erscheinen der Aufseherinnen, angekündigt durch ein von Block zu Block springendes «Achtung» verstummte das Raunen, die vorderste Reihe nahm Haltung an, sonst konnte es passieren, daß die Aufseherin rief: «Hände aus *die* Taschen!» was natürlich in zweifachem Sinne peinlich war und zu Unruhen führte. Als «Köchin in Generalsattitüde» schritt sie dann an uns entlang wie der Feldmarschall bei einer Parade, wobei sie bemüht war, in eleganter Weise mit ihrem Cape zu spielen. Fand sie das Blockbuchresultat von der Zahl der stehenden Häftlinge bestätigt, so wurde die Zahl vorne in der Schreibstube gemeldet, und dann dauerte es gewöhnlich eine weitere Stunde, bis von dort endlich die Richtigkeit der gesamten Endsumme durch ein neuerliches Heulen der Sirene bekanntgegeben wurde.

Während dieser Zeit scharwenzelte die Aufseherin vor ihrem Block auf und ab, und ich habe mir oft überlegt, was für eine tief verderbliche Wirkung ausgehen muß von den beeindruckenden Ausmaßen dieser Situation: ein schweigendes Heer von vierzigtausend Frauen, das vor ihr Haltung annimmt, das mit mechanischer Exaktheit sich ihren Anweisungen fügen muß, das in keiner Richtung die Möglichkeit hat, sie vor sich selber bloßzustellen außer vielleicht durch unverhohlene Frechheit in Ausdruck und Gebärde – das aber kann man übersehen. Keiner darf, keiner wird ihr sagen, wie dumm und unbedeutend sie ist, wie albern sie sich da vorne ausnimmt; wie lächerlich ihre Tarnung ist, wie kläglich ihre Würde. Ungefährdet kann sie sich dem Genuß dieser herrlichen Täuschung hingeben, und schon fühlt sie sich auf dem Wege zu echter Macht und Bedeutung. Dumme Träume eines unreifen Backfisches, und doch so überladen mit Realität, daß letztlich ein Leben davon abhängen kann. Macht in den Händen des kleinen Mannes, des kleinen Mädchens, ist verheerend, weil sie das Fundament so wenig kennen wie die Last der damit aufgebürdeten Verpflichtung. Den Grad des Respektes, den eine Aufseherin genoß, konnte man unschwer erkennen an der Qualität des Schweigens, das ihre Gegenwart bewirkte. Wirklich lautlose Stille herrschte nur beim Vorübergehen des Schutzhaftlagerführers – ersticktes, atemloses Schweigen, bei dem das Blut in den Adern gefriert. Ich habe nur einmal erlebt, daß es unterbrochen wurde, und zwar von dem dumpfen Fallen zweier ohnmächtig zusammenbrechender Frauen, begleitet von ein paar unterdrückten Schreckenslauten. Beide, der Schutzhaftlagerführer und in seiner Begleitung die Oberaufseherin, warfen einen kurzen Blick über die Schulter und gingen weiter, ohne die geringste Verzögerung ihres Schrittes. Aufgesammelt wurden die Häftlinge erst, nachdem sie aus dem Blickfeld verschwunden waren. Zu dem aufreizenden Eindruck dieser Szene gehören die beiden Hunde, der Terrier der Oberaufseherin und der Jagdhund des Schutzhaftlagerführers, die so sichtbar auch uns gegenüber die gesamten Vorrechte ihrer Herren genossen. Die Schranke bestand hier nicht mehr zwischen Mensch und Tier, sondern das Tier wurde zugelassen, der Mensch aber ausgeschlossen aus der anerkannten Gemeinschaft. Haß ist die einzige Antwort dessen, der von der Demut nichts mehr weiß und der nie erfahren hat, daß Verzeihen eine Wohltat ist.

Das Heulen der Sirene am Ende dieses fast zweistündigen Appells wurde stets mit einem lauten «Ah» begrüßt, obwohl es doch nur den Auftakt zur nächsten Aufstellung bedeutete, der sogenannten Arbeitsformierung (im Lagerdeutsch Arbeitsvermehrung), die eine weitere Stunde für sich in Anspruch nahm. Bis zum Ende des Vorbeimarsches der Arbeitskommandos am Pult der Aufseherin war das Betreten der Blocks verboten. Um so hastiger stürzte dann alles in die Baracken, denn für das Frühstück war nun kaum noch eine halbe Stunde verblieben, und um acht Uhr heulte das Zeichen zum Arbeitsbeginn.

Im allgemeinen, so wurde mir erzählt, war das Arbeitstempo heruntergegangen wie auch die Last und Schwere der Arbeiten, was nicht etwa zu werten war als das beginnende Erwachen neuer Menschenliebe, sondern ausschließlich herbeigeführt wurde durch den kriegsbedingten Ausfall an Arbeitsmöglichkeit. In den ersten Jahren muß dieses Kapitel sehr viel straffer gehandhabt worden sein, wofür der Hinweis auf die damals noch besser funktionierende Lagerordnung kein Trost sein kann. In der ursprünglichen Lagerordnung stand zu lesen, daß die Aufseherin sich verpflichtete, den Häftling nicht selber körperlich zu züchtigen, sondern ihn im Falle eines Vergehens zur Anzeige zu bringen, damit er dann die ihm zustehende Strafe zudiktiert bekam. Die Heftigkeit und Selbstverständlichkeit, mit der in dieser letzten Zeit die Mehrzahl der Aufseherinnen jeden schlug, mit den Händen, mit den Fäusten, mit einem Stock oder einer Peitsche, ohne sich dadurch ein Disziplinarverfahren zuzuziehen, ließ erkennen, wie weit die ganze Vorschrift ad absurdum geführt und ad acta gelegt worden war.

Die Mittagspause dauerte nur eine halbe Stunde, was kaum ausreichte, das schlechte Essen herunterzuschlingen, und um halb sechs heulte die Sirene zum Beginn der Freistunde, der einzigen Stunde, in der es dem Häftling erlaubt war, sich frei auf der Lagerstraße zu bewegen. Dieser große Korso war natürlich sehr beliebt; er bot die einzige Möglichkeit, erlaubterweise seinen Freunden zu begegnen, und das den Hof zu dieser Stunde erfüllende Stimmengewirr war vertrauenerweckender als das dumpfe Raunen am Beginn des Tages. Um acht Uhr heulte es zum Schlafengehen, und gegen neun Uhr verlöschte das Licht auf den Blocks.

Der Sonntag unterschied sich nicht wesentlich vom Alltag. Der Zählappell fand auch an diesem Tage statt, wenn auch zu etwas menschlicherer Stunde, und in den Büros und Arbeitsstätten herrschte Sonntagsruhe. Er war der einzige Tag, an dem sich die Möglichkeit bot, auf einer stillen Gasse zwischen zwei entlegenen Blocks ein wenig ungestörter auf- und abzugehen, um sich für wenige erholende Minuten dem eigenen Rhythmus zu überlassen. Gänzlich ohne Zählappell verlief nur der Ostermontag und der zweite Weihnachtstag, vielleicht sogar noch der Pfingstmontag, wenn die Oberaufseherin besonders guter Laune war. Der Zählappell war nötig als einzige wirkliche Kontrolle über Zahl und Anwesenheit der Häftlinge, aber er hätte in einer halben Stunde erledigt werden können. Daß er statt dessen täglich zwei bis zweieinhalb Stunden dauerte, beweist nur wieder dieselbe Gleichgültigkeit, von der anfangs schon einmal die Rede war. Wie viele mögen sich in diesen entsetzlichen Stunden der verdämmernden Nacht, wo sie ohne rechte Schuhe und Strümpfe, zu dünn gekleidet, an Regen, Schnee und Wind ausgeliefert waren, den Tod geholt haben, der sie von dem Leid erlöste, nicht ohne der vernichtenden Grausamkeit einer grundsätzlich lieblosen Einstellung ein neues Denkmal zu setzen.

Die Häftlinge – Das innere Bild

So mühselig es war, das äußere Bild des Häftlings in den notwendigsten Einzelheiten zusammenzutragen, so viel quälender noch ist es, die Züge seines inneren Gesichtes zu zeichnen. Dem hier entworfenen Bilde haben die schärfsten Exponenten dieser grauen Masse Modell gestanden, die gleich Irrlichtern in dieser seelischen Finsternis aufleuchteten, dabei ein weniges ihrer nächsten Umgebung erhellend.

Für den Neuankömmling spiegelte sich in diesen fürchterlichen Zuständen im KZ nicht nur das böse Gesicht der Macht des entfesselten Menschen, sondern unter allen entsetzlichen Eindrücken war es der entsetzlichste, zu sehen, daß die Häftlinge, anstatt sich gegenseitig ihr schweres Los zu erleichtern, mithalfen, dieses seiner äußersten Vollendung zuzutreiben. Mein Versuch, in die Lagerseele einzudringen, war schon begonnen worden vom kleinen Fensterausschnitt der Zelle acht aus, so war ich nicht ganz unvorbereitet, als ich plötzlich mich selber in diese chaotisch bewegte Wildnis gestellt sah. Es war schwierig, in der eigenen Bedrängtheit den Blick freizubekommen für die eigentliche Beschaffenheit der Umgebung, nicht zuletzt, weil eine so unerwartete Fülle trivialster Versuchungen die rechte Erkenntnis auf Abwege zu bringen versuchte. Die billigsten Vorstellungen wollten sich hilfreich aufdrängen, in jedem Häftling den rauhen Kameraden und in jedem Angehörigen der SS den gehaßten Feind zu erblicken. Diese Gefahr primitivster Verallgemeinerung war der rascheste Weg zur Verdummung und Verwahrlosung, der auf die Dauer nur jene entgehen konnten, für die die Preisgabe der Vorstellung vom Wert des Menschen gleichbedeutend gewesen wäre mit geistigem Selbstmord. Welch eine Frage an die Zukunft liegt in der Tatsache, daß neben den Christen vor allem ein paar Kommunisten es waren, die vom Glauben an den liebenswerten Menschen keinen Schritt abgewichen sind.

Nichts ist dem menschlichen Charakter eine verderblichere Kost als Angst und Hunger, und Not hat nur dann eine läuternde Wirkung, wenn sie auf eine im geistigen Bereich fundierte Haltung trifft, der unter allen Umständen die sittliche Treue wertvoller ist als jeder materielle Vorteil. Es fand sich keineswegs im Lager jene selbstverständliche Kameradschaft unter den Häftlingen, die nur um so zäher und erfinderischer wurde, je härter der Druck von oben lastete, sondern ein böser Egoismus sich gegenseitig befehdender einzelner Häftlinge und kleinerer Cliquen trieb die skrupellosesten Blüten gegenüber nur ganz wenigen, wahrhaft zauberhaft schönen Erscheinungen sich vollendender Nächstenliebe.

Dieser Tatbestand rechtfertigt teilweise die schnöde Verachtung der SS-Aufsicht gegen alles, was Häftling hieß: sie ist die Kehrseite des Hasses gegen sich selber, denn hier wie dort war das Gute verraten worden. Aber die SS vergaß dabei, daß sie selber die erste Schuld hatte an diesen entsetzlichen Verheerungen seelischer Schönheiten und Werte, und vielleicht war ihr Haß um so intensiver, weil auch dieses Faktum ihnen von den Rudimenten eines ahnungsvollen Gewissens unbewußt zur Last gelegt wurde. Hier bestätigt sich in nicht abzusehender Tiefe die Wahrheit vom Satze: Ursache gleich Wirkung – Verzweiflung gebiert und bewirkt Verzweiflung. Anders glaube ich, kann man diesen entsetzlichen Irrungen und Wirrungen der menschlichen Seele nicht gerecht werden.

Versuch einer Psychologie des Lagers
Die sittliche Verkommenheit im Lager war erschreckend groß. Auch hier war der eindeutige Begriff des Stehlens verdrängt vom neutraleren des «Organisierens», und die unheilvolle Trübung der Begriffe von Mein und Dein blieb nicht aus. In seinem Hunger stahl der Häftling das Wenige des anderen, womit zwar sein Hunger gestillt, als solcher aber nicht ausgelöscht, sondern nur weitergegeben war. Das Denunziantentum blühte; da keiner des anderen gewiß sein konnte, fing jeder an, auf Kosten anderer für seine eigene Sicherheit zu sorgen. Um der Strafe zu entgehen, verrieten sie einander, womit die Prügel nicht aus der Welt geschafft, sondern nur dem Wehrloseren zudiktiert wurden. Sie haßten sich, weil einer dem anderen den Lebensraum beschnitt, sie verkauften einander um eines geringen äußeren Vorteils willen. Die brutale Gleichgültigkeit herrschte wie eine Krankheit im Lager: «Was macht es schon aus, wenn sie ein paar Ohrfeigen mehr bekommt? Wenn sie sie heute nicht verdient, verdient sie sie morgen.» In dieser Atmosphäre totaler Ausgeliefertheit an jede Art von gemeinem Zugriff gab es keinen, der nicht irgend etwas ängstlich verborgen hielt, auf allen lastete der Druck des bösen Geheimnisses, und die Luft war durchsetzt von Lüge. Da keiner dem anderen trauen konnte, war in jeder Begegnung das Vibrieren feindseliger Vorschrift zu spüren. Hier lernte einer die Verstellung vor dem anderen so gut, daß sie zur Verlogenheit wurde. Im Unrecht, das der andere beging, erblickten sie den Dispens von der eigenen sittlichen Norm, und aus dem Mitleid mit sich selbst nahmen sie Freiheit über Freiheit.

Angst war das bestimmende psychologische Moment im Lager. Physische Angst vor Kälte und Hunger, Angst vor Strafe und Schmerz, Angst vor Krankheit und Sterben; und psychische Angst vor dem Verkannt-, Verachtet-, Verratenwerden, vor der Ausweglosigkeit der eigenen Situation, Angst vor der eigenen und vor der fremden Not, Angst vor der Verzweiflung, Angst vor dem Bösen in mir und rund um mich herum, Angst vor dem leiblichen und dem seelischen Tode; Angst, wie sie sich nur bilden kann in der Ausgeliefertheit an die Hemmungslosigkeit eines nihilistischen Radikalismus. Kein Gefühl zerstört mit einer solchen Geschwindigkeit den Rückhalt aller moralischen Kräfte wie die Angst, und im Versuch, sich ihrer zu erwehren, im Versuch, in diesem Sturz der Wirklichkeit wieder festen Boden unter die Füße zu bekommen, blieb den meisten nur das Antworten mit gleicher Münze, das «wie du mir, so ich dir». Die eigene Angst schien erst eine Grenze zu finden in der Angst, die man dem anderen verursachte.

Gewiß, Notwehr ist ein mildernder Grund und kann zum Freispruch führen. Aber das unkontrollierte, gleichsam selbsttätige Abwehrmoment in der echten Notwehr hat grundsätzlich nichts zu tun mit vollendeter Skrupellosigkeit. Nur insofern besteht ein Zusammenhang zwischen diesen beiden Haltungen der Abwehr, als das Fehlen der Selbstkontrolle in beiden zu finden ist: in der einen als katastrophales und momentanes Außer-sich-sein, in der anderen als ein mit böser Heftigkeit angestrebter Zustand. Da jedes Sorgen für Wohl und Sicherheit der eigenen Person auf Kosten eines anderen Häftlings ging, bedurfte es der totalen Lösung von jeglicher moralischen und menschlichen Bindung, um in den Besitz dieser unbekümmerten Freiheit zu gelangen, und man erschrickt vor der Ähnlichkeit, die deutlich wird im Gesicht der gefesselten Menschheit mit dem der entfesselten.

Nein, für dieses Maß sittlicher Verwahrlosung gibt das Argument der Notwehr keine hinreichende Erklärung. Die grausame Vernunftlosigkeit, die ihr eigen ist, offenbart, daß Güte und Klugheit keine selbstverständlichen Eigenschaften des Menschen, sondern Tugenden sind, die man anstreben muß mit dem ganzen Einsatz aller sittlichen Kräfte; und die amorphe Gewissenlosigkeit in dieser Haltung aggressiver Selbstverteidigung beweist das Vorhandensein eines gefährlicheren und unsichtbareren Feindes, als es der hungrige Mitgefangene je sein kann. Hier beginnt ein zweites Mal das Wesen der Uniform seine teuflische Vernichtungsrolle zu spielen.

Jeder Insasse eines KZs war uniformiert mit der blau-weiß gestreiften Häftlingstracht, und auch dann noch, als für die Ravensbrücker Gefangenen die gestreifte Kleidung ersetzt werden mußte durch gestohlene Effekten, trugen sie als unauslöschliches Zeichen ihrer Zugehörigkeit Winkel und Nummer auf dem linken Oberarm. Die Figur des blau-weiß gestreiften und numerierten «Konzentrationärs» ist ein Bild aus der Wirklichkeitsschau der SS. Ewiges Verhängnis des Menschen, daß er mit jedem Bilde, das er setzt, auch die ganze zu ihm gehörige innere

Wirklichkeit bestimmen muß und daß er sich nicht mehr dem Zwang der von ihm selbst gesetzten äußeren Bilder zu entziehen vermag, nachdem er mit frevelnden Händen den schützenden Mantel der Heiligkeit Gottes vom verborgenen Gesicht des Lebens gezerrt hat. An diesem Bilde des gestreiften Konzentrationärs, wie die SS es bestimmt hatte, hat sich die ganze höllische Menschenunwürdigkeit der Konzentrationslager entfaltet, denn in diesem Bilde war das den Menschen kennzeichnende Merkmal, «Person» zu sein, nicht mehr enthalten.

Die Tragik eines KZ-Häftlings beginnt nicht schon da, wo ihn das äußere Schicksal seiner Gefangenschaft ereilte, sondern setzt erst mit dem Augenblick ein, wo dieses entselbstete Mensch-Sein bestimmend für seine innere Entwicklung wurde. Menschsein gibt es nur in der Form des ich- und selbstbewußten Person-Seins, wo dieses ausgelöscht wird, hört jenes auf. Mit dem Anlegen der Häftlingskleidung verändert also der Mensch nicht nur das Bild seiner äußeren Erscheinung, sondern vor allem wird er innerlich hinüber in die Wirklichkeit des Nicht-mehr-Person-seins gezwungen, und im verzerrten Spiegelbilde seiner aufgezwungenen neuen Nichts-Würdigkeit entstellten sich langsam seine Züge. Mit dem Anlegen der Uniform war ihm die Menschenwürde genommen worden, und plötzlich erkennt man, daß der Bezeichnung Häftling für die weiblichen Gefangenen eine tief symptomatische Bedeutung anhaftet. Für die Anwendung dieses maskulinen Ausdrucks auf eine Frau ist der Hinweis auf die notwendige bürokratische Vereinfachung nur eine Tarnung der dahinter stehenden grundsätzlichen Nicht- und Verachtung, die hier die bestimmende Haltung ist: es handelt sich bei der Gefangenen nicht um Frau Sophie Meier oder Fräulein Luise Müller, sondern um den Häftling dreitausendirgendwas, andere Gesichtspunkte gibt es nicht. Diese auf die Person angewandte Neutralisierung ist gleichbedeutend mit Entpersönlichung.

In der blau-weiß gestreiften Tracht war der Mensch herausgestoßen aus der Gemeinschaft, die ihn für unwert erklärt hatte, noch weiterhin das tägliche Brot seiner seelischen Existenz zu empfangen, Achtung, Vertrauen und Liebe, ohne die der Mensch nicht leben kann. Woher sollte er noch ein Bewußtsein seiner Würde nehmen, wenn man ihm nur mit Abscheu begegnete? Woher ein Gefühl seines Wertes, wenn er sich in allem wie ein Nichts übergangen sah? Woher einen Begriff seiner Liebenswürdigkeit, wenn er immer wieder ein Opfer haßerfüllter Prügel wurde? Prügel, die vor allem auf sein Gesicht zielten, als wollte sie in diesem ihrem Sinnbild auch die Seele zerstören? Woran sollte seine Ehrfurcht sich klammern, wenn er doch täglich sich und alle anderen noch unter das Vieh gestellt wußte? Es ist nur zu begreiflich, wenn langsam eine zerstörende Verachtung in ihm sich entfaltete, die ihn mit Sicherheit dem Bilde entgegenreifen ließ, an dem sie sich entzündet hatte.

Man darf den Anprall dieser Versuchung zur Verachtung nicht unterschätzen, der mit ungeheurer Wucht das ganze Sinn- und Wertbewußtsein zu zerstören drohte. Der Glaube an das Gute wurde einem aus den Händen geschlagen, und die Liebe versiegte; der Hochmut bäumte sich auf gegen die erschütternde Logik, so ist der Mensch, und du selber bist einer von ihnen, und die Vermessenheit drängte sich auf, alle anderen für schlecht, sich selbst aber für gut zu halten. Die Hoffnung verzagte angesichts dieser überwältigenden Macht der Bosheit, und das Gebet verstummte. Das ist der Anfang der Verzweiflung, ist die totale Preisgabe an die Akedeia, jene träge Traurigkeit, die sich das Große nicht mehr zumuten will, zu dem der Mensch berufen ist; «diese Trägheit erhebt überall da ihr lähmendes Antlitz, wo ein Mensch den verpflichtenden Seinsadel seiner wesenhaften Würde als Person abzuschütteln und also sein wahres Selbst zu verleugnen sucht.»

Was wird aus dem Menschen für ein Ungeheuer, wenn er die Achtung verliert vor der Würde der Person, und was für ein böses, verschlagenes Wesen wird aus der Person, wenn sie ihre Würde nicht bestätigt findet im Respekt, den der andere ihr entgegenbringt! Im Bewußtsein dieser zarten Verletzbarkeit wurzelt alle Angst, und dem Schutze dieser Verwundbarkeit gilt jeder Appell an die Liebe. In der Lieblosigkeit der Häftlinge gegeneinander mündet die Schuld der SS in die Schuld des einzelnen Häftlings; oder bleibt es ein Geheimnis der Autorität, daß die von der SS bestimmte Nichtswürdigkeit des Menschen sich durchsetzen konnte auch in der Reihe ihrer erklärten Gegner? Warum gaben sie sich nicht gegenseitig die Achtung und Liebe in doppeltem Maße wieder, die ihnen von der SS vorenthalten wurde, lehnten sie doch alle mit Leidenschaft den Nationalsozialismus und seine Lehren ab? Ablehnung, so scheint mir, ist nur solange eine Stufe zur besseren Andersartigkeit, als sie gleichsam passiv geleistet wird im treuen Bekenntnis des eigenen guten Willens. Im Augenblick, wo dieser nachläßt – und alle schlimmsten Zu- und Umstände sind bestenfalls eine Erklärung für dieses Nachlassen, niemals aber eine Entschuldigung oder gar Rechtfertigung für diese unverwischbare Schuld des einzelnen – stürzen sich die freiwerdenden Kräfte in die aktive Ablehnung und verkehren diese zum Haß. In den vielfach verworrenen Ansichten der Häftlinge war der Haß gegen das Regime das einzig schematisierende Moment. Dieser Haß war um so abgründiger und verheerender, je hilfloser der einzelne dem Angriff auf seine Person ausgeliefert war; wo der nihilistische Radikalismus gesiegt hat, erzeugt er zwangsläufig radikalen Nihilismus. Hier liegt eine der Wurzeln für die erstaunlichen Parallelen, die die seelische Situation der Häftlinge mit der der SS aufzuweisen hat, und ihre Weise sich zu äußern, kommt wie aus einem Munde.

Oder besteht etwa ein wesentlicher Unterschied, auch nur ein Schatten von Unterschied, zwischen der Haltung des SS-Arztes: «Ein toter Häftling ist besser als ein kranker, der nicht zu den gesunden gerechnet werden kann», und jener, die die Häftlinge selber gegen die sterbende Gefährtin einnahmen: «Es wäre ja Verschwendung, morgen ist sie sowieso tot!»? Ist es nicht das gleiche Vakuum, in das sie einander stießen, wie jenes, in das sie sich versetzt sahen mit dem Anlegen ihres seelischen Sterbekleides, des blau-weiß gestreiften Rocks? Einsam sterben zu müssen, ist immer als schrecklich von den Menschen empfunden worden, aber besser ist jene im unergründlichen Geheimnis des persönlichen Schicksals wurzelnde Einsamkeit des «Todes in der Wüste», als diese von der Lieblosigkeit des Menschen gebildete. Der in der Wüste Sterbende empfängt seine Einsamkeit aus dem großen Raum, der ihn von den nächsten Menschen trennt, und er kann ihn sich bevölkern mit den Bildern sehnsuchtsvoller Liebe. Die hier im Revier sterbende Frau war von dem nur zwei Schritt entfernt stehenden nächsten Menschen getrennt durch den Abgrund der Boshaftigkeit, der von keinem Wort mehr erhellt, von keinem Gedanken durchdrungen und von keinem Ruf des Herzens überbrückt werden kann. In der Einsamkeit kann der Mensch noch leben und atmen, nicht aber in einem Vacuum. Eine so grausame Verlassenheit kann nur der Mensch dem Menschen bereiten, niemals die Natur, die ihm den letzten Trost der Vertrautheit nicht vorenthält, ihn wie ein liebstes Kind in die Arme schließt und nicht schon vorher dem Sterbenden den letzten Todesstoß versetzt, wie diese Menschen hier, in der Bemerkung: «Du bist schon tot, also weiß ich weder, daß du bist, noch wer du bist», so wie die SS zu den Lebenden gesagt hatte: «Du gehörst nicht mehr zu mir und meiner Wirklichkeit, also vernichte ich dich.»

Die Gleichgültigkeit der Lagerleitung gegen die unmenschlichen Lebensbedingungen war nicht größer als die der Häftlinge selber, in deren Hand es ja gegeben war, aus dem Wenigen, was sie hatten, viel zu machen, die statt dessen aber das Wenige wie Nichts achteten, veruntreuten und verschleuderten. Die Schläge, die von Häftlingen ausgeteilt wurden, waren nicht weniger heftig als die der Aufseherinnen, im Gegenteil, sie waren nicht nur hart und gut gezielt, sondern überdies noch häufiger. Besteht ein Unterschied in der ungütigen Vernunftlosigkeit, mit der die Aufseherin versuchte, den stöhnenden Strafesteher durch Schläge zum Schweigen zu bringen, und jener, mit der die Häftlinge eine der ihren bis in das Verrücktenzimmer trieben? Die Nichtachtung, die sie füreinander hatten, steht in nichts der Nichtachtung nach, der sie ausgeliefert waren. Hier vollendeten sie durch eigene Schuld die Schuld der SS.

Mit der Häftlingsuniform war aber nicht nur die Auseinandersetzung mit dieser ihrer furchtbaren inneren Wirklichkeit gegeben, sondern wie jede Uniform richtete sie auch im äußeren Bereich eine Norm des Verhaltens auf.

Natürlich behielt es für den Häftling immer etwas Kränkendes, entsprechend den Verhaltenssmaßregeln wie ein halber Hampelmann aufzutreten – welche Frau würde sich nicht töricht vorkommen, wenn das Erscheinen einer anderen Frau sie zwingt, vom Stuhle aufzuspringen, stramme Haltung anzunehmen, zackige Meldung zu machen und in dieser «Achtung-Stellung» zu verharren, bis das uniformierte Mädchen ihr wieder den Rücken zugekehrt hat? Und als wieviel verletzender empfindet man diese tragische Lächerlichkeit in der Begegnung mit einem Manne – aber für den, dem es gelungen war, in der Rolle des Häftlings zu bleiben und nicht in dessen Zustand zu geraten, blieb auch die Möglichkeit, sich vor der ätzenden Wirkung dieser Kränkung zu schützen. Für ihn offenbarte sich in der albernen Marionettenhaftigkeit seines Verhaltens nicht etwa die eigene Unwürdigkeit, sondern nur das Fehlen jeglichen Echtheits-, Wirklichkeits- und Wertverlangens auf der anderen Seite, und nach Maßgabe der jeweiligen Situation und seiner Klugheit konnte er sich mehr oder weniger tief hinter dem Schutz dieser tarnenden Maske verbergen. Ebenso wie es Mädchen gab, die dem inneren und äußeren Bilde des Häftlings total anheimgefallen waren, gab es solche, die es im Spiel mit der Maske bis zur vollendeten Virtuosität gebracht hatten, aber ihre Zahl war gering. Neben dieser offiziellen Verhaltensmaßregel gab es aber und schlimmer noch den ganzen ungeschriebenen Sittenkodex, wie die Häftlinge selbst ihn herausgebildet hatten über das, was ein «guter» Häftling tun muß und nicht tun darf, etwa nach dem Motto: «Willst du nicht mein Bruder sein, schlag ich dir den Schädel ein.» Nur wenige brachten die Voraussetzungen mit, dieser Hölle von Versuchungen und Verführungen unverändert standzuhalten, die Mehrzahl stellte nur unter Beweis, wie abhängig der Mensch ist von der geordneten Rechtlichkeit der ihn umgebenden Verhältnisse, soll er nicht zum Verbrecher werden. Im Augenblick, wo der Häftling aufhörte, die blauweiße Tracht wie ein Kostüm zu tragen, dessen Rolle er spielte, konnten ihre verheerenden destruktiven Kräfte ihr freies Spiel entfalten, und unter dem moralischen Deckmantel der Selbsthilfe und Kameradschaft wurden sie genau so unmenschlich wie die SS unter dem Schutz der «Tugend» des «blinden Gehorsams».

Die innere Bewußtseinsverschiebung äußerte sich nicht nur im sittenlosen und unmoralischen Verhalten, sondern wirkte sich entsprechend ihrer Totalität auf den ganzen Menschen aus. Im Zusammenhang mit den lesbischen Mädchen wurde schon einmal auf den erstaunlichen Mangel des sprachlichen Ausdrucksvermögens hingewiesen. Dieses Nicht-mehr-sprechen-können herrschte wie eine Armut im ganzen Lager, und ihr wesentliches Kennzeichen, die fehlende klare Subjekts- und Objektsbildung und -beziehung, ist symptomatisch für den ihr vorausgegangenen seelischen Prozeß. Sprechenkönnen verdankt sich der begreifenden Erkenntnis, und dieses Vermögen schwindet zuerst, bevor davon die Sprache in Mitleidenschaft gezogen wird. Warum aber schwindet die Erkenntnisfähigkeit, wenn doch der Mensch angelegt ist auf Erkenntnis und ohne sie kein Mensch mehr wäre? Die Erkenntnisfähigkeit verliert sich in dem Maße, als das Ichbewußtsein des Erkennenden, als notwendiger Kristallisationspunkt aller Erkenntnis, versinkt und damit auch der Wille zu erkennen nachläßt. Der Wille zu erkennen lebt vom natürlichen Wert- und Sinnbewußtsein; wo dieses zerstört ist – und das geschieht in einer solchen Umgebung leichter als man denkt – erhebt wieder die «träge Traurigkeit» ihr lähmendes Antlitz. Nur so, glaube ich, kann man diese an den gefangenen Mädchen beobachtete Haltung recht verstehen, diese unwahrscheinliche Nichtachtung aller natürlichen Gesetzmäßigkeit des Wesens, seiner Fähigkeiten und seiner Bedürftigkeiten, nur so wird es verständlich, daß keine natürliche Veranlagung der Seele bildend und bestimmend zur Erfüllung kommen konnte, weil selbst sie vom abgründigen Zweifel an jedem Sinn verschlungen war. Der Sinn aber ist dem Wert in geheimnisvoller Weise verschwistert, und der Wert wiederum ist ein Kind des Guten. Der Zweifel also am Sinn, der sich verbindlich der Erkenntnis erschließen will, ist letztlich eine Auflehnung gegen das Gute. Diese ablehnende Haltung gegen das Gute, das ist die Weise der Akedeia, jener «Traurigkeit, die von nichts mehr etwas wissen will», ist die Haltung der Verzweiflung, deren letzte Wurzel in der mangelnden Demut liegt, ist wirklicher Nihilismus. Demut ist Mut zum Dienen; der undemütige Mensch ist also auch feige, denn er traut sich das Gute nicht mehr zu, dem er dienen soll. Das ganze Lager war eine Manifestation dieser vom Hochmut geborenen Seelenkrankheit des modernen Menschen, in alle Gesichter hatte diese Akedeia ihr Zeichen gesetzt, aus allen Augen flackerte sie einem verzweiflungsvoll entgegen. So sieht der Mensch aus, der das Gute nicht mehr will, um nicht das Maß der eigenen Schlechtigkeit erkennen zu müssen, und dessen Seele doch schon zu Tode betrübt ist von der Ahnung um die verlorene Seligkeit.

In dieser Akedeia liegt auch die böse Eifersucht, mit der die Häftlinge untereinander die Neigung zweier Gefährtinnen zu zerstören wußten: wer die Erkenntnis nicht will, kann auch die Liebe nicht dulden, denn sie ist ihr Anfang und Ende. Und wieder berühren sich die Seelen der SS und der Häftlinge: wer liebt und bekennt nach der Wahl des eigenen Herzens, muß verfolgt und vernichtet werden, in der Erfülltheit seines Bekenntnisses begegneten sie auch der Nichtigkeit des eigenen Lebensinhaltes.

Ich glaube, nach allem Vorstehenden ist die folgende Spekulation nicht mehr unberechtigt: wenn es nicht gelingt, das Vakuum, in das das Personalbewußtsein sich verirrt hat, wieder von innen her zu füllen – eine andere Wehr gegen den Nihilismus gibt es nicht –, dann wird aus der Reihe der heute entlassenen KZ-Häftlinge die in der nächsten Generation entsprechende neue SS erwachsen. Der abgründige Haß, der dort gesät worden ist, benutzt die politische Gegnerschaft nur zur Tarnung und Nomination, im Grunde richtet er sich schon heute gegen alle die, deren Vorrecht es noch ist, ihre Seele aus anderen Quellen als denen der Verzweiflung zu speisen. Und da die Entpersönlichung des Menschen am schnellsten dort vor sich geht und am augenfälligsten, wo sie verbunden ist mit wirtschaftlicher Not, wird dieser Haß hinter jeder geordneteren Existenz auch ein Mehr an innerer Daseinslust vermuten, und er wird sie zwingen wollen, wenigstens äußerlich sein Schicksal der Freudlosigkeit mit ihm zu teilen. Vielleicht muß man der todwunden Zerquältheit dieser verwirrten Herzen Rechnung tragen und freiwillig auf allen Besitz verzichten, um unter Beweis zu stellen, daß die letzten Bedürfnisse unserer leibseelischen Existenz aus anderen Quellen ihre Befriedigung finden als vom gut gedeckten Mittagstisch? Was wir brauchen, ist ein heiliger Franz von Assisi . . .

Als erste historische Erscheinungsform dieses Hasses erscheint der sogenannte Klassenhaß, der erst in dem Augenblick seinen Feind im Geldbeutel der bevorzugten Schicht erblicken konnte, als man die menschliche Not zu einem «Fehler» degradiert hatte, den man «vermeiden» kann, wodurch sich dem Notleidenden die Not in Recht wandelte und aufhörte, Pflicht der Barmherzigkeit des anderen zu sein. Man hört solange Fehler auf Fehler häufen in der Bekämpfung der Not, als man verkennt, daß sie ihre Wurzel nicht in der Ungerechtigkeit hat, sondern in der Lieblosigkeit und Unbarmherzigkeit. Nur an ihr geht die Person zugrunde, und nur auf diese vernichtende Haltung reagiert sie mit tödlichem Haß. Wo die Liebe versagt hat, ihre vornehmste Pflicht des Mitleidens zu erfüllen, muß der Mensch es sich gefallen lassen, wenn der andere ihn zum Mit-Leiden zwingt, ganz gleich mit welchen Mitteln. Da der Mensch die Last der Verzweiflung alleine nicht zu tragen vermag, zwingt er den anderen, sie mit ihm zu teilen, und um der eigenen Not nur für Sekunden zu entrinnen, quälen sie sich gegenseitig zu Tode.

«Diese beiden Dinge», so sagte der heilige Augustinus, «töten die Seele: die Verzweiflung und die verkehrte Hoffnung», und der heilige Thomas von Aquin fügt hinzu: «In der Verzweiflung wie in der Vermessenheit erstarrt und gefriert das eigentlich Menschliche, das die Hoffnung allein in strahlender Gelöstheit zu bewahren vermag: in der Verzweiflung auf die Weise des Greisenhaften, in der Vermessenheit auf die Weise des

Infantilen.» Man kann sich keine beeindruckendere Bestätigung von der Richtigkeit dieses Satzes ausmalen als im Bilde eines KZ. Der grenzenlosen Vermessenheit der SS liegt die gleiche Hoffnungslosigkeit zugrunde wie der dumpfen Verzweiflung der Häftlinge. «Hoffnung ist die existenzielle Richtung des Menschen auf die seinshafte Vollendung, auf die Fülle des Seins.» In der Vermessenheit der SS ist die Hoffnung im «schon», im «hier» und «jetzt», also in der Vorwegnahme der Erfüllung, zur Hoffnungslosigkeit geworden, sowie sie in der Verzweiflung des Häftlings dem «nicht mehr», dem «niemals», dem «nie», also dem Verzicht auf die Erfüllung zum Opfer fällt. Mit der Preisgabe der Hoffnung beginnt der Mensch das Werk der Selbstzerstörung, und er ruht nicht eher, bevor nicht auch das letzte Mahnmal seiner ehemaligen Berufung vernichtet ist. Nicht einmal ein Echo ist in dieser Stille noch enthalten. Wie eine Sandgrube ist er dann verdorrt und vertrocknet, und nichts mehr wächst in ihm. Das ist die schlimmste Form der Akedeia, denn hier ist auch die letzte Lebendigkeit versiegt: das bewußte Leiden unter der Last der Dunkelheit. Hier trifft keine Seligsprechung mehr auf eine der von ihr gespannten Saiten. Hier ist schon der Tod an die Stelle des Lebens getreten, und es bedürfte einer himmlischen Wünschelrute, um in dieser Wüste das befruchtende Wasser wieder zum Quellen zu bringen.

Das Konzert

An einem Sonntagnachmittag habe ich mitgewirkt bei einem Konzert auf einem Block. Der Tagesraum war notdürftig zurechtgemacht für die Menge der Zuhörer, und jeder nur denkbare Platz war voll und doppelt besetzt. In der Mitte war ein kleiner Raum freigelassen worden, wo eine kleine Russin sehr begabt ihre Nationaltänze tanzte, wozu eine Polin auf einer Gitarre die Begleitmusik spielte, und außer mir sang noch der kleine Lagerchor unter Leitung von Tury.

Tury, alias Schmulchen Schievelbein, war eine der bekanntesten Lagergestalten. Ihr Äußeres war bemerkenswert: ein großer Kopf mit grauen Haaren im Herrenschnitt, eine große Nase und eine fürchterliche Stimme. Einen Hals hatte sie nicht, unter dem Hinterkopf saß gleich der etwas gebuckelte Rücken symmetrisch zur Wölbung der Vorderfront, von wo es dann vorne und hinten ziemlich gleichmäßig herunterging und dort auf lächerlich dünnen, krummen Beinen stand. Sie war Österreicherin und, soviel ich mir erzählen ließ, sozialdemokratische Journalistin gewesen, hatte einmal unter Anklage des Gattenmordes gestanden, war aber auf Grund mildernder Umstände freigesprochen worden, und zwar vom alten Bürgermeister Seitz, der auch im Zellenbau war. Einmal, als Tury wartend vor der Zellenbautür stand, wurde er gerade zum Spaziergang herausgelassen. Mit dem ganzen Charme seiner altfränkischen Courtoisie zog er den Hut gegen sie, und Tury sackte in sich zusammen unter dieser ritterlichen Geste, die sie als Frau ehrte und begrüßte. Die plötzliche Verwirrung ihrer Gefühle muß ungeheuerlich gewesen sein, denn gerade diese Seite ihres Wesens hatte sie wohl schon seit langer Zeit vergessen. Sie war außerordentlich verroht im Lager, und wie üblich hatte sich neben dieser Roheit eine starke Sentimentalität entwickelt, die aber nur die Andeutung echter Gefühlsmöglichkeit war, nicht etwa selber schon echte Empfindung. Turys Art, den Chor zu dirigieren, bestätigte und betätigte diese wilde Sentimentalität in schrecklicher Weise – sie machte Ritardandi, wo sie nicht hingehörten, und unterließ sie dort, wo sie den Charakter des Liedes hätten unterstreichen können – Programm- und Ausdrucksmusik, das war so etwa ihre Ambition. Sie war sicher weit über fünfzig, wenn nicht schon Mitte sechzig, war rüstig und recht kräftig – ihre Schläge waren gefürchtet als besonders gut gezielt und schmerzhaft, sie war unbeherrscht und sehr herrschsüchtig –, ihre Position im Lager war damals die eines Häuptlings der Lagerpolizei, später wurde sie Lagerälteste, ein Posten, den man lieber in etwas sanfteren Händen gesehen hätte.

Ich sang verabredungsgemäß zuerst ernste Sachen – ein Largo von Händel «O Hoffnung, süße Hoffnung», das kleine Lied von Bach «Bist du bei mir . . .», ohne Begleitung natürlich. Die Händel-Arie ging gut vorüber, und es schien bis zu einem gewissen Grade gelungen, die nötige Stille herzustellen, um die Innigkeit des kleinen Bachliedes der Menge anzuvertrauen, da ereignete sich während des Liedes ein furchtbarer Zwischenfall: in der dicht gedrängten Menge vor der Tür war es zu Zusammenstößen gekommen zwischen solchen, die noch herein und anderen, die hinaus wollten, wodurch eine gewisse Unruhe und leise zischelnder Wortwechsel entstanden war. Mein Bestreben, vor allem erst einmal Ruhe zu schaffen, nicht nur äußerlich, sondern vor allem innere Ruhe, war nicht durchgedrungen, sondern gescheitert an der tyrannischen Tury, die nur sehr schwer sich entfernen konnte aus dem bestimmenden Mittelpunkt, um einer anderen Art und Weise die Führung zu überlassen. Sie schaltete sich ein in diese portalen Auseinandersetzungen mit einer meinen Ambitionen so diametral entgegengesetzten Aktivität, daß für einen Augenblick ein richtiger Zweikampf ausgefochten wurde zwischen ihr und mir, in dem ich unterlag: ganz hingegeben an die Zartheit des Bachliedes und erfüllt vom intensiven Bemühen um die klingende Antwort im Herzen der Frauen vor mir, war ich ausgelieferter, als ich selber vorausgesehen hatte; beim Anblick der hochroten Tury, die mit bebenden Muskeln den schlimmsten Störenfried offenbar im harten Schwitzkasten zur Ruhe zwingen wollte, verlor ich vor Entsetzen den Faden und brach mitten im Liede ab. Mein Erschrecken übertrug sich unmittelbar auf die Hörer, und fast wäre alles zerfallen in laute, parteiische Diskussionen über diesen Ringkampf an der Tür, als ich mit dem Rest meines Mutes mich kopfüber in ein neues Lied stürzte, das aggressiv und mitreißend genug war, um die Mädchen wieder auf die Bahn des Hörens zu führen und von da zur Stille der Empfänglichkeit – danach hatte ich dann gewonnen.

Jetzt konnte diese wunderbare Wechselwirkung entstehen, wo in der Wirkung des Verschwendeten die Forderung nach dem Mehr des Gebers enthalten ist. Ich war ganz terauscht von diesem Publikum, das so empfänglich war für die leisesten Töne, die zartesten Andeutungen, die innigsten Exklamationen, nachdem die anfänglichen Widerstände überwunden waren. Keine offensive Gegnerschaft setzten sie dem Gesang entgegen, aber lange verharrten viele von ihnen in einer hartnäckigen Defensive. Sie wollten nicht angesprochen sein, wollten das Herz sich nicht anrühren lassen, und wo es dennoch geschah, waren oftmals Tränen die Antwort und unterdrückte Seufzer wieder sich regender Ahnung von der Wirklichkeit des Sanften, Guten, Liebevollen. Die Wahl der Lieder folgte diesem ganz selbsttätigen Instinkt, der riet zu trösten, zu locken, zu rufen, zu klagen, zu weinen, zu lachen und wieder zu trösten mit der äußersten Intensität suggestiver Überzeugungskraft der eigenen gläubigen Seele. – Ich liebte die Häftlinge in diesem Augenblick und wollte, daß sie mit mir liebten. Langsam wich das Starre, Verkrampfte in den Zügen, die stumpfen Augen belebten sich und ließen den Blick nach innen aufgehen, die allgemeine Gespanntheit löste sich, und ein Hauch von Wärme, Weichheit, Menschlichkeit wehte über die Herzen. Solche glückhaften Sekunden dauern nicht lange, können nicht lange dauern, denn einmal lassen sich nicht alle defensiven Momente der sich sträubenden Seele im ersten Ansturm überwinden, und überdies verdankt dieser Zustand sich ja nicht einer voraufgegangenen organischen Entwicklung, sondern bleibt so lange eine Täuschung, als diese erahnten Möglichkeiten des Herzens nur in konjunktiver Form anerkannt werden – «ach, wenn es doch so wäre», anstatt erkannt und bekannt zu werden als eigentliche Wirklichkeit des Seins mit dem festen Entschluß «ich will, daß es so ist, will wirklich machen, was ich als möglich erahnt habe». – Für diesen Entscheid aber ist Singen nicht mehr zuständig – es kann der Ahnung den Weg ebnen, nicht aber sie zur vollen Erkenntnis führen, was immer Privileg der Gnade ist, so wie die Verwirklichung des Erkannten abhängig bleibt vom freien Willensentscheid.

Es tut mir leid, wenn diese verdichteten Behauptungen über das Singen und seine Wirkung eingebildet klingen. – Es ist mir nicht zu tun um die Schilderung meines «Erfolges», sondern um einen Beweis für die Angreifbarkeit der allgemeinen Seelenverfassung. Mit ein paar Liedern konnte man sie erlösen aus der rohen Unsensibilität ihrer verhärteten

Seelen, mit ein paar Takten sie aus dem stumpfen Trott werfen, mit ein paar Herzenstönen ihre Augen zum Weinen bringen, und wann weint das Auge, wenn nicht das Herz ihm die Tränen sendet? Noch liegt es ängstlich klopfend unter einer dünnen Schicht schlechter Tarnung, man muß sich eilen, sich seiner anzunehmen, sonst versinkt es immer tiefer in einem Meer von Vergessenheit . . .

Begreiflicherweise war das Lied «Die Gedanken sind frei» der Höhepunkt dieses Abends – seine sichere, starke Unbekümmertheit hatte eine wahrhaft berauschende Wirkung, und für die Dauer seines Eindruckes erschütterte wohl jeden das Bewußtsein letzter Unangreifbarkeit! Doch bevor sie erkennen konnten, welche Postulate und Voraussetzungen der Verwirklichung dieser letzten Unantastbarkeit beigeordnet sind, war bei den meisten der Rausch schon wieder verebbt, und es blieb die flüchtige Erinnerung an einen Moment voll erfüllten Daseinsbewußtseins.

Zu den begierigsten Zuhörern gehörte Danuta, die die Musik förmlich aufzusaugen und zu trinken schien, wie ein Verdurstender das Wasser. Bei den ersten Liedern strömte für einen Augenblick das heiße Blut tiefer Bewegtheit durch ihr blasses, meist maskenhaft unbewegtes Gesicht, und eine Welle der Erregung überwältigte für Sekunden die Klarheit in dem ruhigen Blick ihrer müden, stets halbgeschlossenen Augen. Welch erschütterndes Bekenntnis wahrhaft ergreifender Notdurft, was für ein heißes Verlangen nach ein wenig wohltuender Schönheit aus dem Bereich der reinen, unverletzbaren Werte äußerte sich in dieser ebenso stummen wie beredten Reaktion.

In welch abgründiger Armut lebten die Menschen in diesem Lager.

Das Antlitz der Überlebenden

Im Vorhergehenden war nur einmal die Rede von dem Häftling, der es verstand, sein Kleid wie ein Kostüm zu tragen, dessen Rolle er spielte, und es wurde der Zusatz gemacht, daß es nur wenige dieser Art gab. Wenn im Folgenden die volle Gestalt eines solchen Häftlings gezeichnet wird, so geschieht es einmal, um in ihm alle anderen zu ehren, denen es in gleicher Weise gelungen ist, das Bild des Menschen ungeschändet zu erhalten, und zum anderen soll damit der Beweis erbracht werden, daß auch die schlechtesten Lebensumstände nur eine Erklärung, niemals aber eine Entschuldigung sind für das Böse, das der Mensch in ihnen tut. Mit dem blau-weiß gestreiften Rock wurde dem Häftling nicht auch das Recht gegeben, ein schlechter Mensch zu werden. Es gibt nichts, was den Menschen von seiner sittlichen Verpflichtung entbinden kann, es sei denn, er will von ihr entbunden sein, und kein Mensch wird zwangsläufig schlecht, solange er nicht nachläßt im Willen, gut zu bleiben. «Immer sind einzig wir selber die Täter von Selbstbewahrung und Selbstzerstörung. Immer ist es die Entscheidungsmitte der ganzen und unteilbaren Person, von der aus die innere Ordnung gewahrt oder verkehrt wird.»

Die Vorgeschichte von Danutas Untersuchungshaft wird nicht aus Mangel an Diskretion oder aus Sensationslust erzählt, sondern um der rechten Würdigung willen, die jenes Maß disziplinierter Tugend verdient, das einem solchen Ansturm standzuhalten vermag, und um dem deutschen Leser einen kleinen Einblick zu geben in die Methoden nationalsozialistischer Besatzungsmacht. Als polnische Referendarin war Danuta verhaftet worden im Frühjahr 1940 auf Grund des Haftbefehls von Himmler gegen die polnische Intelligenz. Im Untersuchungsgefängnis angekommen, wurde sie in eine Zelle eingewiesen, deren Boden von etwa zehn Zentimeter tiefem Wasser bedeckt war. Rechts und links an den Wänden lief von der gewölbten Decke ebenfalls Wasser herunter, die Höhe der Decke betrug nicht mehr als anderthalb Meter. Irgendein weiterer Gegenstand befand sich nicht in dieser Zelle, die für die nächsten 48 Stunden ihr Aufenthaltsraum sein sollte. Nachdem sie die ersten zwei Stunden mit gekrümmtem Rücken und im Wasser auf- und abwatend verbracht hatte, wurde sie zur Vernehmung geführt. Im Arbeitszimmer des Kommissars stand ein reichgedeckter Tisch mit allen nur denkbaren lukullischen Genüssen, das Zimmer war durchströmt vom Duft frischgebrühten Kaffees und von dem Rauch wohlriechender Zigaretten, und mit der Bemerkung: «Sie können sich sofort von allem bedienen, wir möchten nur ein paar Aussagen von Ihnen haben», wurde das Verhör eingeleitet. Nachdem die ersten Fragen ohne befriedigendes Ergebnis blieben, fielen die ersten Ohrfeigen. Daraufhin verweigerte Danuta jede weitere Aussage und verharrte in diesem Schweigen alle weiteren Vernehmungen hindurch, zu denen sie jede Stunde einmal aus ihrer Wasserzelle geholt wurde. Zu essen bekam sie während dieser Zeit nichts. Nach Ablauf dieser ersten 48 Stunden wurde sie in die Zelle der zum Tode Verurteilten gesperrt. In der dunklen Frühe des kommenden Tages wurden sie und die fünfzehn anderen Insassen dieser Zelle unter starker Bewachung zu einem entlegenen Platz geführt. Dort wurde ihnen ein Spaten in die Hand gedrückt, und sie wurden aufgefordert, ihre Gräber auszuschaufeln. Dann mußten sie Aufstellung nehmen, jeder vor seiner Grube, und nach einem kurzen Kommando zerriß der peitschende Knall von fünfzehn Gewehrschüssen die Stille des heraufdämmernden Morgens. Rechts und links von Danuta sackten die entseelten Körper in sich zusammen, sie hingegen blieb unverletzt stehen, wurde zurückgebracht in die Zelle, einem neuerlichen Verhör unterworfen und schließlich ohne weitere Verurteilung in das KZ nach Ravensbrück deportiert. Seit Mitte 1940 war sie im Lager, und seit 1941 war sie Blockälteste. Als solche lernte ich sie kennen, als ich auf Block II eingewiesen wurde. Meine erste Begegnung mit ihr war die, daß sie mich freundlich, aber bestimmt aufforderte, meinen Sitzplatz von der Tischkante auf einen Hocker zu verlegen; das war der Auftakt zu einer großen, herzlichen Freundschaft.

Danutas Wesen war gekennzeichnet durch zwei besonders hervorstechende Eigenschaften: durch eine vorbildlich disziplinierte Selbstlosigkeit und durch einen ebenso begabten wie passionierten Gerechtigkeitssinn, beides Tugenden, die sie besonders befähigten zu ihren speziellen Aufgaben, und an ihrem Beispiel habe ich erkennen gelernt, welche zahllosen Möglichkeiten der privaten Initiative auch im Lager gegeben waren. Sie haßte jede Art von Unsauberkeit und Unordnung und ruhte nicht, bis sie ihren eigenen Maßstab auf diesem Gebiet durchgesetzt hatte auf ihrem Block und bei all seinen Häftlingen. Man wird fragen, wie sie das gemacht hat? Ganz einfach eigentlich: zum täglichen Stubendienst standen zwei Mädchen zur Verfügung – diese lernte sie an, auch *unter* den Betten, auch *in* den Ecken, auch *auf* den Schränken zu putzen, und sagte es nicht einmal, sondern immer wieder, so oft ihr immer aufmerksamer Blick Schmutz entdeckte, wo er nicht hingehörte. Als sie fand, daß die Spinde anfingen zu verdrecken, machte sie sich selber an die Arbeit, sie auszuwischen. «Das können die Häftlinge nicht selber tun», sagte sie, «sie haben keine Zeit dazu, die Mittagspause ist zu kurz und die Freistunde sollen sie dafür nicht hergeben.» Sie verhalf ihnen, wo sie konnte, zu anständiger Kleidung und manierlichem Aussehen, hielt sie an, sich ordentlich zu frisieren und sauber zu waschen in Anerkennung der natürlichen Rechte des Menschen auf diese Dinge wie auch seiner natürlichen Verpflichtung zu ihnen und aus Furcht vor der demoralisierenden Wirkung einreißender Schlampigkeit. Sie beherrschte die ganze Skala pädagogischer Winkelzüge mit erstaunlicher Sicherheit; durch Vorbild, Rat, Mahnung, Tat, Hilfe, Befehl, Anweisung, freundliche Strafen und Belohnungen wirkte sie ständig für alle Tugenden menschenwürdigen Zusammenlebens.

Immer traf man bei ihr auf die sprungbereite Haltung, dem «Befehl» der Situation zu gehorchen, und nie habe ich sie um der Bequemlichkeit willen eine Pflicht versäumen sehen. Als ein hartnäckiger Fehler in den morgendlichen Zählungsresultaten ein drittes Strafestehen des ganzen Lagers in Aussicht stellte – und dieses Strafestehen bedeutete die Verlängerung des Zählappells um sechs bis acht Stunden –, erbot sie sich, den Fehler zu suchen, um dieses Unheil von den Häftlingen abzuwenden. Die fünf Tage, die ihr für diese Arbeit gegeben waren, hat sie Tag und Nacht die vierzigtausend Häftlingsnummern in ihrem Weg durch die Kartotheken verfolgt, um die eine Fehleintragung zu finden – und fand sie auch. Zu Weihnachten arrangierte sie eine Kinderweihnachtsfeier, das heißt, sie sammelte und ließ ihre Freundinnen sammeln, zum Beispiel alle

Bildpostkarten, die sie zu Bilderbüchern zusammenkleben ließ, wiederum von ihren Freundinnen in der Bücherei, sammelte Kekse, Knöpfe, Schachteln, ließ sich eine Erlaubnis geben, auf dem Boden der Effektenkammer nach Bekleidungsgegenständen zu suchen, bat jeden, der ihr begegnete, um ein Geschenk, kaufte von dem Lagergeld, das ihr aus anonymen Quellen für diesen Zweck zugeschoben wurde, die brauchbaren Restbestände der Häftlingskantine auf und besorgte auf diese Weise einen wirklich reichen Gabentisch. Während der Bescherung selber lag sie im Bett, um ein wenig von dem Schlaf nachzuholen, den sie in nächtelanger Arbeit diesem Fest geopfert hatte. Als sie Blockälteste war auf einem Block, wo auch Kinder waren, richtete sie es ein, daß morgens heißes Wasser geholt wurde für die Kinder zum Baden, die notwendigen Badewannen hatte sie ebenfalls organisiert, ihre zahlreichen Strickerinnenfreundinnen bekamen Auftrag, Strümpfe und Hosen zu fertigen usw. Sie selber hatte kein persönliches Verhältnis zu Kindern, wohl aber immer eine höchst phantasievolle und verantwortungsbewußte Haltung gegenüber jeder ihr zufallenden Aufgabe.

Danuta war im ganzen Lager und bei allen Nationen gleichmäßig beliebt, und die meisten Häftlinge machten sich ein Vergnügen daraus, ihr einen Wunsch zu erfüllen. Und sie wünschte! wünschte immer etwas und gänzlich unbescheiden für – andere, für ihren Block, für ihre Leute, für Bedürftige überhaupt, und für alle, die in den Bannkreis ihres Verantwortungsbewußtseins getreten waren; für sich selber sorgte sie nur soweit, als es nötig war, ihren Vorstellungen von Sauberkeit und Ordnung in der eigenen Erscheinung und ihrer nächsten Umgebung zu entsprechen.

Man könnte einwenden, es sei kein Wunder, daß einem alles in den Schoß fiele, wenn man überall seine Freundinnen sitzen habe – dieses Argument mag unter normalen Umständen vielleicht eine gewisse Berechtigung haben, läßt aber auch da die Frage offen: wieso hat denn einer überall so viele Freundinnen? Im Lager fielen sie einem noch weniger zu, als es sonst schon der Fall ist. Ich glaube, es ist weiter oben genügend gesagt worden über die Psychologie des Lagers, um ohne weiteres zu erhellen, daß gerade das Freundinnenerwerben und -behalten nicht etwas war, was sich von selbst verstehen konnte. Im Gegenteil, für die Dauer einer Freundschaft war es fast notwendige Voraussetzung, daß sie sich nicht der Wahl des Herzens verdankte. Es waren dies auch keine Beziehungen seelischer Zuneigung – hinter Danutas caritativer Haltung schlug ein «Lagerherz», das sich kaum noch der großen, kalten Einsamkeit erwehren konnte –, sondern sie bildeten sich in der Dankbarkeit, mit der die Wohltat echter Selbstlosigkeit empfunden wurde. Danuta war immer liebenswürdig und höflich, immer gleichmäßig und freundlich, immer offen gegen die Not und die Bedürfnisse des anderen. – Auf diese zuverlässig gute und menschenwürdige Behandlung gibt es als gerechte Antwort nur die Freundschaft. Sie hat nie resigniert in den Ansprüchen, die sie an sich selber stellte, ist keinen Fingerbreit vom Bilde des Menschen abgewichen, wie es fundiert war in ihrer christlichen Weltanschauung. Sie sprach im anderen nie den Häftling, sondern immer und nur den Menschen an, verlor auch angesichts der lächerlichsten Entstellungen nicht den ehrfürchtigen Respekt vor der Angreifbarkeit des anderen und ehrte die Würde ihres Geschlechtes auch in seinen schauerlichsten Vertretern. Ich fragte sie einmal, aus welcher Quelle sie die Kraft zu dieser Haltung bezöge, worauf ich die sehr einfache Antwort bekam: «Ich liebe die Häftlinge.» Wahrhaftig, mensura caritatis quantitas animae, die Seele ist so groß wie das Maß ihrer Liebe. Nur dieser Haltung ist es möglich, alle Menschen auf einem gleichen Nenner erscheinen zu lassen, und keine andere Weise schützt letztlich vor der niederziehenden Wirkung der Gemeinheit.

Ihre Haltung der SS gegenüber war grundsätzlich von dem gleichen Respekt getragen, und immer wieder bot sich Gelegenheit, auch hier die gleiche wohltätige Wirkung zu beobachten. Ich habe so viel Zeit mit Danuta gemeinsam verbracht, als es nur irgend möglich war, und an der Wirkung ihrer Person ist mir viel Gutes wie Schlimmes deutlich geworden. Sehr unvergeßlich sind die kleinen Tragikomödien, die sich im Dienstzimmer abspielten, wenn Danuta mit ebensoviel Freundlichkeit wie Zähigkeit versuchte, ihren Sinn für Recht und Unrecht durchzusetzen; dabei begnügte sie sich damit, die geltenden Spielregeln als Rechtsgrundlage anzunehmen und nur gegen die Verstöße anzugehen, die die Aufseherinnen sich gegen ihre eigenen Dienstvorschriften zuschulden kommen ließen, die Danuta gründlicher studiert hatte als die meisten von ihnen. So inszenierte sie einmal ein boshaftes kleines Gespräch mit ihrer Schreiberin über eine Aufseherin, die sie des Morgens beobachtet hätte, wie diese mit rotem, wutverzerrtem Gesicht auf einen Häftling eingeschlagen habe. «Wenn sie nur wüßte, wie häßlich sie dabei aussah, wenn sie sich im Spiegel hätte sehen können, sie würde sich nicht wundern, wenn kein Mann sie mehr betrachten möchte!» Der Aufseherin, die mit am Tische saß – und eben diese war es doch, von der Danuta scheinbar so arglos und beiläufig geredet hatte –, stieg die Schamröte ins Gesicht, und die in so humaner Anonymität vorgetragene Lehre verfehlte nicht die beabsichtigte Wirkung. Oder sie verwickelte die Aufseherin in ein ganz primitives politisches Gespräch, was für sie als Polin insofern leichter war, als sie die Einleitung zur Verfügung hatte: «Bei uns in Polen . . .» usw., um daran anschließend die Abnormität der nationalsozialistischen Regierungsweise an einer ganz natürlichen Fragestellung deutlich werden zu lassen: in Polen habe es auch verschiedene Parteien, auch eine Regierungspartei gegeben, aber warum werde man in Deutschland bestraft, wenn man etwas anderes denke als die Führung? «Ich bin lange genug im Lager, um zu wissen, aus welchen Gründen die Häftlinge hier sind; darf man in Deutschland nicht mehr denken und sagen, was man will? Gibt es in Deutschland keine Freiheit mehr? Empfindet man es in Deutschland als Recht, Menschen so zu behandeln, wie es hier geschieht? Bei uns in Polen . . .» usw.

Wie oft habe ich eine fast quälende Unbeholfenheit beobachtet, mit der diese jungen Aufseherinnen versuchten, das Ansehen ihrer Würde zu wahren gegen den Eindruck echter Überlegenheit, und unter denen, die erst kurz im Lager und noch unverdorben waren, gab es manche, die sich willig Danutas gutem Einfluß überließen. Die Aufseherin, die zu meiner Zeit den Dienst auf unserem Block hatte, war auf dem besten Wege, eine freundschaftliche Haltung zu uns einzunehmen, aber sie wurde bald zu einem anderen Kommando versetzt, und als ich sie nach Wochen wiedersah, unterschied sie sich kaum noch von ihren schlimmsten Kolleginnen.

Wie groß war im Grunde die Bereitschaft, sich vom Guten führen und beeinflussen zu lassen. Wann je ich auf einen anderen Block gegangen bin, immer war die Atmosphäre dort durchsetzt von gereizter Feindseligkeit und explosiver Spannung und die Luft erfüllt von nervösen Streitigkeiten und keifenden Schimpfworten. Auf unserem Block war es ruhig; man sprach leise miteinander, nahm Rücksicht auf die Tatsache, daß auch noch andere im Zimmer waren, und wollte eine böse die Stimme erheben, wurde der überflüssige Aufwand von einem allgemeinen «Pscht» unterdrückt. Da wir beharrlich als «Person» angesprochen und respektiert wurden, benahmen wir uns auch als solche, und keiner hatte mehr Recht oder Veranlassung, sich von der damit verbundenen Verantwortung dispensiert zu fühlen. Nur diese Möglichkeit, glaube ich, gibt es, die Masse wieder zu individualisieren. Man muß sie erlösen von dem Druck ihrer Namenlosigkeit und Quantität, indem man sie in kleinere Gruppen aufteilt, die gerade so viele Menschen umfassen dürfen, daß diese sich noch als organische Einheit empfinden können und jenem einen übersichtlich bleiben, der durch Begabung und Tugend dazu berufen ist, in jedem einzelnen von ihnen die Person anzusprechen.

So zauberhaft und beglückend es immer wieder gewesen ist, der beabsichtigten und unbeabsichtigten Wirkung von Danutas Verhalten zuzuschauen, so erschütternd war auch die Feststellung, an welchem Unmaß von Trägheit des Willens und des Herzens die Dauer der guten Wirkung immer wieder zugrunde ging. So angenehm die Häftlinge das Leben unter dieser Regie empfanden und so gerne sie sich von ihr führen ließen, so zähe war auch ihre Unbereitschaft zur Entfaltung einer Selbständigkeit in den geforderten Tugenden. Sie taten das Nötige, wenn sie darum gebeten wurden und taten es dann auch gerne, aber nicht aus eigenem Antrieb. Die passive Resistenz gehörte zum kleinen Einmaleins jeden Häftlings, er nahm sie für sich in Anspruch wie sein gutes Recht, nur täuschte er sich dabei zu leicht über ihre vernünftige Begrenzung. Da er sich vor den Kameradinnen hüten mußte, durch scheinbaren Diensteifer sich verdächtig zu machen, verfiel er nur allzu rasch ins Gegenteil, die passive Untätigkeit zur Grundhaltung zu machen, das heißt, er überließ sich einer Faulheit, der eine wahrhaft zersetzende Wirkung eigen ist. Auf diese Faulheit – noch besser stünde an dieser Stelle das Wort Trägheit, um die Beziehung zur schon besprochenen Akedeia anklingen zu lassen – sind viele der schlimmen Zustände im Lager zurückzuführen. Passiver Widerstand in jeder Form gegen die Obrigkeit ist anerkanntes Recht jedes Gefangenen, aber wehe ihm, wenn er ihn auch in den Pflichten gegen sich selbst und seinen Mitgefangenen maßgebend sein läßt! Er war der ärgste Feind, gegen den Danuta diese fünf Jahre im Kampf um die Würde des Menschen sich wehren mußte. Der Kampf gegen einen Sandsturm kann nicht mühevoller sein, und nicht weniger unbeugsame Zähigkeit verlangt er als der Kampf um die Gewinnung von neuem Ackerboden aus den gleichmütigen Wellen des Meeres.

Selbstverständlich schwiegen auch über Danuta die bösen Zungen nicht, die vor allem ihr sehr gutes Verhältnis zur Oberaufseherin zu verurteilen wußten und gerne Danuta als ‹Streber› brandmarken wollten. Es fällt nachträglich fast wie ein weicheres Licht auf die Gestalt der Oberaufseherin, wenn man erfährt, daß sie eine echte Sympathie für Danuta empfand, gemischt aus Respekt und Vertrauen, und Danuta selber gab für ihre «Streberhaftigkeit» die beste Erklärung, indem sie sagte: «Ich habe mir gleich zu Anfang gesagt, wenn ich überhaupt etwas für die Häftlinge will unternehmen können, dann muß ich vorne ein untadeliges Ansehen haben. Es muß dort heißen: was die Danuta sagt, stimmt, das braucht nicht mehr nachgeprüft zu werden!» Daß es Danuta gelungen ist, diesen Eindruck die ganzen fünf Jahre aufrechtzuhalten, beweist ein Übermaß an Klugheit und Selbstbeherrschung, wenn man bedenkt, daß sie überdies mit der unentbehrlichste Kopf der geheimen Häftlingsorganisation gewesen ist.

Das Vorhandensein dieser geheimen Organisation ist im Voraufgegangenen nur einmal flüchtig angedeutet worden, als von den Möglichkeiten die Rede ging, die den Häftlingen dadurch gegeben waren, daß die gesamten schriftlichen Arbeiten in den Büros der Lagerverwaltung von ihnen selbst gemacht werden mußten. Danuta übersah, ich glaube, als einzige diese Möglichkeiten in vollem Umfange, und sie beherrschte das Spiel mit ihnen mit virtuoser Geschicklichkeit. Die etwa zwanzig Mädchen, die zu dieser geheimen Clique gehörten, waren weder durch Rasse noch Nationalität, noch Weltanschauung miteinander verbunden, sondern nur und ausschließlich durch die ihnen gemeinsame Achtung vor dem Wert des Menschen und die unbeirrbare Hilfsbereitschaft für jede notleidende Gefährtin. Die meisten von ihnen saßen an einem wichtigen Posten, wo das Schicksal des Häftlings sich entschied – im Arbeitseinsatz, im Revier, in der Lagerpolizei, waren Blockälteste oder sonstwie tätig in der internen Lagerverwaltung. Sie alle haben bis zuletzt einen zähen, treuen Kampf gegen das Übermaß von Bosheit geführt, von dem sie alle umgeben waren, in dem die Dummheit der Aufseherinnen bald ihr bester Partner, bald ihr ärgster Gegner und die zynische Gewissenlosigkeit mancher Mitgefangenen ihr gefürchtetster Feind war. Immer wieder haben alle zwanzig ihr Leben in Gefahr gebracht, um das Leben einer anderen vor dem ihr zugedachten Tode der Seele oder des Leibes zu retten, und es bleibt ein Wunder des Vertrauens und der Verschwiegenheit, der Treue und echten Kameradschaft, der selbstlosen Diszipliniertheit und gesegneten Tugend, daß diese Verschwörung nie entdeckt worden ist.

Das Gesicht dieser Mädchen mußte gezeichnet werden, denn es gehört in das vollständige Bild des Lagers als das Antlitz der Überlebenden.

Nachsatz

Weihnachten war vorübergegangen, und über dem ganzen Lager lag eine starke Erregung, hervorgerufen durch die Wehrmachtsberichte der folgenden Wochen. Mit jedem Tage wuchs spürbar ein mächtiges, böses Selbstbewußtsein in den Häftlingen, das schon die Rache wie einen gezückten Dolch unter dem Rock verbarg: Rache an einigen Häftlingen, einigen Aufseherinnen, aber Rache vor allem für die Freudlosigkeit der vergangenen Jahre. Eine wilde Gier nach Entschädigung für alles Versäumte, ein sinnenloser Freiheitsdrang, eine hemmungslos wuchernde, brutale Gleichgültigkeit, das etwa waren die Kennzeichen der herrschenden Stimmung.

Ich war zusammen mit Gisela wieder in den Zellenbau eingewiesen worden, nachdem unsere Einlieferung ins Lager sich als Versehen herausgestellt hatte. Vor unserem Fenster lag das Lager, und die Mauer, die uns von ihm trennte, war nicht mehr der schützende Wall, hinter dem man sich verbergen konnte vor der grausigen Wirklichkeit da unten, sondern bedeutete schmerzlichen und täglich neu zu leistenden Verzicht – der kleine Fensterausschnitt bot keine Möglichkeit, dem Maß der wachgerufenen Teilnahme an den Menschen und Schicksalen dort draußen zu entsprechen.

Während der Weihnachtstage hatte ein Tannenbaum den Lagerhof geschmückt, aber die Weise, wie er aufgestellt war, ließ viel erkennen von dem, dessen Hände diese Arbeit geleistet hatten. Alles Freie, Aufrechte, In-sich-Ruhende dieses Baumes war zerstört worden: an den Pfahl der Bogenlampe hatte man ihn wie an einen Marterpfahl gefesselt, und viele zerbrochene Zweige gaben ihm ein klägliches Aussehen. So wie dieser Baum, so war auch das Weihnachten da, unterdrückt, entstellt, verzerrt und verbogen. Die Ruhe, die in diesen Tagen zeitweilig auf dem Lagerhof herrschte, hatte nichts zu tun mit der echten Stille empfangsbereiter Hingegebenheit. Eine Welle von Gefühl und Sentimentalität zog heftig durch das Lager, aber sie rührte nicht bis an die Wurzeln des Daseinsbewußtseins, sondern war kaum mehr als ein anderer Ausdruck der allgemeinen Hoffnungslosigkeit, und in der Erschöpfung, die diesem Empfindungsausbruch folgte, waren die Gefühlswirren der nächsten Tage nur um so kläglicher. Die reinen Töne echten Gebetes verschwendeten keinen Klang an diese dumpfe, unheimlich brausende Musik mit den wilden Kaskaden schreiender Instrumente – sie stiegen direkt zum Himmel auf. Die SS hatte ein paar Tage vor Weihnachten Julklapp gefeiert; am Weihnachtsabend selbst tobte bis Mitternacht ein wilder Lärm in der Schreibstube – dort feierten der Schutzhaftlagerführer und einige arrivierte Aufseherinnen einen heiteren Abend, und mit widerlich kreischendem, geilen Gelächter schrieen sie in die dunkle Stille der Heiligen Nacht.

Mit Danuta hatten wir einen ebenso festen wie gefährlichen Kontakt behalten; in der Frühe, wenn sie vorm Appell zur Meldung in die Schreibstube kam, versäumten wir es nie, ihr «Guten Morgen» zuzurufen, und oftmals kam sie abends, um sich einen Brief zu holen und uns einen zu bringen. Dann tauchte plötzlich aus der Dunkelheit ihre schmale Gestalt vor der Gittermauer unseres Zellenbaues auf, und auf ein kaum hörbares «Psst» hin flog mit einem leisen «Schlupp» das kleine Portemonnaie mit dem Brief am Ende einer langen Schnur zu ihr hinunter. Diese postalische Verbindung war ebenso ergiebig wie leichtsinnig – wären wir entdeckt worden, hätte die Anklage auf Hochverrat gelautet mit dem üblichen «letzten» Urteil. Zu Weihnachten hatten wir ihr ein Paket gepackt, um es auf die gleiche Weise ihr zuzusenden, aber es war zu schwer, um bis über die Gittermauer zu fliegen, sondern fiel polternd von ihr zurück gegen die Mauer des Zellenbaues. Sehr kurz entschlossen kletterte Danuta mit der lautlosen Geschmeidigkeit eines Jägers über die Mauer, und für Sekunden leuchtete das weiße Kreuz auf ihrem Rücken gespenstisch zu uns herauf. Kaum war sie ebenso schnell wie unhörbar mit ihrer Beute um die Ecke verschwunden, als auch schon vom anderen Ende des Hofes der gleichmäßige Tritt der SS-Wachen erklang, die ihren nächtlichen Kontrollgang machten; langsam zogen sie über den Hof, und im fahlen Mondlicht funkelten ihre Gewehre bläulich und unheimlich zu uns herüber. Was für eines zähen Schneids bedurfte es, sich die kleinen Freuden zu erobern, die dem Herzen zum Leben so nötig sind – dieses ebenso harmlose wie wohlverdiente Weihnachtspaket war ein Spiel mit dem Tode.

Während dieser Zeit wütete der Typhus im Lager, und ebenso rasende Orgien feierte die Macht in ihren letzten Tagen: nicht nur überschwemmte sie das Lager mit neuen Einlieferungen, sondern schickte täglich viele Mädchen auf die tödliche Eskapade hinter die große Mauer. Wer würde sich anmaßen, die Rolle des Rächers zu übernehmen für diese Unzahl hingemordeter Menschen? Wer würde die Rolle des Richters übernehmen, um Schuld und Unschuld zu bestimmen, Gut und Böse voneinander zu unterscheiden? Angesichts der undurchdringlichen Verstricktheit des ganzen Unrechts wird die Gerechtigkeit kapitulieren müssen vor dem Bedürfnis nach Rache, und das Gesetz von Ursache und Wirkung wird von neuem sein fürchterliches Spiel beginnen.

Wer würde sich der unübersehbaren Aufgaben annehmen, die gestellt sind in der allgemeinen Wesens- und Charakterbeschaffenheit der Häftlinge? Wer vor allem würde sich einsetzen für das Primat ihrer seelischen Not vor allen anderen wirtschaftlichen Sorgen? Wer würde überhaupt überzeugungsstark genug sein können, um gegen diesen wütenden nihilistischen Materialismus das Primat des Geistes und der Seele zu vertreten?

«Wir haben den Punkt erreicht, an dem vom Menschen, wenn noch nicht Glauben, doch Frömmigkeit, Bestreben, im höchsten Sinn gerecht zu leben, gefordert werden kann. Die Toleranz muß ihre Grenzen haben, und zwar insofern, als den Nihilisten, den reinen Technikern und den Verächtern jeder verbindenden Moral die Menschenführung nicht zugebilligt werden kann. Wer nur auf Menschen und Menschenweisheit schwört, kann nicht als Richter sprechen, wie er als Lehrer nicht weisen, als Arzt nicht heilen und als Beamter dem Staat nicht dienen kann. Es führen diese Existenzen auf Wege, die damit enden, daß Henker die großen Herren sind.»

«Der Mensch darf nie vergessen, daß die Bilder, die ihn jetzt erschrecken, das Abbild seines Innern sind. Die Feuerwelt, die ausgebrannten Häuser und die Ruinenstädte, die Spuren der Zerstörung gleichen dem Aussatz, dessen Keime lange im Innern sich vermehrten, ehe er an die Oberfläche schlug. So hat es seit langem in den Köpfen und in den Herzen ausgesehen. Es ist der rote Stoff des Menschen, der sich im Weltbild widerspiegelt, so wie die innere Ordnung im äußeren Frieden sichtbar wird. Daher muß Heilung zunächst im Geist erfolgen, und nur der Friede kann Segen bringen, dem die Bezähmung der Leidenschaften vorausgegangen ist.» Die Hand, die dem Menschen helfen will, muß rein von Frevel und Gewalttat sein und jede Geste ein Ausdruck hoffnungsvoller Liebe.

Gegen Mittag des 3. Februar überquerte ein Gefängniswagen den Lagerhof. Er hielt vor dem Zellenbau, und drei SS-Männer mit umgehängter Maschinenpistole betraten das Haus. In aller Eile mußten wir packen, und nach weniger als einer halben Stunde fuhren wir in dem schwankenden Gefährt durch das eiserne Tor des Lagers hinaus ins Ungewisse.

II
Chaos
oder das Individuum
in den Trümmern
der Tradition

Flucht

Die grüne Minna

Eine zünftige grüne Minna, das wird sich inzwischen herumgesprochen
haben, ist ein recht unbequemes Vehikel und für weitere Überlandfahr-
ten nicht empfehlenswert. Wir drei Mädchen – Puppi, Gisela und ich –
waren in ihre drei Zellen eingesperrt, das sind Sitzkabäuschen, in denen
man sich gerade hinhocken kann auf das dafür vorgesehene Brettchen,
dann stoßen die Knie schon an die gegenüberliegende Wand. Stehen kann
man nicht, ebenfalls nicht die Arme bewegen – kurzum, es ist verteufelt
eng und hart. Der Kontakt mit den übrigen Mitreisenden ist ebenso
schwierig wie unerlaubt, ein paar Zurufe mußten genügen, um uns vom
gegenseitigen Wohlbefinden zu unterrichten. Das Ausgucken war
ebenfalls fast unmöglich, zum mindesten war alles darauf angelegt, es
äußerst zu erschweren. Die kleine Luftklappe ließ nur einen schmalen
Spalt offen, durch den ich flüchtige, aber deshalb nicht weniger
beeindruckende Bilder erhaschen konnte. Wir machten kurz Station auf
der Polizeischule in Drögen, wo wir aus dem Gästehaus etwa acht weitere
Herren zu uns nahmen, die in das hintere Massenabteil unseres Autos
kamen – wir hörten undeutlich einige Namen, die meisten kannten wir
schon aus Ravensbrück, und die anderen sollten wir noch kennenlernen.
Das unmäßige Gepäck der gesamten Gefangenen füllte den kleinen Flur
des Wagens bis unters Dach, so daß alle Gitterfenster fest verbaut waren
und der Posten wahrscheinlich Mühe hatte, seine dicke MP unterzubringen.

Natürlich hatte uns kein Mensch gesagt, wohin diese Fahrt ging, aber sehr
bald erkannte ich die Straße wieder – es war die gleiche Chaussee nach
Berlin, auf der ich vor fast einem Jahr gekommen war. Aber wie grausam
hatte sich das Straßenbild verändert in diesen langen Monaten: vor einem
Jahr noch hatte bald hinter der Ausfahrt aus Berlin die Friedlichkeit des
Landes alle furchtbaren Eindrücke der teilweise schon schwer geschlage-

nen Stadt wieder verwischen können, und die scheinbar so unangreifbare Gesichertheit ländlichen Friedens hatte sich beruhigend und vertrauenerweckend über das verstörte Gemüt gelegt. Damals hatte man getrost noch glauben können, daß Besinnung, Beruhigung und Regeneration von dort, vom Lande seinen Ausgang nehmen könnte. –

Heute, nach einem Jahr, sah ich dieses Land wieder und mußte erkennen, daß es zutiefst in Mitleidenschaft gezogen war von der allgemeinen Auflösung und sich vollendenden Flucht. Wohl konnte ich hier und dort einen Mann, eine Frau bei ländlicher Arbeit entdecken, aber das mutete an wie ein Anachronismus. Das die Gegenwart kennzeichnende Bild bot die Landstraße, die nicht mehr Verbindung zu sein schien von einer menschlichen Wohnstätte zur anderen, sondern selber zur Wohnung für ein ganzes Volk geworden war. Vor, um und in Eberswalde drängten sich Menschen, Tiere und Dinge zusammen, als erwarteten sie einen fürchterlichen Orkan, dessen Wucht sie alle auseinanderzureißen drohte, und die Angst davor trieb sie wie eine Herde zusammen. In endlosen Zügen standen die Planwagen an der Landstraße, die mageren kleinen Pferde ließen müde die Köpfe hängen, und die grauen, vermummten Gestalten sahen in der hohlen dunklen Öffnung des Verdecks so aus, als würde nie wieder ein Wort, geschweige denn ein Lächeln über ihre Lippen gehen. Das war das Erschreckendste – die bodenlose Stummheit über allem, diese unaussprechliche, tödliche Verstummtheit, diese nie zuvor gesehene Licht- und Leblosigkeit über allen Gesichtern und Bildern – der letzte Akt einer furchtbaren Tragödie, in der es scheinbar keine Überlebenden geben sollte.

Daß zwischen uns und dem KZ die schweren eisernen Tore sich wieder geschlossen hatten, war ganz bedeutungslos – das Phänomen war hier wie dort das gleiche: Angst und Verzweiflung, hoffnungslose, zerstörte Menschheit. Nie wird man begreifen können, daß es Menschen sind, die einander so grausame Angst verursachen, daß Menschen so auf der Flucht sein können vor – Menschen. Der seelische Zustand dieser Flüchtlinge unterschied sich eigentlich in nichts vom seelischen Zustand der meisten Häftlinge – fast im Gegenteil: jene hatten immerhin noch die Hoffnung auf Entlassung, die Sensation einer möglichen Befreiung vor sich – diese nur noch die Landstraße, deren eintöniges Grau, deren graue Endlosigkeit den Gesichtern schon ihren müden Stempel aufgedrückt hatte. Sie wurden nicht begrüßt wie welche, die von weither kommen und Anrecht haben auf alle Gastlichkeit – mit ihnen kam die Angst, und man verschloß vor ihr die Türen, den Kopf tief zwischen die Schultern gezogen. Sie waren auf dem Wege in die elende Namenlosigkeit der Masse, und dieses furchtbare Schicksal erstickte mit finsterer Gewalt alle persönlichen Lebenskeime.

An den Ein- und Ausgängen jedes Dorfes und Städtchens war eine kleinere Gruppe wild kommandierender Männer damit beschäftigt, Panzersperren anzulegen, deren kleine und einfältige Konstruktion ebensowenig vertrauenerweckend sein konnte wie das handliche Material – zarte, biedere Baumstämme, die heute wahrscheinlich längst in den Öfen verschwunden sind. Diese Baustellen der Panzersperren schienen zu der Zeit die Konzentrationspunkte aktiver Lebensenergien zu sein – es waren wenigstens die einzigen Plätze, wo die menschliche Stimme eine Rolle spielte in der Zusammensetzung des ganzen Bildes, wenn auch in häßlich schreiender, verzerrter Form. – Wirklich, treffender kann man diese letzten Wochen des Dritten Reiches kaum beschreiben, als es geschieht in diesem zufälligen, nein, gerade nicht zufälligen Nebeneinander: eine endlose Schar von Häftlingen im Hintergrund, eine endlose Schar von Flüchtlingen im Vordergrund, über allen die lastende Stummheit echter Verzweiflung, deren gedrängte Stille zerrissen wird nur durch das Schreien eines wahnsinnigen Ortsgruppenleiters, der vorne an der Rampe steht, und als hintere Kulisse erscheinen die roten Flammen einer brennenden Stadt.

Und wirklich, es brannte die Stadt, in die wir hineinfuhren – und wie sie brannte! Glut und Flammen, Rauch und Qualm – aus allen Fenstern und Türen, allen Gassen und Straßen brach das Feuer in seiner tausendfachen Gestalt – Berlin hatte einen schwersten, dreistündigen Tagesangriff hinter sich, als wir schließlich gegen fünf an die Stadtgrenze kamen, und, um es nur gleich vorwegzunehmen, es kostete weitere vier Stunden, bis wir vor unserem Ziel, der Prinz-Albrecht-Straße, zum Halten kamen. Vorsichtig tastete sich unser schwerbeladener Polizeiwagen durch die verwirrten und zerstörten Straßen der lodernden Stadt, beißender Qualm drang in unsere kleinen Zellen, und heiß wurde es. Mit dem Stöhnen und Ächzen der brennenden Balken, dem Klirren zerspringender Fenster, dem Krachen zusammenbrechender Mauern vermischte sich das Schreien und Rufen zahlloser Menschen, die das Feuer aus ihren letzten Höhlen verjagt hatte und die nun suchend durch die Straßen irrten, einen Ausgang aus dieser Hölle zu finden. Wie oft ist mir bei solchen Eindrücken die Stelle aus Freytags «Verlorener Handschrift» eingefallen, wo die Menschen entsetzt und zutiefst an den Ernst des Lebens gemahnt vor einer vom Blitz gefällten Eiche stehen und ergriffen sind vom heiligen Schauer vor der Verletzbarkeit des Lebens. So weit waren die Menschen schon einmal unter die Herrschaft des lebendigen Herzens geraten, so tief durchdrungen von der umfassenden, wertbegreifenden Liebe . . .

In völliger Verkennung der Tatsachen wurde auch unser Fahrer von einer Frau gebeten, sie und ihr Kind mitzunehmen – warum eigentlich hätten wir es nicht tun sollen? *Wir* hätten die Schicksalsgemeinschaft nicht verleugnet, Verfolgte waren sie wie wir, Preisgegebene dem Haß, der nur in der totalen Zerstörung seine Befriedigung zu finden n einte. Nur die herzlose Dialektik mag es noch unternehmen, einen realen Unterschied herauszustellen zwischen dieser Verfolgtheit und jener, wie sie im KZ deutlich wurde – ein Entrinnen gab es hier wie dort nicht. Der Stacheldraht zog sich um das ganze deutsche Volk. Für uns Deutsche bestand nur ein gradueller Unterschied zwischen der Freiheit in und außerhalb des KZ, ein essentieller Unterschied war erst außerhalb unserer Landesgrenzen zu finden. Der Haß der Führung richtete sich unterschiedslos gegen alle, das Preisgeben aller Werte ist das Kennzeichen dieser finsteren Selbstvollendung des wirklichen Nihilismus. «Eine Führerclique hatte sich zum Herrn der deutschen Geschichte gemacht, die skrupellos alle Reserven der Nation aufzehrte, um das Feuer ihrer Dynamik zu unterhalten.»

Weiter zögerte unser Wagen durch die brennenden Schächte dieser flammenden Unterwelt, hin und wieder sich gefährlich zur Seite neigend, wenn ein Bombentrichter die Straße vor ihm aufgerissen hatte. Wirklich, dieses war nicht mehr auf der Welt, denn das Dach der Welt ist der Himmel; dieses war wie in höllischer Unterwelt, und vom Himmel war nichts mehr zu sehen. Die Welt hatte sich gegen ihn verschlossen mit einer dicken Wand von Rauch und Qualm und Ruß, um ganz unbeobachtet zu sein bei ihren grausamen Machenschaften.

Endlich, nach vier vergeblichen Versuchen, von Osten, Westen, Nord und Süden an die Prinz-Albrecht-Straße heranzukommen, war es dem ortskundigen Fahrer gelungen, das schaukelnde Gefährt zum befohlenen Ziel zu führen. – Dort entspann sich eine flüsternde Diskussion zwischen den maßgeblichen Kommandoführern, aus der ich nur so viel verstehen konnte, daß die Prinz-Albrecht-Straße außerstande sei, mehr als drei Häftlinge aufzunehmen, da die ganzen Gebäude beim heutigen Angriff fünf Treffer bekommen hatten. Unter den dreien, die unseren Wagen verließen, wurde auch ein «Herr Bismarck» aufgerufen. Wir waren kaum abgefahren, als wir schon wieder anhielten: «Ich muß mal eben meine Pistole anders unterbringen, sonst bohrt sie mir ein Loch in die Tasche» – das war die Ratte Franz Sonderegger, ein Kriminalsekretär vom RSHA und unser ehemaliger Sachbearbeiter.

Potsdam

Schließlich und endlich, nach siebenstündiger Fahrt landeten wir vor dem Potsdamer Polizeigefängnis, das sich als völlig ungeübt erwies im unerwarteten Empfang so hoher, so wertvoller und ach! so geheimer Häftlinge. Immerhin wußten wir ja aus der Ravensbrücker Zeit, wie ängstlich zum Beispiel Hjalmar Schacht vor uns verborgen worden war – hier hingegen stand alles zusammen in einem Gang und wartete auf die

Abfertigung, eine günstige und ganz ungefährliche Gelegenheit, dem General Falkenhausen zum Beispiel Grüße von Mary zu bestellen und ihn über ihr Wohlbefinden zu beruhigen.

Unsere Unterbringung war leidlich. – Immerhin war es ein altes Gefängnis, das seit Jahren nichts mehr hatte tun können für seine äußere Schönheit, also bröckelte überall der Zement von der Wand, es fehlte an Bettwäsche, die Matratzen sahen grauenvoll aus und rochen entsetzlich nach Desinfektionsmitteln. In unserem Fußboden war ein großes Loch, das nur deshalb während unseres dortigen Aufenthaltes zugemauert wurde, weil wir mit viel Fleiß allmorgendlich Wasser hineingegossen hatten, nachdem wir erfuhren, daß unter unserer Zelle die Küche des Aufsehers war. Das heißt, wir hatten es uns nicht sagen lassen müssen, sondern konnten es täglich riechen, daß dort eine Küche, und zwar eine gute, eine ganz ausgezeichnete Küche war! Das Aufseherehepaar war auch bei weitem das Bestgenährte, was mir im Kriege je über den Weg gelaufen ist! Bei so diebischem wie bestechlichem Personal wäre es wahrscheinlich angebrachter gewesen, überhaupt zu untersagen, daß Häftlinge Pakete kriegen dürfen, und zwar mittels eines Anschlages *vor* der Eingangstür vom Büro dieses Herrn . . .

Trotzdem bestand ein merklicher Unterschied zwischen der Atmosphäre hier und in Ravensbrück. Die drei amtierenden Aufseherinnen hatten ein grundsätzlich anderes Verhältnis zu den Häftlingen als alle Aufseherinnen in Ravensbrück. Hier wehte gute, alte Gefängnisluft im Gegensatz zum scharfen Zugwind eines modernen KZs. Der Umgangston war menschlicher, persönlicher, weiblicher. Die aufsichttuenden Beamtinnen hatten zu ihrer Arbeit ein richtiges Berufsverhältnis, in dem etwa der gleiche liebevolle Ehrgeiz mitsprach wie gegenüber dem blanken Parkettfußboden in der eigenen guten Stube: «Ich habe zwar sehr kräftig kratzen und schrubben müssen, aber nun ist er blitzsauber» – so etwa auch hier: «Ich habe zwar sehr brüllen müssen und schimpfen, aber nun gehorchen mir alle aufs Wort!» Ich habe von ihnen in Potsdam nie gehört, daß sie schlugen. Hier war ganz eindeutig noch die pädagogische Absicht vorhanden, den Mädchen wieder zum rechten Ansehen der eigenen Person zu verhelfen, sie hinzuweisen auf die Pflicht der Sauberkeit, Ehrlichkeit, Zuverlässigkeit; sie wurden gelobt, wenn sie etwas gut gemacht und belohnt mit einer Nachkelle, wenn sie fleißig gearbeitet hatten. Außerdem wurden sie hier nicht mit einer Nummer, sondern mit ihrem Namen registriert und mit «Frau» oder «Mädel» angeredet, nicht aber mit «du Häftlingsschwein». Kein Wunder, daß die Atmosphäre geradezu erholsam war nach der aussichtslosen Negativität aller Ravensbrücker Tendenzen. Wäre im Hintergrunde nicht die Gestapo gestanden mit der gefürchteten Entsetzlichkeit ihrer unberechenbaren Verhöre, die Mädchen hätten sich ganz wohlgefühlt. Hier hatten sie Arbeit, Essen und ein Bett, eine geregelte Tageseinteilung und ein Mindestmaß an Versuchungen. Das Leben draußen war doch längst in einem Stadium der Auflösung begriffen, daß es schon für den Einheimischen zu einem Kunststück wurde, sich zurechtzufinden, wieviel schwieriger mußte dieses sein für einen ausländischen Sprachunkundigen. Die Mehrzahl der Mädchen in diesem Gefängnis waren Ausländerinnen, die nur in den seltensten Fällen ihre Strafe hier absaßen. Die meisten von ihnen wurden verschickt in KZs oder für einen sechswöchigen Strafaufenthalt in das Arbeitslager nach Fehrbellin.

Erschütternder war der Eindruck der russischen Gefangenen, die als niedrigste Arbeitskräfte dem Gefängnis zur Verfügung standen. Mager und entsetzlich verprügelt, verrichteten diese Elendsgestalten in stummer Ergebenheit ihre dreckigen Arbeiten. Keine von ihnen dürfte älter als 16 Jahre höchstens gewesen sein.

Die vielen SD-Beamten, die uns im Hof und auf den Fluren begegneten, hätten samt und sonders auftreten können in einem Gespensterstück von E. T. A. Hoffmann. Die abnorme Häßlichkeit jedes einzelnen Gesichtes war so auffällig, als wäre dieses der entscheidende Gesichtspunkt ihrer Auswahl gewesen. Zwar waren sie alle in irgendein greuliches Zivil gekleidet, aber sie waren uniformiert durch die Häßlichkeit, die von dem frechen Zug unverschämtester Eingebildetheit wie auf einem Tablett zur Schau gestellt wurde.

Nach acht Tagen Zellenhaft wurden wir plötzlich herausgeholt in das Kasino der Schutzpolizei, wo wir ein überraschendes Rendezvous hatten mit etwa zehn Offizieren, die seit dem 20. Juli in Gewahrsam der Gestapo waren. Die jüngeren von ihnen waren Sippenhäftlinge – Söhne bekannter Generale –, die wegen ihrer «schuldigen» Väter saßen, oder weil man fürchtete, daß in den Augen der Öffentlichkeit mit dem Namen auch eine bestimmte Haltung verbunden sein würde, wodurch automatisch diese jungen Namensträger zum Kristallisationspunkt regierungsfeindlicher Strömungen werden mußten. Oh, wie weit gefehlt! Ich habe bei keinem von ihnen auch nur den Ansatz einer politischen Selbständigkeit finden können. – Gewiß, ihr strategisches Urteilsvermögen lag auf der Hand, und mit großer Sachlichkeit konstatierten sie den Unsinn unserer letzten Kriegsführung; darüber hinaus aber schien es ihnen an Begriffen und Voraussetzungen zu jeder Art objektiver Urteilsbildung zu fehlen. Es ist müßig, sich bei der einzelnen Person aufzuhalten, sie waren mehr als das, sie waren vor allem vollkommene Vertreter einer ganzen Generation, der man nur wünschen muß, daß ihr nach den langen Jahren so eindringlicher, vernunftloser Verherrlichung ihres Standes und verderblicher Überschätzung ihres Wertes genügend gesunder Menschenverstand geblieben ist, um sich einleben zu können in einem schlichten bürgerlichen Beruf. Diese armen Jungens sind wirklich beklagenswerte Verführte ihrer Väter, deren weher Zorn um die sinnlos gefallenen Kameraden von 1914–18 und deren kindische Scham über den ersten verlorenen Krieg sich zu einem so unheilvollen Komplex verdichtet hatte, daß er, dank der metaphysischen Auswertung durch eine gewissenlose Propaganda, fast geeignet schien, eine ganze Weltanschauung zu ersetzen. Die Begriffsarmut dieser jungen Leute war unvorstellbar, ihre gute Absicht unbezweifelbar. Ihr Unvermögen lag offen zutage, um so beängstigender war ihre rasende Energie und Tatbereitschaft. Alle waren sicher glänzende Offiziere – schneidig, verantwortungsbewußt und kameradschaftlich, aber Gott bewahre uns vor ihnen. Auch sie waren in besonderer Weise Opfer der satanischen Auswirkung des Uniformtragens: die mit jeder Uniform gegebene Bestimmung über das, was «man» tut, drängt zur Ablösung der eigenen, von innen her entwickelten Form. Die eigene Form ist das Geheimnis der offenbar werdenden Person, und sie bildet sich in der mühevollen Auseinandersetzung der inneren Wirklichkeit mit der äußeren. Wo immer dem Menschen diese Formgebung abgenommen wird durch die Verleihung einer uniformierten Haltung, wird seiner Person die würgende Schlinge um den Hals gelegt. Damit, daß ihr die Notwendigkeit der Bewährung der eigenen Lebensäußerungen genommen ist, verdorrt die ganze damit verbundene lebendige Problematik. Mit dem Begriff von Form verbindet sich die Vorstellung von fertig, und daß er fertig sei, ist die erste Täuschung, der der Mensch unterliegt. Seine weitere Entwicklung bewirkt nur die schärfere Kontur dieser Form. «Es gibt keinen Subjektivismus des Inhaltes mehr, nicht einmal den, daß ein Mensch sich wegen seines Wesens deutlich macht vor den Menschen und vor Gott, es gibt nur noch den Subjektivismus der Form, wo alles Wesen und aller Inhalt dazu verwendet ist, den Menschen scharf zu konturieren, daß er im Durcheinander der Flucht sich selber spüre.» Dieser Sachverhalt erklärt vieles, glaube ich, von dem so häufig an Offizieren beobachteten Infantilismus, und ihm gehört ein Platz in der Deutung vom Militarismus. Der Zwiespalt zwischen der eigenen nach außen drängenden Form und der von außen hereinwirkenden uniformen Attitüde kommt nicht mehr zum Austrag. Mit der Unterordnung des Menschen unter die neutrale Vorstellung vom obersten Prinzip des Staates hat der Mensch den Grundstein gelegt zu seiner Entpersönlichung. Die Würde des Menschen ist das Analogon der Heiligkeit Gottes; wo die Person sich des Bewußtseins und des Schutzes dieser Ebenbildlichkeit begeben hat, hat ihre Argumentation an Kraft verloren. Soldatische Tugenden allein reichen nicht hin, das Leben zu bewältigen. Im Gegenteil: für den Soldaten, der entlassen ist aus der verbindlichen Sittlichkeit christlicher Prägung, und der gelernt hat, im «blinden Gehorsam» auch dem Spruch «gut ist, was dem Siege nützt» zu dienen, identifiziert sich der Sieg seiner angeblich besseren Sache mit der totalen Vernichtung des Gegners. Heute ist soldatisches Tun gleichbedeutend mit Zerstörung, und wen will das verwundern, wenn man doch im preußischen Ideal des Soldatentums den Aufbruch dieses Nihilismus erkennen muß, vor dessen katastrophaler Vollendung wir heute stehen. Alle Offiziere beteuerten ihre Unschuld, alle versicherten immer wieder ihre Integrität, und alle bedauerten, daß wir den Krieg verloren und argumentierten auf militärischer Basis. «Hätten wir die Rohstoffe gehabt . . .» – «Wären wir damals gleich nach England gegangen . . .» usw. Und keiner schien ganz begriffen zu haben, begreifen zu können, daß man unter diesem Regime sich einen natürlichen Patriotismus nicht mehr leisten konnte. Es war tragisch genug, dem eigenen Volke, sich selbst den verlorenen Krieg wünschen zu müssen, aber um der übergeordneten Werte willen, um der Wahrheit willen durften wir ihn nicht gewinnen. Die Verwirrung, die in den Köpfen, im seinsmäßigen Gefüge der Menschheit angerichtet worden wäre durch den Sieg der «deutschen» Sache, dieses mit Lüge und Gewalt aufgebauten Materialismus, kann nicht unheilvoll genug gedacht werden. Historisch gesehen bleibt es unser sehr zweischneidiges Verdienst, der Welt ad oculos demonstriert zu haben, was aus einem Volke wird – und zwar aus *jedem* Volke, denn dieses Beweises bedurfte es offenbar, nachdem die Greuel der bolschewistischen Revolution 1917–18 als asiatische Spezialität erkannt und somit ihnen allgemeingültige Bedeutung nicht zugesprochen worden war –, was aus jedem Volke wird, das um eines selbstgesteckten Zieles willen die uns von Gott gesetzte Ordnung der zehn Gebote verläßt. Die Liebe zum eigenen Volke mußte sich erschöpfen in der Treue, die man durch alle Wirrnis hindurch, trotz aller Verzerrung und Verheerung dem Wesenskern des deutschen Volkes hielt, wie er unauslöschlich und unentbehrlich den Zügen des europäischen Antlitzes eingeprägt ist.

Diese Potsdamer Begegnung mit den Offizieren war wirklich erschütternd – sie standen noch wie mit dem Rücken zur Katastrophe, deren heranbrausenden Donner sie offenbar noch nicht unterscheiden konnten vom leiser werdenden Brüllen der Kanonen aus ihren eigenen siegreichen Schlachten. Stundenlang konnten sie diskutieren über die strategischen Absichten und Aussichten der von Osten und Westen heranstürmenden Feinde – für die Frage nach der Zukunft Deutschlands, der Zukunft Europas hatten sie nur ein Achselzucken und ein resigniertes: «Tja, das muß man abwarten . . .»

Eine bemerkenswerte Ausnahme in diesem Kreise schon äußerlich war der ebenfalls inhaftierte Gauleiter Wagner, ehemals Gauleiter von Oberschlesien und Westfalen, später dann Reichskommissar für Preisbildung, bis er 1941 aus der Partei ausgestoßen wurde. Er hatte sich mit dem obersten Zwingherrn überworfen in drei grundsätzlichen Fragen: Verfolgung der Kirche, Erschießung der Polen und menschliche Zucht- und Aufnordnungsversuche. Er war gegen diese drei Dinge und in seiner Haltung nur um so eindeutiger geworden, nachdem man sich für den letztgenannten Zweck an seiner ältesten Tochter vergriffen hatte. Er selber war ein guter Ehemann und seine Frau ein treues Kind der katholischen Kirche. 1941 war er als Privatgefangener des Führers gleichsam mit Hausarrest belegt worden. Nach dem 20. Juli wurde er eingesperrt auf Grund der wahrscheinlich nicht unberechtigten Vermutung, daß er mit den reaktionären Kreisen in Verbindung gestanden habe.

Seinem äußeren Auftreten fehlte jede militärische Straffheit, die aber leider nicht ersetzt wurde durch eine selbst erzogene Haltung – sein breiter Gang hätte einem Arbeiter gehören können, der von einer zwölfstündigen Schicht nach Hause kommt. Er trug den Haarschnitt und einen Bart wie Hitler, ganz dasselbe, nur in blond. Seine fabelhafte Manierenlosigkeit war erträglich nur durch seine wirklich überzeugende Gutmütigkeit. Er war viel gescheiter als die ganzen Offiziere zusammen-genommen, war belesen, war unvoreingenommen und mit einem hellen, raschen Verstande begabt – leider nur grenzenlos unkultiviert. Sicher gehört er zu den besseren Gauleitertypen dank seiner Intelligenz, seiner enormen Arbeitskraft, seiner Organisationstalente, seiner Phantasie und seiner echten Gutherzigkeit – aber er war im Grunde ehrfurchtslos, und Ehrfurcht ist der Ausgangspunkt jeder echten Kultur, sie kann durch keine Sentimentalität, keine Gutmütigkeit ersetzt werden. Seine ganze Bewunderung galt der englischen Staatsform, die er für die in Europa einzig mögliche hielt, sein ganzer Abscheu den führenden deutschen Staatsmännern. Sein innigster Wunsch war, nochmals die gleiche Karriere anfangen zu können, um alles das mit Stumpf und Stiel wieder auszurotten, was er so mühsam gesät hatte. Er bekannte freimütig die «Arbeit» seiner letzten zwanzig Jahre als Irrtum, der sich zum Verbrechen auswuchs, und widerlegte auch den weitverbreiteten Irrtum, der «gute» Führer habe von nichts etwas gewußt und sei nur gescheitert an der Schlechtigkeit seiner Mitarbeiter. Adolf Hitler *war* der Motor der ganzen Maschine, war die diabolische Kraft selber und suchte sich die Mitarbeiter nach diesem Maßstabe aus. Borman mußte kommen, weil «Himmler zu weich war».

Den Gesprächen mit Wagner verdanke ich auch das Zitat: «Verbrechen bindet stärker als Idealismus», das Hitler in einer privaten Gauleitersit-zung 1939 prägte und das offenbarend genug ist, um keiner weiteren Interpretation zu bedürfen. Er gab auch zu, was keiner der Offiziere wahrhaben wollte: *daß* Hitler den Krieg *gewollt* hat, und daß er ab 1936 alles auf diesen Krieg angelegt habe. «Von da ab», so sagte er, «konnte man wissen, daß er das Ziel war.» Und seit 1938 etwa, so lautete sein

Urteil, sei Hitler nicht mehr normal gewesen. Früher habe man noch mit ihm reden und argumentieren können, aber das habe dann ganz aufgehört. Zum Vortrag geladen zu sein, sei absoluter Unsinn gewesen. Man habe den Mund noch nicht aufgemacht, da habe schon er seine Rede begonnen, ohne Punkt und Komma, bis sie ein Ende gefunden habe in irgendwelchen wahnsinnigen neuen Befehlen. Er sprach mit größter Offenherzigkeit über die teuflischen Machenschaften der Partei, der Propaganda, und enthüllte gerne die ganze abgekartete und vorbedachte Boshaftigkeit, mit der das deutsche Volk regiert worden war. Daß es sich um ein satanisches Spiel handelte, dämmerte ihm zum erstenmal im Jahre 1939; 1941 hat er es dann darauf ankommen lassen und wahrscheinlich zu seinem schlechteren Ende. Ich weiß von zu vielen, die während der letzten Tage erschossen wurden, nur weil sie zuviel wußten; es ist kaum anzunehmen, daß man ihn hat leben lassen.

Diese sechs Potsdamer Wochen waren unheimlich in der Fülle ihrer widersprechenden Eindrücke. Die Nächte verbrachten wir im dritten Stock des Polizeigefängnisses hinter Schloß und Riegel, die halbe Nacht angezogen an der eisernen Tür lehnend, während das Haus in allen Fugen bebte vom Luftdruck explodierender Bomben, und tagsüber saßen wir auf den weichen Sesseln des Kasinos und hörten im Einvernehmen mit den Ordonnanzen den BBC, der eine nicht halb so beruhigende Wirkung hatte wie der ewig sieghafte Deutschlandsender. Wir haben nicht herausfinden können, auf wessen Befehl diese seltsame Art der Gefangenschaft zurückzuführen war. –

Das Kasino war wie alle größeren Verpflegungsstätten eine Schieberzentrale ersten Ranges, wo jeder nur noch für seinen eigenen zukünftigen Suppentopf sorgte. Wie überall, so bestand auch hier der Befehl, die Vorräte für schlechtere Zeiten aufzubewahren und ja nicht auszugeben, da man nicht wisse, wann die nächste Engros-Zuteilung erfolgen könne – der Effekt war der übliche: die Herren Inspizienten und Inspektoren schwammen im Fett und im Alkohol, und die übrigen mußten sehen, wo sie blieben.

Sehr bezeichnend für die gesamte chaotische Lage war das Verhalten unseres Gestapobeamten, der sich um nichts anderes mehr kümmerte als um seine «schwarzen» fünf Hühner und deren Ernährung, um seine aus Prag gestohlenen Schätze: Kaffee, Stoffe, Tee, Schuhe usw. und um seine drei Wohnungen. Was wir trieben und taten tagsüber, war ihm vollkommen gleichgültig, da der Kontakt mit Berlin so gut wie nicht mehr bestand, Besuch von dort war nicht zu fürchten, da die wichtigsten Herren schon nicht mehr dort residierten, Befehle von Berlin kamen nur noch einmal wöchentlich, und man konnte so tun, als wären sie nie gekommen. Seine seelische Verfassung war mehr als symptomatisch – an ihr konnte man ablesen die ganze Wahrheit vom Fluch der bösen Tat. Er schien auf der Grenze zu stehen von zwei Wirklichkeitsbereichen: dem von gestern und dem von morgen – das ‹Heute› hatte auch für ihn keinen Bestand. Überwog die gestrige Wirklichkeit, so war er heiter und gelassen und sehr komisch in seiner von abgründiger Trägheit durchsetzten Eigenwilligkeit; überwog die Wirklichkeit des heranziehenden Morgen, dann war er unzugänglich, abwesend und wie gehetzt von vielen Hunden. Die Fülle des begangenen Unrechtes – sein Amt in Prag war gewesen: Juden und katholische Kirche! – schien nur zeitweilig wirklich Gestalt und Gewicht anzunehmen. Wie aus einem dichten Nebel schien dieses Gespenst der Schuld dann vor ihm aufzutauchen, und daß es seine eigene war, erkannte er nur an dem kalten Entsetzen, das tief in seiner Seele bejahende Antwort gab. An diesem Ja aber erst – und das ist das Entsetzliche! – entzündete sich die Fülle der Boshaftigkeit: anstatt diesem Ja nachzugeben und im Bekenntnis auch die Erlösung zu suchen, jagen alle Teufel vor den sich öffnenden Abgrund, um nur ja den Sturz zu verhindern; ein Heer von dialektischen Wendungen wird mobilisiert, den Blick zu zerstreuen, die Erkenntnis zu trüben, die eindeutige Antwort zu zerspalten und zu zersplittern, bis es dem feigen, zweideutigen Zweifel wieder gelungen ist, Wirklichkeit in Möglichkeit zu wandeln; von neuem kann die trügerische Hoffnung ihr böses Spiel beginnen, die Wahrheit für ein Gespenst der Täuschung zu halten, und wieder springen alle Hintertüren auf für eine feige Flucht.

Dieser Mann war im Grunde eine sensible Natur: Sensibilität mutet an wie die Fußspur, die die Liebe zurückließ auf ihrem Gang durch die Welt, und ihr Schicksal geht uns nahe, denn noch immer haftet ihr ein Hauch der hohen Herkunft an, auch wenn sie dem Menschen statt zum Heile zum Verhängnis geworden ist. Seine Labilität war dem Maße seiner Empfindsamkeit nicht gewachsen gewesen, und harte Narben hatten sich im Laufe seiner jahrelangen bösen Tätigkeit gebildet, wo diese zwei Eigenschaften einander verletzend zusammenstießen. – Der Ausdruck seiner Augen ließ unschwer seine jeweilige Verfassung erkennen: entweder sahen sie blau und harmlos freundlich, fast jungenhaft unbekümmert in die Welt mit einem leise verträumten Schatten, oder aber sie flackerten in erschreckender Verschlagenheit. Dann hatte ihr Blick etwas Boshaftes und Stechendes, das sich ebenso gegen ihn selber wie gegen alle anderen richtete. Dieser Blick ist typisch für alle alten SD-Männer, ich habe ihn immer wieder getroffen, und nie getroffen, ohne auch jener anderen Weise des Schauen-Könnens in den gleichen Augen zu begegnen . . .

Seine breiteste Vollendung fand der Eindruck des Chaotischen im Potsdamer Straßenbild, wo neben den friedlichen alten Straßenbahnen und den ländlichen Landauern und Kutschen die schweren Panzer durch die Straßen rollten. In langen Zügen schleppten sich die Trecks über die Plätze, und eine graue Masse von Soldaten, Flüchtlingen, Ausländern, Eingeborenen schob sich drängend durch die engen Gassen. Zerlumpte Gestalten neben eleganten Potsdamerinnen, verlauste Landser neben geschniegelten Offizieren, dreckige, barfüßige kleine Kinder neben blitzenden Kinderwagen, graue, alte müde Frauen neben aufgedonnerten Fräuleins, Pferde, Hunde, Kühe, Schafe, Katzen, das alles drückte sich in unabsehbarer Masse durch die Panzersperren auf der Brücke; Damen der besten Potsdamer Gesellschaft hasteten um die Wette mit armen Frauen nach den vom Lastauto fallenden Kohlen und nach dem guten Dünger der Pferdeäpfel, nach zufällig herumliegenden Kartoffeln, und Männer jeglicher Kategorie bückten sich unauffällig nach den kleinen Kippen: amorphe, graue Masse war der sich immer wiederholende Eindruck. Welch entsetzliche Veränderung im Ablauf eines Jahres! Nein, nun war nichts mehr zu verheimlichen – so sieht kein Volk aus, das im Begriff ist, den «Endsieg» zu erringen! Gegen diese «Optik des Alltags» war selbst die Goebbelspropaganda machtlos. Lähmendes Entsetzen war die eine Wirkung dieses Eindrucks und daneben gepeinigte Ungeduld: nur schnell, nur schnell zu Ende und Schluß mit diesem grausamen Spiel. Aber diese Masse war unfähig jeder eigenen Bewegung, nichts mehr kann sie außer dem einen: mit sich geschehen lassen.

Zu allem Überfluß, zu allem Hohn und Spott trainierte während dieser Wochen im Lustgarten der Volkssturm für seine letzte Schlacht: Schulkinder im Alter von fünfzehn, sechzehn, teils aus Potsdam, teils aus den Trecks, übten sich dort an Knüppeln, die das Gewehr ersetzen mußten, und Papphülsen, die als Panzerfäuste dienten. Sie trugen kein Koppel mehr, sondern Stricke jeglicher Art, keine Stiefel mehr, sondern irgendein Schuhzeug, sie parierten nicht, denn viele von ihnen konnten kein Deutsch, und die meisten fanden alles wie Große Pause in der Schule. Nicht weniger erschütternd war die Tragikomödie, die die älteren Volkssturmjahrgänge aufführten. Die Herren erschienen offenbar direkt vom Büro auf diesem improvisierten Kasernenhof. Eine Kompanie in Hut und Mantel macht keinen vertrauenerweckenden Eindruck, noch weniger dann, wenn sich Einarmige und Einbeinige darunter befinden, die in grausamer Verstümmeltheit versuchen, Haltung anzunehmen, wozu dann der Deutschlandsender in frevelhafter Oberflächlichkeit das Lied spielte: «Es geht alles vorüber, es geht alles vorbei . . .» – es kostet den Zuschauer nur Tränen des Entsetzens, und seine Angst vor dem Irrsinn wächst ins Ungeheure gegenüber der Angst vorm verlorenen Kriege.

Im Lustgarten war übrigens ein Dorf nach russischem Muster aufgebaut – Strohkaten, die zum Anschauungsunterricht und praktischen Versuchen dienen sollten für die Wiedereroberung der Ukraine . . .

Buchenwald (Sonderbau für Sippenhäftlinge)

Die Bilder werden immer flüchtiger, die Eindrücke immer verwirrender, die Daseinsbedingungen immer unberechenbarer. – Es gibt kein Verweilen mehr in dieser allgemeinen Auflösung, keine Kontinuierlichkeit in diesem allseitigen Auf- und Zusammenbruch, keine Ordnung mehr in diesem sich vollendenden Chaos.

Am 26. März plötzlich wurde Gisela und mir der Ausgang gesperrt als Auftakt für unsere Fahrt am Montag nach Buchenwald. Das sieht hier auf dem Papier als perfektes Passivum so einfach aus und so selbstverständlich, aber abspielen tut sich so etwas von vorne besehen immer mit allen Attributen der Unheimlichkeit. «Fräulein Sarre zum Kasino – nein, die beiden anderen Frauen bleiben hier.» Wieso, warum, weshalb plötzlich diese Ausnahme? Diese grundsätzliche Veränderung? Hatten wir uns etwas zuschulden kommen lassen? Würde man uns zwei Stunden später dann vielleicht zu einem anderen Kommando holen? Durch viele beobachtete böse Erfahrungen war die Phantasie so trainiert, gleich die schlimmsten Möglichkeiten ins Auge zu fassen, so daß es kein Wunder ist, wenn wir die nächsten zwölf Stunden in geziemender Unruhe verbrachten. Gott sei Dank brachte die getreue Puppi am Abend die erhoffte, genaue Auskunft, die braven Ordonnanzen Stoof und Laubvogel hatten alles Wissenswerte zusammengetragen: – wir sollten am nächsten Morgen früh, begleitet von zwei Wachtmeistern, nach Buchenwald gebracht werden in ein besonderes Sippenhäftlingslager.

Man kann sich als Außenstehender vielleicht schlecht ein Bild davon machen, was für einen Aufwand an Nerven und Kraft auch die geringste Veränderung kostet in solcher Situation – es war schon in Ravensbrück von einschneidender Bedeutung gewesen, auf welcher Zelle man lag, wen man als Nachbarn hatte, in welcher Kombination die Aufseher ihren Dienst taten, von wem man das Essen gereicht bekam usw., denn natürlich mußten alle diese Details eine gewisse Zuverlässigkeit haben, wenn man selber in irgendeiner Form aktiv werden wollte – und nun sollten wir, kaum daß wir uns «eingelebt» hatten in die Potsdamer Spielregeln, den mühevollen Prozeß der «Umgewöhnung» von neuem beginnen; nicht nur fiel uns begreiflicherweise die Trennung von Puppi und dieser vertrauten Berliner Umgebung sehr schwer, sondern vor allem schreckte uns der Gedanke, so weit verschleppt und wieder in den Schoß der SS verfrachtet zu werden, hinter Stacheldraht und Mauer zu kommen, unter MP-Bewachung mit Tausenden von hungernden Häftlingen, und das ausgerechnet jetzt in den letzten Stunden dieses mörderischen Schlachtens, wo sowieso schon alles drunter- und drüberging. Aber gewiß, diese Überlegungen waren damals genau so müßig, wie sie es jetzt hier sind – am nächsten Morgen um sechs Uhr zogen wir mit unserem Gepäck beladen über den Gefängnishof.

Erst hinter der ersten Ecke getrauten sich die Wachtmeister ihrer Vorschrift zuwiderzuhandeln, indem sie uns, den Häftlingen, die Koffer tragen halfen. Vor allem der Kommandoführer war anfangs außerordentlich dienstlich, aber das gab sich dann im Laufe des Tages so weit, daß er sich zu einigen politischen Gesprächen verleiten ließ. Ich konnte getrost in aller Offenheit sagen, was und wie ich dachte – die Pflicht, mich anzuzeigen, erübrigte sich für ihn, da ich ja schon «saß». Das war ihm offensichtlich eine Erleichterung im Gespräch, und von mir brauchte er keine Anzeige zu fürchten. Er war ein guter Vertreter der Schicht der wirklichen Betrogenen, die selber im vollen Vertrauen zur Führung und ohne einen Funken selbständigen Denkens die ganzen vergangenen zwölf Jahre mit allen Opfern hingenommen hatten. Er war nebenbei bemerkt kein SS-Mann, sondern ein ordentlicher Polizist, das ist ein großer Unterschied. Er war gekennzeichnet durch die typischen Tugenden seiner Schicht: er liebte seine Frau und seinen kleinen Garten um das selbstgebaute Haus – alles hatte er in Frankfurt an der Oder zurücklassen müssen –, er liebte seinen Beruf und fühlte sich ihm mit seinem besten Können verpflichtet. Natürlich glaubte er der Propaganda aufs Wort, weil er so viel Lüge für unmöglich gehalten hätte, weil er hätte aufhören müssen, ein anständiger Mann zu sein, im Augenblick wo er erkannte, daß er einer Verbrecherbande Vorschub geleistet hatte. Diesen Vorwurf hätte er verwinden können, und seinen letzten Halt hätte er verloren an das alles mitreißende «Wenn schon – denn schon», mit dem die aktiven Betrüger ihre letzten Taten meinten rechtfertigen zu können –, um der Tugend der Treue willen, ohne die ein solcher Mann nicht leben kann.

Das Grauen vor dem Ziel unserer Reise wurde rasch verdrängt durch das Entsetzen über das herzergreifende Elend, das uns auf dieser Reise begegnete. Oh, mein Gott, wie sahen die Städte aus, wie sahen die Menschen aus – Trümmer über Trümmer, wo man nur hinsah. Schwarze, verkohlte Steinhaufen anstelle ehemals blühender Städte, und graue, zerfurchte Masken mit zwei trüben Scherben anstelle ehemals belebter Gesichter und lebendig leuchtender Augen. Wie Fremdlinge in dieser Masse nahmen sich immer wieder die «jungen Dinger» aus – Mädchen im Alter von fünfzehn bis achtzehn etwa, die auch jetzt noch, gegenüber allem offenkundigen Elend, jeden Ort und jede Stunde für geeignet hielten, ihre Scherze zu machen, die ebenso frech und herausfordernd waren, wie auch die Farben ihrer Blusen und Hüte als grelle, bunte Flecken erschienen auf dem eintönig grauen Hintergrund.

Hier wurden ganz offenbar keine Reisen gemacht, deren Sinn und Ziel noch klar erkennbar war – hier war schlechthin Bewegung um der Bewegung willen, Aufbruch, Auflösung, Flucht und Chaos. Wie die Wellen eines Binnenwassers keine einförmige Richtung und Brandung haben, so wogten auch diese Massen durcheinander von Osten nach Westen, immer auf der Flucht vor dem Feinde, unter dem Druck von Maßnahmen, innerer oder äußerer Not gehorchend. Auch hier wieder war dasselbe Phänomen am Wirken, das schon einmal Gegenstand der Betrachtung war: das Wirklichkeitsbewußtsein war ersetzt worden durch das Möglichkeitsbewußtsein, und kein Halten gab es mehr, denn für diese Art Da-zu-sein konnte ja wirklich das Heil sich hinter der nächsten Bahnhofshalle verbergen. Hier war nicht nur aller reale Lebenshintergrund in Auflösung begriffen – Bodenständigkeit, Heimat, innere und äußere Zugehörigkeit, hier wurde die Wirklichkeit schlechthin zu Kleinholz verarbeitet, aufgespalten in Tage und Stunden, die als wirklich und sinnvoll galten, solange der Zug nur vorwärts rollte und also einem Ziel zustrebte. Das Ziel selber war ganz bedeutungslos, wichtig war nur die Bewegung darauf zu. Diese Menschen muteten wie Flugsand an, der doch die Bestätigung seiner selbst dem Sturme verdankt, der ihn in Bewegung setzte. Nur diese Möglichkeit schien ihnen geblieben: die äußere Bewegung zu suchen, um die sie bewirkenden Energien mit eigener, innerer Lebendigkeit verwechseln, die in der äußeren Bewegung enthaltene Raum- und Zeitveränderung für den Fortgang der inneren Entwicklung halten zu können.

Es war schon dunkler Abend, als der Zug etwa für eine Stunde auf der Strecke liegenbleiben mußte, weil die Stadt vor ihm unter feindlichem Fliegerangriff lag. Mit dem Stillstehen des Zuges schien auch der Lebensrhythmus seiner Mitreisenden zu stocken. Die Tiefe des Schweigens war abgründiger, als man sie kennt, die Pause in der Bewegung schien alles wie in einem dunklen Loch verschlingen zu wollen. Das war ein guter und geeigneter Moment, um wie tastend leise Klänge der Harmonika und ein paar stille Lieder preiszugeben – vielleicht wurden auch sie verschlungen vom Dunkel der Stunde, vielleicht konnte es ihnen gelingen, durch das Finstere hindurch auf eine Antwort zu stoßen. Und wirklich, die Stille füllte sich mit dem unhörbaren Seufzen wehmutsvollen Sich-Erinnerns, und das Ende war die stumme Klage um alles, was verloren war. – Das klingt unglaubwürdig und pathetisch? Vielleicht, aber der Leser sei gemahnt an die merkwürdige Einmaligkeit der Situation; neben uns saßen die Wachtmeister, die uns zum KZ bringen sollten, vor uns erbebte die Erde unter den Hammerschlägen der fallenden Bomben, und die Menschen um uns herum waren wie erstarrt vom Bewußtsein der Unentrinnbarkeit des Schicksals. Ihre Hoffnung auf das Kriegsende hatte sich in namenlosen Schrecken verwandelt, sie verstummten vor dem heraufziehenden Unheil, wie die Natur es tut vor dem Losbrechen des Gewittersturmes. In dieser bebenden, angstvollen Erwartung soll das menschliche Herz unempfindlich sein gegen die tröstende Lieblichkeit des Liedes «Guter Mond, du gehst so stille»? Nein, es sei denn, es ist kein menschliches Herz mehr mit all seiner unzerstörbaren Anhänglichkeit an die Ahnung vom verlorenen Paradiese. –

Beim Herausgehen dankte ein Mann für das Lied «Der Mond ist aufgegangen» – das habe seine Frau so gerne gehabt, die er vor drei Monaten durch einen Luftangriff verloren habe – – – Man kann nicht sagen, was alles an Sehnsucht und Erinnerung in solchen Augenblicken durch die Herzen geht, aber spüren kann man es, spüren bis zu blutigen Tränen der Hilflosigkeit in so viel Mitleiden . . .

Unsere späte Ankunft in Weimar war nicht eben günstig zu nennen. Die letzte Bahn hinaus nach Buchenwald war natürlich schon seit Stunden weg, und im Wartesaal konnten wir nicht bleiben, da Voralarm schon gegeben war und der Bahnhof bereits geräumt werden mußte. Im Vertrauen darauf, daß bald ein Wagen in unserer Richtung uns überholen würde, machten wir uns auf den Weg – um es nur gleich vorwegzunehmen: wir sind die ganzen zwölf Kilometer zu Fuß gelaufen – und haben es beinahe gerne getan.

Es war eine laue, sternklare Nacht, die schon nach Ostern roch, und als wir hinter Weimar auf der ersten Höhe der Chaussee um einen Waldvorsprung folgten, stand plötzlich und ganz unwahrscheinlich groß und golden der volle, runde Mond an unserem Horizont. Eine tiefe, große Stille lag über den weiten Wäldern, und hin und wieder kam ein leiser Windhauch über die Straße wie ein tiefer Atemzug der schlafenden Bäume. Auf der Höhe unseres Weges verschwand auch das letzte leise Brummen feindlicher Flieger aus dieser vollkommenen Ruhe, und nur der müde Tritt unserer eisenbeschlagenen Schuhe gemahnte noch an den Fortgang der Stunde. – Die Erde schien so weit, so offen, so voller Frieden, und doch hätten wir nicht einen Schritt in sie hinein machen dürfen: bei unserem Abmarsch am Bahnhof hatte der Wachtmeister uns nochmals auf seine Pflicht aufmerksam gemacht, «im Falle eines Fluchtversuches von seiner Schußwaffe Gebrauch machen zu müssen».

Nach zweieinhalbstündigem Marsch etwa tauchten die ersten rot beleuchteten Barrieren vor uns auf und ein gespenstisch angestrahltes Schild mit dem Totenkopf und den zwei gekreuzten Knochen: Konzentrationslager Buchenwald. Die braven Wachtmeister drückten uns wieder unsere Koffer in die Hand und rückten Koppel und Mütze zurecht, nachdem sie im Schatten der letzten Bäume mit Handschlag und allen guten Wünschen von uns Abschied genommen hatten: vor der bösen Wirklichkeit des vor uns stehenden Eisentores ging alle vertraute Nettigkeit in Scherben – die große Pause war vorüber, und alle vier krochen wir zurück in die gebotene Haltung wie unter ein Joch, das einem die Schultern krümmt. Nach einigem nun schon wohlbekannten Flüstern an der Wache wurden wir aufgefordert zu folgen: der Weg führte uns vorbei an den schalen Trümmern ausgebombter Gebäude. Ich fragte einen der SS-Männer, ob dieses die Zerstörungen seien von dem Angriff, über den ich im VB gelesen hätte, bei dem auch Thälmann umgekommen sei – «Thälmann umgekommen? Stand das auch dabei? Umgekommen ist er, aber bei dem Angriff? In der Zeitung steht viel, das müssen Sie nicht alles glauben – ja, ja, das war der Angriff . . .» Nach einigen hundert Schritt stießen wir auf eine Mauer, deren Tor sich uns auf ein Klopfzeichen hin öffnete, und dann waren wir aufgenommen im Schoße der deutschen Sippenhäftlinge.

Es dauerte einige Tage, bis wir uns zurechtfanden unter diesen vielköpfigen Familien – Stauffenbergs waren allein mit zehn Namensträgern vertreten –, und dabei fehlte noch die Frau des Attentäters, Gräfin Nina, die eine Zeitlang mit uns in Ravensbrück gewesen war, wo sie uns alle bezaubert hatte durch die anmutige Würde ihrer Haltung. Sie verließ Ravensbrück, als sie zur Entbindung nach Potsdam ins Josephstift gebracht wurde, wo sie eine Tochter, ihr fünftes Kind, zur Welt brachte, der sie den Namen Constanze gab – Goerdelers waren zu acht, Frau von Hofacker zusammen mit ihren beiden ältesten Kindern, Baronin Hammerstein mit ihren beiden jüngsten Kindern, Frau Pastor Schröder mit ihren drei unmündigen Kindern im Alter von zehn, sieben und vier Jahren. Weiter war dort der alte Fritz Thyssen mit seiner Frau, überdies konnten wir ein Wiedersehen feiern mit Frau Halder und zwei Häftlingen, die wir aus Potsdam kannten. Außerdem befand sich dort die Tochter des Botschafters von Hassell, Fey Pirzio-Biroli, Frau Kayser mit ihrer Tochter und ihrem Bruder Herrn Mohr und seine Frau, die Frau des Generals Lindemann aus Hamburg, Fräulein Gisevius und ihr Vetter Major Schatz und ein Ehepaar Kuhn aus Berlin. Überdies wohnten mit unter diesem gastlichen Dach acht Ungarn, bzw. die letzte ordentliche ungarische Regierung, die von der Gestapo gekidnapt worden war, nachdem der Admiral Horthy Waffenstillstandsverhandlungen mit Rußland aufgenommen hatte. Der Admiral und sein Sohn selber waren nicht darunter.

Eine nähere Beschreibung der einzelnen würde zu weit führen, aber sachlich wichtig ist, festzustellen, daß es wohl für immer ganz unerfindlich bleiben wird, nach welchen Gesichtspunkten eigentlich diese Menschen ausgesucht waren. Gewiß, bei den beiden großen Familien Stauffenberg und Goerdeler liegt der Grund auf der Hand: nach der wilden, rachedurstigen Rede von Ley mußten alle diese Namensträger von der Bildfläche verschwinden, und es bleibt immer ein Wunder, daß nicht einem einzigen Sippenhäftling ein Haar gekrümmt worden ist. Entgegen allen Androhungen ist keiner von ihnen umgebracht worden.

Das Verwirrende aber war, daß zum Beispiel keineswegs *alle* Goerdelers hier versammelt waren – wohl Frau und Kinder des Bürgermeisters, auch sein Bruder, aber nur eine und keineswegs alle Nichten und Neffen; da man als Sippe von Herrn Gisevius nur seine Schwester vorgefunden hatte, hatte man dazu noch einen Vetter von ihnen eingesperrt, ausgerechnet einen überzeugten Nationalsozialisten und begeisterten aktiven Frontoffizier; Frau Kayser und ihre Tochter waren eingesperrt worden, weil der Verdacht bestand, daß ihr Mann als ehemaliger christlicher Gewerkschaftsführer am 20. Juli beteiligt war. Frau Kayser und Tochter saßen anfangs im Koblenzer Gefängnis, bis eines Tages eine Bombe dessen Wände zertrümmerte und sie sich auf der Straße wiederfanden. Nachdem sie vergeblich versucht hatten, sich dem zuständigen Kommissar zur Überweisung in ein anderes Gefängnis zu stellen, gingen sie schließlich ins Haus von Frau Kaysers Bruder, zu Herrn und Frau Mohr, nicht ohne diesen neuen Aufenthalt ordnungsgemäß der zuständigen Gestapostelle zu melden. Einige Wochen hindurch geschah gar nichts, bis plötzlich ein paar Beamte ins Haus eindrangen, die nur mit Mühe daran gehindert werden konnten, zusammen mit Frau Kayser und deren Tochter, Mohr und seiner Frau auch deren unmündigen Sohn und den alten Schwiegervater mitzunehmen. Der Befehl lautete offenbar, alle im Zimmer Anwesenden kurzerhand zu verhaften. Herr Mohr war Montagemeister in einem Rüstungswerk auf kriegswichtigem Schlüsselposten und nachweislich ohne besonderen Kontakt mit seinem verdächtigen Schwager; Herr und Frau Kuhn waren hierhergebracht worden, weil, wie es hieß, ihr Sohn, von dem sie seit langem nichts mehr wußten, nach dem 20. Juli zur russischen Front hinübergegangen sei; von der Familie Hassells hatte man die italienisch verheiratete Tochter eingesperrt, die ihren Vater zuletzt in Rom gesehen hatte, nicht aber den Sohn verhaftet, der bis zum letzten Tage mit ihm zusammen in Berlin gelebt hatte; Frau Schroeder war interniert worden, weil ihr Mann alle vierzehn Tage am Moskauer Sender den protestantischen Gottesdienst hielt für die Truppen der Seydlitzgruppe. Sie hatte übrigens als einzige dieser Frauen das Glück und die Last, ihre unmündigen Kinder bei sich zu haben, allen anderen Müttern hatte man die kleineren Kinder weggenommen und unter anderem Namen in einem NSV-Kinderheim in Bad Sachsa im Harz untergebracht. Erst im Juni dieses Jahres haben diese unglücklichen Frauen nach Monaten quälendster Ungewißheit die tröstliche Freude gehabt, zu erfahren, daß ihren Kindern nichts Schlimmes zugestoßen war. – Immer wieder war das hervorstechendste Merkmal all dieser Verhaftungen die vage Begründung, die nicht nachgewiesenen Zusammenhänge, die kopflose Willkür, die vernunftlose Gewaltanwendung. Nie wird man begreifen können, daß so viel Inkonsequenz möglich ist, daß eine Staatsgewalt so schlecht ihre eigene

Sache verwalten kann. Nur umlernen kann man an Hand dieser Beispiele über das Wesen des Staates, der in dieser Weise seine Macht gebraucht.

Die insgesamt etwa fünfzig Häftlinge waren untergebracht im sogenannten Sonderbau von Buchenwald – eine langgezogene Baracke, die von einer hohen Mauer umgeben war. Der freie Platz zwischen Hauswand und Mauer diente als Spaziergang – ein greulicher Spaziergang, seitdem nach der Zerstörung des ehemaligen Sonderbaus durch den schon erwähnten Angriff die Trümmer des vorherigen Steinbaues uns als Wegpflaster dienten, das selbst die dauerhaftesten Schuhe ruinieren mußte. Zu unserer Bewachung und Betreuung waren einige SS-Männer, zwei Unterscharführer und zwei Aufseherinnen bestellt, on denen nur die beiden letzteren einer besonderen Bemerkung würdig sind: Fräulein Knocke hatte im Geiste ihre Uniform schon ausgezogen und bewarb sich nach Kräften um die Sympathie der ihr anvertrauten Gefangenen. Sie bemühte sich um einen intellektuellen Anstrich und benutzte viele und häufig falsche Fremdwörter. In den acht Tagen unseres Dortseins machte sie eine ganz sichtbare Wandlung durch: die anfangs zur Schau getragene, etwas gönnerhafte Überlegenheit wich immer mehr einer wachsenden Nervosität, die in den letzten vierundzwanzig Stunden in fliegende Angst ausartete, die in einer überstürzten Flucht aus dem Lager sich ein Ventil zu schaffen suchte. Mit Fug und Recht kann man sie als ein Opfer ihres Berufes bezeichnen – keine andere Tätigkeit hätte es fertiggebracht, die ihr eigene Sensibilität so vollkommen in flatternde Hysterie zu verwandeln. Bei ihrer Kollegin, Fräulein Raffoth, lag ebenfalls eine gewisse Anormalität vor, wenn auch in gerade entgegengesetzter Richtung. Diese war fraglos das Robusteste und Ordinärste, was ich je in Röcken habe herumlaufen sehen. Sie war gutmütig und grundsätzlich harmlos, aber wie wollte man das noch als normal bezeichnen, wenn sie in völliger Nichtachtung dieser über und über mit allen Spannungen geladenen Atmosphäre aufjuchzend ihre anderthalb Zentner auf einen ächzenden Stuhl warf und laut gröhlend wieder und wieder die Schlagerzeile wiederholte: «In der Nacht ist der Mensch nicht gern alleine», und dabei platzte die satte Zufriedenheit ihr aus den dicken Backen. So viel Unempfindlichkeit ist ebenso unnormal wie die stets bebende, zitternde, klappernde Angst und Nervosität von Fräulein Knocke. Beides recht sagenhafte Gestalten und in diesen merkwürdigen Verzerrungen auffindbar wohl nur in der Seelenpresse dieses Aufseherinnenberufes.

Begreiflicherweise beschäftigten sich alle Gespräche in diesen Tagen mit der in Kürze zu erwartenden Befreiung aus dem Lager durch die heranrückenden Amerikaner. Erfurt war bereits genannt worden im Wehrmachtsbericht, und am Rande des Horizonts wollte ein leises, dumpfes Grollen nicht mehr zum Schweigen kommen. Plötzlich, am

Mittag des 3. April, kam entgegen allen Hoffnungen, doch entsprechend unseren eigentlichen Befürchtungen der Befehl: «Packen! In einer Stunde Abmarsch! Jeder darf nur ein kleines Gepäckstück nehmen, der Rest bleibt hier!» Lautes Wutgeheul der Sippe Stauffenberg war die Antwort und eigensinniges Kopfschütteln vom alten Thyssen, Verzweiflungsseufzer von Frau Schroeder, und bei allen zusammen entschlossener Widerstand. Fräulein Gisevius bewegte sich für mehrere Stunden vor Aufregung mehr fliegend als gehend durch die Räume, und die ganze Baracke mutete an wie ein aufgescheuchter Hühnerstall. Mit am vernünftigsten benahmen Gisela und ich uns: bedächtig packten wir das Unentbehrlichste in je eine kleine Handtasche, das weniger Wichtige in einen großen Koffer und das Entbehrliche in einen Pappkarton. Diesen, so beschlossen wir, wollten wir an der ersten Straßenecke und den Koffer an der zweiten fallen lassen. Von den beiden Handkoffern hingegen und meiner Ziehharmonika wollten wir uns nie trennen, und wenn wir darüber zusammenbrechen sollten. Währenddessen war die Aufregung rund um uns herum ganz ungeheuerlich: draußen permanenter Alarm mit heran- und hinfortbrausenden Fliegern, Jägern und Geschwadern und in der Ferne das dumpfe Rollen von der näherrückenden Front. Unsere SS-Wache hatte sich verdoppelt, und zu allem Überfluß stürzte auch noch die Aufseherin Knocke herein, leichenblaß und mit fliegenden Nerven, sie konnte nur noch in abgerissenen Sätzen sprechen und klapperte mehr denn je mit ihren kleinen Augen: «Es ist alles aus, unter den Häftlingen ist bereits die Revolte ausgebrochen, die SS hat die Sprengladung des Lagers angesteckt. Es wird gleich alles in die Luft fliegen.» Zwar sagte einem die besonnene Vernunft, daß all dieses hysterischer Unsinn sei, dennoch konnten die eigenen, aufs äußerste gespannten Nerven sich der aufreizenden Wirkung dieser Bemerkung kaum entziehen.

Trotz des Protestschreies, eine Stunde sei viel zu wenig Zeit zum Packen, stand doch etwa ab zwei Uhr das gesamte Gepäck fertig im Flur. Unwahrscheinliches Gepäck! Angefangen bei den schweren, reichen Lederkoffern der Familie Thyssen, etwa zwölf an der Zahl, über den Stauffenbergschen Haufen riesiger Kabinenkoffer, zahllosen Handgepäcks, formloser Rucksäcke und Bündel, bis zu den Kisten, Kästen und Schachteln aller übrigen. Das Gepäck allein hätte zu seiner Beförderung eines ausgewachsenen Lastwagens bedurft. Am bescheidensten waren die Ungarn, von denen der einzelne kaum mehr als ein Täschchen bei sich hatte – die Zahl des mitgeführten Gepäcks ließ von jedem ungefähr erkennen, in welcher Weise und unter welchen Umständen seine Verhaftung sich vollzogen hatte: Thyssens etwa in Form eines Ehrengeleites, die Ungarn hingegen schlicht am Kragen gepackt.

Es dauerte statt der einen befohlenen noch zehn weitere Stunden bis zu unserer Abfahrt. Diese Diskrepanz zwischen dem Befehl und seiner Durchführung war mehr als ein einmaliger Zufall. In diesem Augenblick mag man es werten als Symptom der beginnenden Auflösung, die auch sicher entscheidend zu dieser unpünktlichen Abfahrt beigetragen hat. Tatsächlich aber und grundsätzlicher kam hier jener der SS vielfach eigene Dilettantismus zum Ausdruck, der die Kunst des Befehlens nicht beherrscht. Der gute Befehl berücksichtigt in seiner Forderung die Durchführungsmöglichkeiten, der schlechte hingegen überschätzt jene immer bzw., und das ist eben so dilettantisch, traut dem Befehl selbst so etwas wie eine ihm innewohnende Zauberkraft zu, eine Fehlanschauung, die durch die Propaganda sehr gefördert wurde. Befehlsgewalt ist noch keine Allmacht.

Den Nachmittag und den Abend verbrachte jeder auf eine ihm typische Weise. Gisela und ich zum Beispiel legten uns sehr bald zum Schlafen. Die meisten anderen hingegen beschäftigten sich noch für Stunden mit dem Gepäck. Zuerst einmal trugen sie es alles hinaus und bauten es auf längs der Mauer des Eingangstores. Dann fing es an zu regnen, da trugen sie alles wieder herein. Dann meinten sie, daß es ja wohl doch noch etwas länger dauern würde bis zur Abfahrt und fingen an, es wieder auszupacken, umzupacken und wieder einzupacken. Dann wurde uns Marschverpflegung gebracht – und angesichts von Eßbarem bekommt ja jeder Mensch Hunger, also fingen sie an zu speisen, wozu sie Eßgeschirr, Eßbesteck und Handtuch wieder auspackten. Sehr amüsant übrigens war zu beobachten, wie so mancher durch die verlassenen Räume strich, um mehr oder weniger gründlich die ungeordneten Hinterlassenschaften der ehemaligen Bewohner zu durchsuchen. – Ich selbst war auch unter diesen Schleichhändlern und fand einen Kochtopf, der mir später unentbehrliche Dienste geleistet hat.

Um acht Uhr versammelte sich, wie üblich, alles um das Radio der Aufseherin zum Wehrmachtsbericht – Fräulein Knocke weilte zu dieser Stunde bei ihrem Freund, um von ihm die Nachrichten des BBC zu holen –, und als wir dann gegen neun Uhr die beiden Nachrichten verglichen, hofften wir nur um so intensiver, daß unsere Abreise sich noch weitere vierundzwanzig Stunden hinauszögern möge, in der gewissen Annahme, bis dahin in die Hand der Amerikaner gefallen zu sein. Was blieb übrig, als auf den Sieg der Feinde zu hoffen, nachdem doch erwiesen war, daß in Deutschland keine Hand sich mehr erheben würde und erheben konnte zur Befreiung der dahinsiechenden Millionen in Buchenwald, Belsen, Mauthausen, Dachau, Papenburg, Ravensbrück, Neuengamme, Sachsenhausen und wie diese Todesstätten alle hießen? Wahrhaftig eine Situation nicht ohne Bitterkeit und tiefe Betrübnis.

Abends stand ich bei Fräulein Knocke im Zimmer, als sie in aller Hast ihre Sachen packte, sich die Hoheitszeichen von der Uniform trennte, ihre gesamten SS-Ausweise verbrannte – ihr Freund hatte ihr einen Wehrmachts-Marschbefehl ins Rheinland besorgt, wohin sie sich morgen früh auf den Weg machen wollte. Obwohl sie nicht so klug war, wie sie es sich einbildete, hatte sie doch dank ihrer größeren Sensibilität mehr von der Gefahr begriffen, in der sie sich gegenwärtig befand, bzw. in dem Augenblick befinden würde, wo sie, die SS-Angehörige und KZ-Aufseherin, in die Hände der Alliierten fiel, als ihre ungleich robustere Kollegin, die mit unglaublicher Wurstigkeit in ihrer dollen Art mecklenburgische Flüche vor sich hinmurmelte. Bei Fräulein Knocke blieb immer der Verdacht bestehen, als genösse sie im geheimen diese ganze, von so vielfachen Erregungen durchsetzte Situation, und nie schien sie für sich selbst jene begeisterte Teilnahme zu verlieren, wie sie der Hauptdarstellerin in einem tragischen Film gebührt, deren Rolle sie doch selber so vollendet spielte. Fräulein Raffoth hingegen wurde ganz eindeutig schlechter Laune und bezeichnete gerne alles zusammen als «Quatsch». Sie haßte offenbar jede Veränderung einfach als Angriff auf ihre abnorme Trägheit. Wir sind ihr in Dachau noch einmal begegnet: wie immer war sie krachmunter, krachordinär, und wohl noch dicker als in Buchenwald. Sie erzählte, daß Fräulein Knocke tatsächlich bei Nacht und Nebel der westlichen Front entgegengegangen sei. Sie hingegen habe zusammen mit dem anderen SS-Personal des Sonderbaues ganz herrliche Tage gehabt, ohne Arbeit, mit nichts anderem ausgefüllt als mit Essen und Schlafen. Ihre Schilderung von dem, was sie während dieser Tage verpraßt hatten an Essen, Schokolade, Alkohol, Zigaretten, war tatsächlich ganz unwahrscheinlich. Demnach muß die SS-Kantine über ganz erstaunliche Vorräte verfügt haben, die man keineswegs bei noch so gutem Appetit in fünf Tagen bewältigen konnte. So viel sie tragen konnten, hatten sie dann in dem Auto verstaut, mit dem sie nach Dachau geflohen waren. Die beiden russischen Aufwartemädchen aus dem Sonderbau hatte sie bis Weimar mitgenommen, wo sie jeder von ihnen ein Brot, eine Wurst, zwanzig Reichsmark und einen Entlassungsschein in die Hand gedrückt hatte, was sie sehr anständig fand und ausreichend. Die würden sich schon durchschlagen! war die ihrem eigenen dickfelligen Temperament entsprechende Überzeugung. Von dem Verbleib von Fräulein Knocke habe ich nie wieder etwas erfahren. Unser SS-Hauptscharführer Gossberg ist auch nicht auf dem Feld der Ehre geblieben, wie so mancher andere, der schon oft mit seinem bevorstehenden Heldentod imaginäre Lorbeeren geerntet hatte, aber wahrscheinlich wird er bei noch so guter Tarnung seinem Schicksal nicht entgangen sein – wer einmal veranwortlicher Mann in Auschwitz oder Lublin gewesen ist, wird der ihm zugedachten Rache kaum entrinnen können.

Nachts gegen halb zwölf schreckte uns der schrille Klang einer Trillerpfeife aus unserem halbschlafenden Zustand erschöpften Wartens. Der Vorraum hatte sich mit bewaffneten SS-Männern gefüllt, aus denen sich bald die Figur unseres neuen Transportführers herausschälte, ein echter Proto- und Plakats-Typ seiner Gattung: schlank stand er auf geraden, langen Beinen, mit schmalen Hüften und breiten Schultern. Sein Gesicht war dunkelbraun gebrannt mit einem mächtigen Kinn, zwei scharfe Falten um den geraden Mund, die lederne Haut seiner hohlen Wangen spannte sich über die etwas zu breiten Backenknochen, und unter dem blanken Schild seiner hohen, schief und verwegen aufgesetzen Mütze sah man seine schwarzen Augenbrauen wie zwei dicke Balken über den kleinen, schnellen, dunklen Augen. An seinem ganzen Auftreten bestätigte sich von neuem die oft gemachte Beobachtung, daß diese jungen SS-Offiziere, durchdrungen vom Gefühl, die neue Oberschicht darzustellen, lebhaft bemüht waren, alle Kennzeichen der alten sich zu eigen zu machen, darunter vor allem die Haltung ebenso sicherer wie selbstverständlicher Eleganz, wie sie einem natürlichen Selbstbewußtsein eigen ist. Wie in den meisten Fällen, so blieb auch sein Versuch in reichlich knotigen Anfängen stecken, denn auch er wußte wohl ebensowenig wie alle seine Kameraden, daß es zu jener echten Eleganz vor allem der Klugheit und noch mehr der Bescheidenheit bedarf und nicht nur eines gutsitzenden Anzuges. Der Ausdruck seines Gesichtes war nicht angenehm: die Sturheit, die in ihm lag, das spürte man, konnte tödlich werden.

Wie schon so oft in den vergangenen Wochen und Monaten erschreckte auch in diesem Augenblick unseres Abmarsches die Feststellung, wieviel Angst Menschen sich gegenseitig verursachen können allein durch das Maß von Nichtachtung, das sie sich entgegenbringen. Immer haftete diesen Begegnungen mit der diensttuenden SS etwas zutiefst und erschreckend Widernatürliches an, oder ist es das Natürliche, wenn ein Mensch so tut, als sei der andere kein Mensch? Mit dem Ausdruck «kein Mensch» ist das hier vorliegende Maß von Nichtachtung noch gar nicht scharf genug umrissen: er ist nicht nur kein Mensch mehr, sondern er ist das schlechthin nicht mehr Ansprechbare, also das, zu dem es nun endgültig keinen Zugang mehr gibt. Ich kann auch mit einem Hund reden, mit einem Tier, und indem ich es anspreche, mache ich es zu meinem Gegenüber, ziehe ich es als etwas mich Angehendes in den Bannkreis meiner Person, und in diesem Tun bekenne ich eine letzte Zusammengehörigkeit. In der Begegnung zwischen einem Häftling und der SS war von all diesem nichts mehr wirklich, und fast möchte man von einer «Zerachtung» sprechen, um das Vernichtende dieser Haltung hörbar zu machen.

Für unseren nächtlichen Abmarsch war ein an der allgemeinen Lage gemessen erstaunliches Aufgebot an Mannschaften versammelt: von der

Eingangstür bis zu den Omnibussen hinter der Mauer auf der Straße stand alle zwei Meter je ein Posten zu beiden Seiten des Weges mit der schußbereiten Maschinenpistole in den Händen. Wir wurden einzeln mit Namen aufgerufen, mußten uns dem Transportführer vorzeigen, und dann leuchtete das huschende Licht einer abgeblendeten Taschenlampe uns über die holprigen Steine zum Auto. Alles ging leise vor sich und mit gedämpfter Stimme, so daß das Brummen feindlicher Flieger und das dumpfe Rollen von der nahen Front nur um so deutlicher wurde und eine Bemerkung wie etwa: «Haben Sie auch genügend Handgranaten bei sich?» nicht überhört werden konnte. Der Platz in den Wagen reichte kaum aus für all das Gepäck, die vielen Gefangenen und die zahlreichen Bewachungsmänner. Die Engigkeit im Wagen wurde noch spürbarer durch die von außen mit Farbe verschmierten Fenster, durch die man nun nicht mehr hindurchsehen konnte.

Gott sei Dank, daß es die Bestechlichkeit gibt! Sie wird in solcher Lage fast zur Tugend, und wo wären wir soundso oftmals geblieben, wäre sie uns nicht zu Hilfe gekommen. Nach ein paar Stunden und nach ein paar Zigaretten wußten wir, daß Regensburg das Ziel unserer Reise war, wo eine SS-Waffenschule uns aufnehmen sollte. Wie gut auch, daß es Gerüchte gibt! Da wir nicht ausgucken konnten, mußten wir mit solchen Mitteilungen uns die Zeit vertreiben und hatten dazu noch die angenehme Überraschung, daß sie sich zum Schluß als sogenannte Ente entpuppten. Zwar landeten wir tatsächlich nach zwölfstündiger Fahrt in Regensburg, aber von einer gastfreien Waffenschule konnte, Gott sei Dank, keine Rede sein. Das gastfreie Gerichtsgefängnis war viel vertrauter, wenngleich auch die meisten Buchenwalder Sippenhäftlinge nun zum erstenmal eine Zellentür von innen besehen mußten, was ein lautes Protestgeheul hervorrief. Frau Schroeder, in der begreiflichen Sorge um die ungute Beeindruckung ihrer kleinen Kinder, berief sich wieder und wieder auf die ihr bei der Verhaftung gemachten Zusicherungen, in einem Hause interniert und nicht in einem Gefängnis eingesperrt werden zu sollen – völlig vergeblich natürlich. Gisela und ich verbrachten die Nacht in einer Zelle mit dem Ehepaar Thyssen – sie lag auf der Pritsche, und er mußte sich mit uns in die zwei Strohsäcke am Boden teilen.

Das Gefängnispersonal erwies sich als freundlich und willfährig, sowie unsere SS-Wache den Flur verlassen hatte. So konnten wir endlich auch die Insassen jener geheimnisvollen grünen Minna begrüßen, die zur selben Stunde mit uns aus Buchenwald abgefahren und seitdem wie ein geheimnisvolles kleines Anhängsel unserer Spur gefolgt war.

Unter ihren Fahrgästen befand sich der Pastor Bonhoeffer, der wenige Tage später erschossen wurde. Er hatte bei einer Vernehmung ein

Schriftstück auf dem Arbeitstisch des Kommissars liegen sehen, dessen erste Worte lauteten: «Nach dem Ableben des Generals Lindemann...» Mit dieser Mitteilung verschaffte er endlich der Frau des Generals Gewißheit über das schon seit langem unruhevoll erahnte Schicksal ihres Mannes, der den Verwundungen, die er bei seiner Verhaftung erlitten hatte, erlegen war. Ich weiß, daß Pastor Bonhoeffer einen würdigeren Nachruf verdient als diese kurze Bemerkung, und ich hoffe, daß ein Berufener ihn schreiben wird.

Dann war da der Gesandte Dr. Erich Heberlein, der zusammen mit seiner Frau in Madrid ganz einfach mitten in der Nacht abgeholt worden war, wobei ihnen noch nicht einmal die Zeit zum Packen eines Koffers belassen wurde.

Ein großes Wiedersehen feierten viele mit Oberst von Petersdorff, dessen originale Weise, vergnügt zu sein, mitunter sehr ansteckend sein konnte.

Als besonders prominent muß Mr. Best erwähnt werden, jener 1940 in Holland «gestohlene» Secret Service Mann, wirklich ein Modell der international bekannten Karikatur des Engländers: sehr lang, sehr hager und etwas gekrümmt vor Magerkeit, mit ausgehöhlten Lederwangen, einem Gebiß, einem Monokel, in einer Flanellhose, einer karierten Jacke und mit einer Zigarette. Dazu immer freundlich lächelnd mit den großen falschen Pferdezähnen und von jener zuverlässigen Diskretion, die tiefstes Vertrauen einflößt. Als zweiter Engländer befand sich der Offizier Falkoner in der Zelle, dazu ein junger Belgier, der sehr innig liiert zu sein schien mit einer in jeder Beziehung undefinierbaren und gleich unsympathischen jungen Dame, von der keiner wußte, wie sie eigentlich hieß, welcher Nationalität sie eigentlich angehörte, welche Sprache sie eigentlich richtig konnte – kurzum, sie galt als Spionin, wobei es fraglich blieb, ob sie nur für die Gestapo gearbeitet hatte oder gescheit genug gewesen war, wenigstens nach beiden Seiten gleichzeitig dieses edle Gewerbe zu betreiben. Der junge belgische Galan war nicht angenehmer als seine peinliche Freundin. Zu diesem «set» aus der grünen Minna gehörte außerdem der Bruder des Generals Hoepner, ein arg zerschundenes kleines Nervenbündel, und der ehemalige SS-Arzt aus Dachau, Dr. Rascher, dessen aufdringliche Vergnügtheit der Galgenhumor seiner letzten Tage war. Man hat ihn am Tage der Auflösung später in Dachau umgebracht: als er zum Essensempfang an die Klappe seiner Zellentür getreten war, empfing er statt der erwarteten Blechschüssel die tödliche Bleikugel. Außerdem gehörte Herr von Schlabrendorff zur Belegschaft der grünen Minna, der auf Grund seiner besonderen Beteiligung am 20. Juli später als erster seine volle Freiheit wiedererlangen sollte. Und noch ein Ehepaar hatte mit uns die Reise von Buchenwald hierher gemacht, allerdings in einem PKW – das war der ehemalige französische

Ministerpräsident Léon Blum und seine Frau, mit denen trotz aller gegenteiligen Maßnahmen der geheime Kontakt immer enger wurde im Laufe der folgenden Tage.

Unsere ängstliche Sorge, die SS möchte sich bereits davongemacht haben und uns hier im Gefängnis unserem Schicksal überlassen, erwies sich als überflüssig – am Abend wurde alles wieder in die Autos verfrachtet, andere Autos bzw. nunmehr Holzgaswagen, die für die kurze Strecke von 40 Kilometern dank der fabelhaften Geschwindigkeit eines so hinterwäldlerisch betriebenen Fahrzeuges volle vierzehn Stunden brauchten. Unser Reiseziel hieß Schönberg und lag im Bayrischen Wald.

Schönberg

Diese nächtliche Fahrt dorthin war mehr als nerventötend. Nicht nur wirkte sich das ewig sich wiederholende Aussetzen des Motors lähmend und aufreizend zugleich auf unsere Stimmung aus, sondern vor allem peinigte das Ungewisse, Dunkle, Geheimnisvolle dieser nächtlichen Unternehmung. Die vielen SS-Männer beunruhigten uns – zu allem Überfluß hatten sie in Regensburg noch drei schauervolle weibliche Kolleginnen aufgerafft, die uns bekochen sollten –, es ängstigte uns, daß das Reiseziel so nahe der tschechischen Grenze gelegen war und so weit ab von der westlichen Front, und mit dem tieferen Eindringen in die zerklüftete Unwirtlichkeit des Bayerischen Waldes steigerte sich das Gefühl der Ausgeliefertheit.

Entgegen allen Zusicherungen erwartete uns auch in Schönberg kein vorbereitetes Quartier, sondern es ergab sich die von uns lebhaft begrüßte Notwendigkeit, eine längere Zeit wartend in einem Gasthof zu verbringen. Als wie gut erwies es sich später, daß wir die Gelegenheit so fleißig benützt hatten, der Wirtin des Gasthofes den Grund unseres Hierseins mitzuteilen, denn im Dorf war von unserem Transportführer die unangenehme Sage verbreitet worden, wir wären evakuierte SS-Familien. Die anfängliche Empörung der Bevölkerung gegen unsere Invasion ist nur um so begreiflicher, wenn man erfährt, daß an die beiden Lazarette des Dorfes der Befehl ergangen war, den Platz für uns zu räumen; den ganzen Tag über verließen kranke und verwundete Soldaten zu Fuß, auf Karren und Wagen den Ort, um im nächsten Dorf ein Unterkommen zu suchen. Am Abend häufte sich die durch unseren Einzug bedingte Arbeit so, daß die jüngeren Männer unserer Gruppe aufgefordert werden mußten, mit Hand anzulegen. Bei dieser Tätigkeit ergab sich die zweite Möglichkeit, mit der Bevölkerung in Kontakt zu kommen. Der Bürgermeister persönlich war zugegen und einige Rote-Kreuz-Schwestern, und ihre Sympathien waren ganz auf unserer Seite. Der Bürgermeister versprach, sein Möglichstes zu tun für eine gute Verpflegung und sprach schon von dem Fest, das er uns geben wolle, wenn die SS erst mal verschwunden wäre. Der treue Mann hat mit unermüdlicher Sorge aus den wenigen Beständen seines Dorfes alles herangebracht, was er nur greifen konnte, aber wir hatten uns nicht getäuscht in dem ersten Eindruck von unseren neuen Köchinnen, die auch aus Speck und Eiern für uns nichts anderes zu machen verstanden als dünne, angebrannte Wassersuppe.

Es war nicht einfach, dem Bürgermeister zu verstehen zu geben, daß er sofort alle Sonderlieferungen einzustellen habe, weil sie doch ausschließlich der SS und keineswegs uns zugutekämen, denn nachdem wir erst einmal untergebracht waren, wurden wir auch auf das strengste getrennt gehalten von jeglichem Kontakt mit der Bevölkerung. Wir lebten diese vierzehn Tage in zwei getrennten Gebäuden verteilt auf fünf Schulklassen, in deren einer die ganze «grüne Minna» untergebracht war und deren Tür Tag und Nacht fest verschlossen blieb. Die Ungarn lebten ebenfalls zusammen in einem Zimmer, und wir fünfzig Deutschen verteilten uns auf die restlichen drei Zimmer. Dem Ehepaar Blum war im Stockwerk über uns, in der Wohnung des dort wohnenden Lehrers, eine Stube geräumt worden. Zum Spaziergang wurden wir nur unregelmäßig abgeholt, mal eine Stunde, mal zwei und oftmals gar nicht. In der übertriebenen Angst, dem Geheimhaltungsbefehl voll zu entsprechen, war in aller Eile auf dem Flur vor unserem Zimmereingang eine Tür angelegt, die uns von der Treppe trennte. Diese Tür war wirklich albern, wenn man bedenkt, daß man unser Zimmer ohne Schwierigkeiten durch das Fenster mit Hilfe einer Regenrinne und eines anderen Daches ganz unbemerkt verlassen konnte und daß auch in dem Haus durch einen Lichtschacht die bequemste Begegnungs- und Bewegungsmöglichkeit zwischen unten und oben gegeben war. Nachdem der Bürgermeister begriffen hatte, daß die Dinge, die er uns auf offiziellem Wege zugutekommen ließ, nicht unsere Suppenteller erreichten, stellte er die Lieferung ein, und die von der Bevölkerung so freimütig gespendeten Gaben stauten sich bei unserem Freund, dem Bäckermeister. An einem Abend haben wir von ihm zwanzig Brote, einen Marmeladeneimer, zwei Pfund Butter, zwei Würste, zwei Päckchen Tabak, zwei Schachteln Zigaretten, eine riesige Tüte mit Keksen und eine riesige Tüte mit Bonbons durch den Lichtschacht heraufgezogen.

Aber an der allgemeinen Freude über diese Zutaten entfachte sich auch die gierige Angst, der Wurstzipfel des anderen könne größer ausfallen als der eigene, und immer wieder fand die Sorge ein Wort des Ausdrucks, derjenige, der den Dienst des Heraufziehens besorgt hätte, möchte sich eine zu hohe Bezahlung für seine Arbeit beiseite gelegt haben. Vor den anderen – die anderen sind in diesem Zusammenhang die Bewohner vom anderen Schulgebäude – wurden diese nächtlichen Beutezüge ängstlich verschwiegen, als Vorsichtsmaßnahme, wie es hieß, die aber im Grunde weniger die Denunziation fürchtete, als die Pflicht, teilen zu müssen. Je häufiger und reichhaltiger die Sendungen wurden, um so größer wurde der Argwohn, daß auch jeder seinen ihm zustehenden Teil davon bekäme. Man mag zur begütigenden Erklärung sagen, daß eine Hungerpsychose sich eben nicht weniger verheerend auswirke als wirklicher Hunger, aber ich glaube, die Wurzeln dieser fast an uns allen beobachteten Haltung liegen tiefer – alle, so meine ich, waren wir mehr oder weniger anfällig geworden für die gefährlichste und weit verbreitetste Zeitkrankheit, durch ein aufgezwungenes Wir-Bewußtsein langsam abgelöst zu werden von unseren Ich-Du-bewußten Prinzipien.

«Mit der Preisgabe der geistigen Welt und der ethischen Normen im Bekenntnis zu einem vorbehaltlosen Realismus wird der Mensch zum Proletarier.» Unser «vorbehaltloser Realismus» war nur schlecht getarnt von der moralischen Rechtfertigung erlaubter Selbsthilfe, die «uns, den Häftlingen» zustand wie ein gutes Recht. Wahrhaftig, schon unter diesen Lebensbedingungen wurde es nötig, sich gegen die demoralisierende Wirkung bewußt zur Wehr zu setzen, die von jeder Gemeinschaft ausgeht, die sich nicht um eine verantwortungsvolle Pflicht gebildet, sondern um ein scheinbares Recht gruppiert hat. Für eine Gruppe von Leuten, die ihre Zusammensetzung nicht der Freiwilligkeit der einzelnen zu ihr gehörigen Glieder verdankt, gibt es für die grundsätzliche Formung ihres Zusammenlebens nur zwei Möglichkeiten: entweder der Akt der Freiwilligkeit wird nachträglich vollzogen, das heißt, der einzelne beschließt, daß er die Gemeinschaft will, und dann wird Gemeinschaft nach dem Maß seines Wollens, oder aber der einzelne bleibt sich selbst der Nächste, dann muß man sich gefaßt machen auf eine Fülle von Gefährdungen und Versuchungen. Das untätige Zusammenhocken mehrerer Menschen in einem Zimmer, die durch nichts anderes miteinander verbunden sind als durch die vier Wände des sie alle umschließenden Raumes, ist erträglich nur dann, wenn der notwendige Respekt vor der Andersartigkeit des anderen zur verbindlichen Disziplin für alle wird; ein Zusammenleben nach dem Motto, jeder soll so tun, als wäre er alleine bei sich zu Hause, wie es von der «Selbsthilfe» gerne aufgestellt wird, klingt zwar sehr tolerant und im ersten Augenblick bestechend großzügig, führt aber in der Praxis letztlich zu Mord und Totschlag, denn es enthält den verdeckten Versuch, über das Vorhandensein des anderen hinwegzutäuschen, es einfach zu negieren, womit bereits der Anfang jenes mörderischen Endes gemacht ist. Das Verletzende jeder Rücksichtslosigkeit geht ja weniger von ihren Handlungen aus, als von eben der Haltung, die so tut, als sei ich nicht da, als gäbe es mich nicht – ein härterer Angriff auf die Person ist nicht denkbar. Wenn z. B.

der eine Laune und Bedürfnis folgend den Tag in aller Frühe mit einem trällernden Liedchen beginnt, so kann ich ihn gutwillig gewähren lassen, soweit er damit sich selbst entspricht, d. h. eben diese Laune sein eigen nennt. Wo aber dieses Sich-selbst-entsprechen an jene Grenze stößt, wo es in Rücksichtslosigkeit gegen den anderen, nämlich mich, umschlägt, und zwar im lauten Gesang, setzt spontan meine Empörung ein gegen diese Nichtachtung meiner Person: Ich hasse trällernde Liedchen am Morgen und will, daß in der möglichst lang anhaltenden Ruhe mir das Gefühl des Alleineseins gewahrt bleibe. Der andere aber füllt durch sein Trällern das ganze Zimmer mit sich selbst, und man meint, keine Luft mehr kriegen zu können. In diesem Augenblick bleibt mir nichts anderes, als ihn auszuhalten, aber wehe, wenn man nicht acht gibt auf das, was aus der trotz und unter aller Beherrschung weiter schwelenden Empörung wird! Damit, daß sie sich in diesem Augenblick keinen Ausdruck verschafft – in etwa «Halten Sie den Mund» oder so –, ist nicht auch schon bewiesen, daß sie bereits überwunden ist. Im Verborgenen gärt sie fort und kommt ganz unversehens bei anderer Gelegenheit zum Vorschein: einer fragt mich etwas, und ich tue so, als hätte ich ihn nicht gehört, ich habe keine Lust und antworte ihm einfach nicht. Diese Unhöflichkeit ist weniger bewußt böse Absicht, als vielmehr ein unkontrollierter Ausbruch jener unterdrückten Empörung, die immer nur den einen Satz zu ihrer Rechtfertigung zitieren kann, «Wie du mir, so ich dir». «Rechtfertigung»? Genau genommen muß man sagen «Unrechtfertigung», denn Unrecht kann man nicht rechtfertigen, auch und schon gar nicht damit, daß der andere es zuerst begangen und mir damit das scheinbare «Recht» einräumte, genauso zu handeln. Diese Empörung kann von der Beherrschung am Ausbrechen gehindert werden, überwunden wird sie nur durch die Demut; nur der der Demut eigene Mut vermag die Verletzung des Selbstbewußtseins durch die Nichtachtung des anderen schweigend hinzunehmen, ohne dadurch beirrt zu werden in dem Dienst, dem er sich verschrieben hat, nämlich das als gut Erkannte als beständigen Wert zu bekennen gegenüber allen wechselnden Erfahrungen. So wird die Demut Voraussetzung für die Echtheit meiner sittlichen Norm, wie sie sich nur beweist in der Unabhängigkeit vom Verhalten meines Partners. Solange ich abhängig und also verführbar bleibe, handelt es sich nur um einen versteckten opportunistischen Realismus bzw. um Sittenlosigkeit, und man unterscheidet sich vom Proletarier nur noch durch die besseren Tischmanieren.

Lehrreiche, mühsame Tage waren diese zwei Wochen in Schönberg, nicht zuletzt wegen der deprimierenden Erkenntnis, wie groß auch in dieser Gemeinschaft die Gefahr war, ganz unbemerkt die Metamorphose zur Masse durchzumachen. Denn wodurch unterscheiden sich Masse und Gemeinschaft voneinander, wenn nicht dadurch, daß das Fehlen der

Voraussetzung für diese – nämlich das geordnete personale Ich-Bewußtsein des einzelnen, das das Du-Bewußtsein implicite mitenthält – Voraussetzung für jene ist, in der beides, das Ich- und damit auch das Du-Bewußtsein ersetzt und degradiert wurde zum «politischen» Wir-Bewußtsein irgendeiner Nomination? Dieses von jeder Sittlichkeit dispensierende Wir-Bewußtsein «der unschuldig notleidenden Häftlinge» bedeutete eine ständige Gefahr jeder individuellen Gebundenheit, die ganz augenfälligen Ausdruck darin fand, daß es immer mühsamer wurde, den Prozeß der eigenen inneren und äußeren Verwahrlosung aufzuhalten. Anfangs hatten wir noch versucht, eine gewisse Tageseinteilung aufzustellen mit einer Mittagsruhe und bestimmten Regeln für das Aufstehen und Schlafengehen, aber all diese Ansätze zu einer von jedem einzelnen zu leistenden Ordnung für das Entstehen eines lebendigen Organismus, in dem jeder hätte gleichermaßen gut existieren können, verwischten immer mehr in einem mehr oder weniger bereiten Sichgehenlassen. Die geistigen Interessen erloschen langsam, da es innerlich und äußerlich immer schwieriger wurde, ihnen gerecht zu werden; die eigene Nervosität war schon zu groß, um sich noch recht konzentrieren zu können, die umgebende Atmosphäre zu aggressiv und unruhig, um sich ihr ganz zu entziehen; ständig mußte man einer Störung gewärtig bleiben – der eine wollte sich unterhalten, der andere wollte Skat spielen, ein dritter gerne eine Frage von allgemeiner Bedeutung zur Debatte stellen. Unterstützt von dem natürlichen Bedürfnis danach, konnte so das Thema Essen und alles, was damit verbunden war, sich ganz von selbst in den Vordergrund drängen, und die oben erwähnte Einstellung dazu ist weniger erschütternd als Ausdruck mehr oder minder heftiger Gierigkeit, denn vor allem als ungewolltes Bekenntnis langsam versinkender Sittlichkeit. Es blieb einem nur die Geduld, das Ende dieses quälenden Zustandes abzuwarten, und da wir alle nicht glaubten, daß er lange währen würde, fühlte wohl keiner sich so recht veranlaßt, Entscheidendes zu seiner Besserung zu tun.

Auf unseren Spaziergängen wurden die beglückenden Eindrücke des blühenden Frühlings weitgehend aufgehoben durch die bedrückenden Bilder des zu Ende gehenden Krieges, die auch durch dieses entlegene Städtchen zogen. Ungeordnete Haufen von Soldaten in verdreckten und zerschlissenen Uniformen kamen über die Landstraße, müde Pferde zerrten schwere Wagen mit zerrissenen Planen den Berg herauf, klappernde, vernachlässigte Lastkraftwagen fuhren das unwahrscheinlichste Gepäck über den Markt: neben Maschinengewehren und Gasmasken lagen Matratzen und Bettgestelle, neben Benzinkanistern und Munitionskisten standen Wäschekörbe und Vogelbauer. Wie welke Blätter und zerrissene Fetzen trieben diese Reste einer geschlagenen, aufgelösten Armee durch das Land, getrieben vom nachdrängenden Feind, dessen Kommen man vorauszuspüren meinte wie das Heranziehen des brausenden Sturmes hinter der noch schützenden Hügelkette. Um so aufreizender wirkte daneben die unverändert sichere Haltung unseres Transportführers, der ganz durchdrungen schien vom Ewigkeitsbewußtsein seiner Macht. Ich habe oft gefunden, daß von diesen Leuten der Eindruck einer Unwirklichkeit ausgeht, und ich glaube, daß eine Erklärung dafür gegeben ist mit dem Hinweis auf zwei schon besprochene Sachverhalte, das verschobene Wirklichkeitsbewußtsein einerseits und andererseits die durch die Vorwegnahme der Erfüllung entstandene Hoffnungslosigkeit. Ihr inneres Dasein schien einem total anderen Zusammenhang unterworfen, sie schritten durch das Heute, als wäre es zugleich auch das Gestern und Morgen, entzogen schienen sie dem Ablauf der Zeit, dem Eindruck der sie umgebenden Wirklichkeit, dem Zugriff der Wahrheit – der Mann im Mond könnte einem nicht fremder sein.

Als wir am 16. April aufgefordert wurden, unsere Koffer zu packen und uns fertigzumachen zur Abfahrt, taten wir es gerne und ohne Protest, obwohl wir gerade in diesen letzten Stunden noch zahllose Beweise der innigen Sympathie der Bevölkerung empfingen. Die Reise konnte nur in westlicher Richtung verlaufen, und das gab uns allen ein angenehmes Gefühl. Natürlich verließen wir wieder erst bei beginnender Dämmerung das Dorf, dessen Bevölkerung zwar nur vereinzelt zu winken wagte, aber abschiednehmend überall vor den Türen stand und aus den Fenstern lehnte.

Dank der guten Fahrzeuge dauerte die Fahrt diesmal nicht allzu lange. Gegen halb zwei Uhr früh landeten wir vor dem Eingang des Konzentrationslagers Dachau. Der Mond warf sein blaues Licht auf das große eiserne Gittertor, und leise pfeifend zog der Wind durch die tödlichen Drähte über der Lagermauer. Das abgründige Schweigen über diesem Platz war wie ein hohles Gefäß um das dumpfe Brummen feindlicher Flieger, und hin und wieder erbebte die Luft vom Druck explodierender Bomben. Das Verlassen der Omnibusse war verboten, und die schweigende Ergebenheit, mit der wir unser Schicksal erwarteten, wurde nur hin und wieder unterbrochen von der klaren Kinderstimme des kleinen Mädchens und dem beruhigenden Flüstern seiner Mutter.

Dachau
Gegen halb fünf Uhr öffnete sich das Lagertor, und in nicht endender Reihe zogen die grauen Häftlingskolonnen grüßend an den Posten vorbei. Monotones Klappern Tausender von Holzpantinen und dazwischen scharfe Kommandorufe waren die einzigen Geräusche in der Stille des

heraufdämmernden Morgens, und die stumpfe Echolosigkeit verschärfte den Eindruck des Gespenstischen. Immer wieder drängt sich das Wort «grau» in die Schilderung: graue Mauern, graue Häftlingsgestalten, graue Gesichter, und es ist richtig, so viel von grau zu sprechen, denn es trifft den Sachverhalt genau. Unter den natürlichen wie auch unter den Malerfarben ist ein echtes Grau fast nicht zu finden, immer ist ihm noch ein anderer Farbton wie zur Ausflucht beigemischt, denn würde er wirklich die Mitte halten zwischen schwarz und weiß, wäre er wohl keine Farbe mehr. In der Sprache der Begriffe aber ist gerade dieses Grau unentbehrlich, soll es doch bedeuten, daß das Schwarz des Todes so weit schon Besitz ergriffen hat vom Weiß des Lebens, daß dieses aufgehört hat, weiß und also das Leben zu sein, während umgekehrt das Schwarz des Todes vom Weiß des Lebens so weit noch durchdrungen wird, daß auch kein ganzer Tod ist. Grau ist die Farbe des Menschen, der nicht leben und nicht sterben kann, grau ist die Welt dessen, der mit der Vergangenheit auch die Zukunft verlor, grau ist die Wirklichkeit dessen, dem mit der Hoffnung auch die Erfüllung genommen ist.

Gegen acht Uhr fuhren unsere drei Wagen durchs Tor und auf eine Seitenstraße des Lagers, auf der wir für den Rest des Tages ein reichlich improvisiertes Unterkommen fanden. Die Sonne brannte heiß auf uns herunter, es war entsetzlich staubig, und ein Gerücht jagte das andere. Das Merkmal der letzten Tage wurde hier nur noch deutlicher: alle Vernunft hatte endgültig kapituliert vor der wilden Gier des Wahnsinns, in der Anwendung der Macht sich ihres Besitzes zu erfreuen, auch wenn sie sich damit zugrunde richtete.

Zu unserem bisherigen Untersturmführer Bader gesellte sich ein neuer Obersturmführer Stiller, wobei sich der letztere als sehr viel unangenehmer entpuppte als der erstere. Stiller war ein gefährlicher Sadist, was seinen glatten Manieren nicht so ohne weiteres anzusehen war. Beide Männer kamen wohl drei- oder viermal zu uns während des Tages und brachten stets neue Befehle mit, und im Augenblick, wo wir uns anschickten, dem Befehl Rechnung zu tragen, verließen sie uns wieder mit der Bemerkung, sie wollten nur noch mal sehen und kämen dann gleich wieder; wenn sie dann nach zwei Stunden zurückkamen, widerriefen sie alles zugunsten neuer Anordnungen. Sie gaben auch zu, daß alles drunter und drüber gehe, daß man gar nicht so recht mehr durchfinden könne, daß alles etwas schwierig sei, aber die Weise, wie sie das sagten und dabei gönnerhaft lächelten, war so unverschämt und ohrfeigenhaft, daß es mühsam war, sich zu beherrschen. Sie mußten im Grunde doch besser wissen als wir, daß sie verloren hatten, und taten doch, als ob sie Sieger seien. Im Bereich des Spieles ist es ein Verstoß gegen Anstand und Fairness, wenn ein Spieler nicht verlieren kann, nicht anerkennen will, daß der andere ihn mit seinem besseren Spiel besiegt hat. Indem er das Moment des Sieges wie des Verlustes mit seinem Schwergewicht aus dem Bereich des fachlich-sachlichen in das des persönlichen Wertes verlagert, verleugnet er den Charakter des Spieles; dann ist der Sieg des anderen nicht mehr ein Sieg seines Spieles über mein Spiel, sondern seiner Person über meine Person, ein Sieg, der genau genommen nie errungen werden kann, denn der Wert der Person ist, objektiv gesehen, plus unendlich und, subjektiv betrachtet, gleich – wer also will entscheiden, wer hier Sieger wurde? Wo das Spiel zerstört ist, fängt der «tierische Ernst» an, sein Unwesen zu treiben, und es fragt sich, ob es den Menschen guttut, so erwachsen zu sein, daß sie meinen, aus dem Alter des Spieles heraus zu sein, und ob es ihnen nicht besser wäre, wieder als Kinder Gottes über die Welt zu laufen.

Nach unendlich vielem Hin und Her, Koffer ein- und aus- und umpacken, Abschiednehmen und wieder In-die-Arme-sinken, wurden wir schließlich am Ende dieses Tages in dem Dachauer SS-Lazarett untergebracht. Die ungarische Gruppe und auch die grüne Minna war von uns getrennt worden, doch war uns das Wiedersehen schon in Aussicht gestellt, denn unsere Unterbringung war nur eine Improvisation mit Rücksicht auf uns Frauen, die in dem Lager, das auch uns dann endgültig aufnehmen sollte, noch kein Unterkommen hätten. Begreiflicherweise waren wir mehr als zufrieden. Es hätte uns gerade noch gefehlt, in letzter Stunde der Verwechslung anheimzufallen! Daß die Front nicht mehr allzu fern war, war zu spüren an der allgemeinen Nervosität und stand ja auch unverhohlen in jedem Wehrmachtsbericht zu lesen. Wir hatten Grund zu fürchten, daß wir bei der Befreiung des Lagers unter die evakuierten SS-Familien gerechnet würden, mit denen wir die Baracke des Lazarettes teilten. Etwa zehn bis fünfzehn Frauen höherer SS-Führer aus Oranienburg und anderen Konzentrationslagern saßen dort mit einer Unzahl kleiner Kinder und Bergen von Gepäck – «ach, das ist ja nur das Handgepäck. Wissen Sie, unsere großen Sachen sind ja alle verlorengegangen. Sie, da hatte ich noch so viel Bohnenkaffee dabei, und all das schöne Silber. Wissen Sie, mein Mann, der Obergruppenführer . . .» Ich gebe zu, daß ich mich der Schadenfreude nicht erwehren konnte. Der Gedanke, daß ihre Diebesbeute ihnen von ihren eigenen Kameraden wieder gestohlen war, war zu erfrischend. Und daß es Verlust durch Diebstahl war, kann kaum einem Zweifel unterliegen: es war ein mehr als einmal angewandter Trick, mit einer vorgetäuschten Panne das entsprechende Lastauto zurückzuhalten, um es dann auf Nimmerwiedersehen mitsamt seinem Inhalt verschwinden zu lassen. Auf diese Weise war zum Beispiel eine andere Gruppe von Sonderhäftlingen um ihr ganzes Gepäck gekommen. Diese SS-Damen waren unablässig damit beschäftigt, «letzte Vorbereitungen» zu treffen für eine gute, satte Weiterfahrt, sie erwiesen sich wirklich als brave Ehefrauen ihrer Männer. Soweit ich beobachten konnte, war die gesamte SS mit nichts anderem als «Organisieren» beschäftigt. Das Erstaunliche auch an diesen Frauen war immer wieder diese gewisse, etwas erschreckende Dreistigkeit, mit der sie der Entsetzlichkeit des ihnen bevorstehenden Schicksals meinten entgegentreten zu können. Sie sprachen alle davon, daß ihr Mann spätestens morgen eintreffen würde und daß sie auch mit Sicherheit noch das eine oder andere Gepäckstück erwarteten, aber auf die Frage, wohin sie denn gehen würden, antworteten sie mit einem Achselzucken und einem schnippischen «Ach, irgendwohin» und «Wir werden schon durchkommen», und «Frauen und Kindern wird man ja nichts tun, wir können ja schließlich nichts dafür», usw. Immer wieder kam ich zu dem Schluß, daß die vor mir stehende Person nur soweit noch als normal anzusprechen war, als sie ein vegetatives Wesen war; essen und schlafen mußten auch diese Frauen. Man soll mich nicht falsch verstehen: natürlich waren sie geradezu stinknormal, in jeder Beziehung, aber wir haben uns leider gewöhnt, im Begriff normal ein gewisses Quantum von Vernunftlosigkeit unbemerkt mit unterschlupfen zu lassen. Wenn man von Kopflosigkeit spricht, meint man Vernunftlosigkeit, und für Vernunftlosigkeit ist das andere Wort Irr-sinn. Der Sinn dieser Frauen ging in die Irre; da er der Begegnung mit der ihm bevorstehenden Wirklichkeit nicht standzuhalten vermochte, begab er sich auf die Flucht vor ihr. Wohin? Ins Ungewisse, ins Irre, in den Irrtum. Wo anders als hier liegt die Wurzel des Irrseins?

Zu den erfreulichen Begebenheiten dieser Tage gehören einige menschliche Begegnungen: Frau Halder fand ihren Mann wieder, und nach wenigen Tagen unseres dortigen Aufenthaltes wurde auch Graf Plettenberg aus dem Sonderbau in unsere Baracke überwiesen. Die weichen und sonnenreichen Frühlingstage dieses südlichen Landstriches verbrachten wir möglichst weit voneinander zerstreut auf einer Wiese hinter dem Hause, nicht ohne diese räumliche Ausdehnungsmöglichkeit sehr intensiv zu genießen nach der bedrängenden Enge der Schönberger Tage. Langsam füllte sich auch der bajuwarische Horizont mit dem dumpfen Grollen der heranrückenden Front. Die Alarmsirenen kamen Tag und Nacht nicht mehr zur Ruhe, und Voralarm wechselte mit Alarmzustand, ständig war das Brummen feindlicher Flieger zu hören, mal näher und mal ferner, immer wieder war die Luft durchzittert von Bomben, die dichter oder entlegener die Erde erschütterten. Die Spannung im Lager stieg langsam auf ihren Siedepunkt. Unsere SS-Wachen wurden alt und grau in diesen Tagen, sie erschienen zu ihrem Dienst nur noch sporadisch und waren so tief und sichtbar in ihre eigenen Sorgen verstrickt, daß es sich kaum lohnte, sie mit irgendeiner Frage zu belästigen. Vor allem jene müssen furchtbare Tage durchgemacht haben, die erst während des letzten halben Jahres von der Wehrmacht zur SS überwiesen worden waren. Die Feindschaft zwischen Wehrmacht und SS ist bekannt und ihre Gründe sind gerechtfertigt, und es ist dem «Zwölfender» der Wehrmacht seine blinde Empörung nicht zu verdenken, wenn er sich in letzter Stunde unter die Schar seiner ärgsten Feinde gestellt sah. Das gehetzte Herumjagen aller SS-Leute erinnerte lebhaft an die verzweifelten Fluchtversuche eines gefangenen Tieres.

Am 26. April wurde mit dem nun schon stereotypen Befehl «Packen, in einer Stunde Abmarsch» der Vorhang zum nunmehr letzten Akt aufgezogen. Selbstverständlich hieß es wieder, daß das Gepäck nicht mitgenommen werden könne, selbstverständlich mußte alles ganz schnell gehen, selbstverständlich war für irgendeine weitere Frage keine Zeit mehr, aber wir waren unempfindlich geworden dagegen, und das Tempo, mit dem wir uns über unsere Koffer hermachten, konnte man als geruhsam bezeichnen. Die meisten packten gar keine Koffer mehr, sondern hatten sich inzwischen aus den zahllosen Wolldecken, die wir im Lazarett vorfanden, Rucksäcke genäht. In der ganzen Zeit waren von allen mehr oder weniger vollständige Vorbereitungen für eine eventuelle Flucht, zumindest für einen Fußmarsch getroffen. Beladen also mit diesen unförmigen Säcken und nach vielen aufregenden kleinen Zwischenauftritten, versammelten wir uns, selbstverständlich wieder in der Dunkelheit, auf einem Platz in der Nähe des Dachauer Lagerbahnhofes, wo wir unter anderem auch die restlichen Häftlinge des evakuierten Sonderbaues trafen.

Auf dem Platze herrschte rege Geschäftigkeit. SS-Männer jeglicher Rangstufe liefen hin und her, Motorräder kamen und fuhren wieder ab, PKWs und LKWs brausten über den Platz. Vor einem Wirtschaftsgebäude stand ein LKW, in dessen dunklem Gepäckraum riesenhafte Kisten verschwanden; es hieß, das sei der Proviantwagen, der uns folgen sollte. Daß es ein Proviantwagen war, ist gewiß, und ebenso gewiß ist, daß wir ihn nie wiedergesehen haben. Auf der einen Ecke des Hofes türmte sich unser Gepäck, daneben der nicht weniger große Haufen unserer Begleitmannschaft, deren vorausschauende Klugheit sie sogar Fahrräder mitnehmen hieß. Auf einer anderen Ecke des Hofes türmten sich ein paar Kisten, Munitionskisten, die auch zu unserem Transport gehörten.

Zwischen Einsteigen und Abfahren dehnten sich drei von unerträglichem Warten erfüllte Stunden; tatsächlich konnte man jede Minute mit dem Eintreffen des feindlichen Freundes, des freundlichen Feindes, kurz, unseres amerikanischen Befreiers rechnen. Endlich, um zwei Uhr morgens, setzten sich die Wagen in Bewegung und schoben sich schwerfällig durch die Masse der dicht gedrängten Dachauer Häftlinge. Das ganze Lager war in Marschordnung vor den Blocks angetreten, und schon seit über einer Stunde ergoß sich der Strom der blauweiß gestreiften Gefangenen aus dem offenen Tor in den ungewissen Ausgang dieses wahnsinnigen Evakuierungsbefehls. Diese Evakuierungsbefehle des KZs muten an wie die zu späte Maßnahme eines Kranken: im Augenblick, wo er sein Leben bedroht fühlt, sticht er die Beule auf, und der Eiter quillt heraus, aber es ist zu spät, denn längst schon hat das Geschwür sein Inneres total zerfressen. Der Hof war erfüllt von dem Brausen murmelnder Männerstimmen, untermalt vom Klappern der Holzpantinen. Langsam zogen unsere Wagen heraus aus dem Tor und vorbei an den marschierenden Kolonnen, deren müder, erschöpfter, schwankender Schritt an das Ende eines Passionsweges gehört, nicht aber an den Anfang der Freiheit. Nach einer Stunde etwa hatten wir die freie Straße vor uns, und fort ging es in südlicher Richtung.

Gespenstische und traumhafte Zwischenspiele

Es konnte unserer Nervosität nur recht sein, daß die Wagen ein scharfes Tempo fuhren, wenngleich wir das Wachsen der Entfernung zur westlichen Front wie ein schmerzhaftes Ziehen zu verspüren meinten. Sich der evidenten Sinnlosigkeit dieser Reise zu fügen, war ein Akt wirklicher Tugend, und es kostete uns alle ein gut Teil Beherrschung, die eigene verzweifelte Gereiztheit nicht am anderen auszulassen.

Ich verbrachte die Fahrt zusammen mit zwei anderen Häftlingen und einigen SS-Wachen auf dem Gepäckwagen, den wir zur größeren Sicherheit nicht unbesetzt lassen wollten. Der eine Häftling war ein alter Lagerinsasse, der am Morgen dieses Tages entlassen worden war; da er von Beruf Koch war, hatte man ihn aufgefordert, mit uns zu fahren, worin er eingewilligt hatte, weil er doch nicht wußte, wohin mit sich. Er bewies ein überwältigendes Gedächtnis für alle Ereignisse aus seiner Dachauer Zeit und traute seiner Entlassung nicht so recht – «ich weiß zu viel, und die wissen, daß ich es weiß», war seine wiederholte Bemerkung. Er erzählte mir unter anderem die Geschichte von Elser: Herr Tischlermeister Elser aus München hatte sich im Jahre 1939 bereit erklärt, gegen eine Bestechungssumme von vierzigtausend Mark die Zeitbombe im Bürgerbräukeller unterzubringen. Kaum hatte man der Öffentlichkeit den britischen Secret Service als Schuldigen genannt, als auch schon Herr Elser im Sachsenhausener Sonderbau eingewiesen wurde, wo ihm zwei Zellen zur Verfügung standen. In der einen stand ein weiches Bett und in der anderen eine Hobelbank. Er bekam Sonderrationen im Essen, Trinken und Rauchen und lebte soweit gut, aber in vollkommener Isoliertheit. Selbst zur Toilette wurde er von zwei Wachen begleitet, nachdem vorher durch ein Kommando die Flure freigemacht waren. Im März 1945 wurde er nach Dachau gebracht, wo ihm die gleichen Vergünstigungen eingeräumt waren mit Hobelbank und allem, nur daß er den Vorzug der Evakuation nicht weiter genossen hat als bis «hinter die große Mauer», wo er am 26. April erschossen wurde.

Unsere Fahrt wurde nur kurz einmal im Morgendämmern unterbrochen, wobei jeder die Gelegenheit hatte, sich die fehlende Brotration selber zu nehmen: die Plane von unserem Lastwagen war gerade an der Stelle nicht ordentlich festgebunden, wo die Brote untergebracht waren, und mit einem unauffälligen Handgriff konnte man sich reichlich bedienen.

Am Vormittag des 27. April erreichten wir das Ziel Innsbruck, an dessen südlichem Ausgang wir endlich das gesuchte Lager fanden: eine ordentliche, kleine Barackenanlage mit einem hohen Stacheldraht drum herum. Bei unserer Einfahrt begegneten uns die letzten ehemaligen Insassen dieses Arbeitslagers: entlassene Italiener, die sich zu Fuß auf den Weg nach Hause machten, und dann fiel der Schlagbaum hinter uns. Was sich nun ereignete, ist schwer vorzustellen und noch schwerer zu beschreiben, denn es gilt, etwas vollkommen Neues zu zeichnen, und wie es langsam die Fesseln des Alten sprengt, erst von innen und dann von außen. «Heinrich, der Wagen bricht» – «Nein, Herr, es ist nur der eiserne Reifen . . .», den die Angst und Verlassenheit der letzten Monate uns um die bangen Herzen geschmiedet hatte.

Innsbruck – Freunde
Als wir erschöpft von der nächtlichen Fahrt die Wagen verließen, fielen wir geradezu in die geöffneten Arme von etwa hundert anderen Ehren-Sonder-Sippen- und sonstigen -Häftlingen, und der Empfang eines langerwarteten besten Gastes kann sich nicht anders abspielen. Etwa so wie diese Begrüßung denke ich mir den Willkomm, den die Farmersleute sich vor hundert Jahren gaben, wenn sie nach langer und gefährlicher Reise einander besuchten, um eine Hochzeit zu feiern. – Unter den schon anwesenden Häftlingen fanden wir die Fahrgäste der grünen Minna aus Regensburg wieder, Bekannte aus Ravensbrück und anderen Lagern, und überdies eine Schar ebenso interessanter wie internationaler Leute. Alles zusammen waren wir nun hundertfünfzig Gefangene, zusammengesetzt aus einundzwanzig verschiedenen Nationen; nur einige Namen seien hier erwähnt, alle zu behalten war unmöglich. Zu den Ungarn hatte sich inzwischen auch der junge Horthy eingefunden, und die Schar der Engländer hatte sich vergrößert um den Col. McGrath, Wingcommander Day, Cpt. Dowse, über den noch zu berichten sein wird, Mr. Stevens, Cpt. Peter Churchill, Cpt. James, alias Jimmy, einige englische Ordonnanzen, darunter der verrückte rothaarige Cushing usw. Unter den Deutschen befanden sich Hjalmar Schacht, Prinz Philipp von Hessen, Prinz Friedrich Leopold von Preußen, Baron von Flügge, Pastor Niemöller, der ehemalige Staatssekretär a. D. Dr. Pünder, der Prälat Neuhäusler aus München, der getreue Kaplan Kunkel und sein Confrater Dr. Hamm. Der ehemalige österreichische Bundeskanzler Kurt von Schuschnigg mit seiner Frau und seiner kleinen Tochter Sissy war dabei und der Wiener Bürgermeister Schmitz. M. Blum und seine Frau fanden als weitere Franzosen den Bischof von Clermont und Prince Xavier de Bourbon u. a. m. Die Italiener waren vertreten durch den General Gariboldi und den Minister Ferero und einige baumlange Ordonnanzen. Weiter war da der holländische Minister van Dyk, ein reizender älterer Herr, der von seiner Königin sprach, wie ich es bisher nur aus Märchen

kannte; dann ein Jugoslawe, einige Balkanesen, der Neffe von Molotow, Kokorin, der ganze griechische Generalstab, lauter Herren über achtzig, mit grauen Bärten und grauen Haaren in voller Uniform mit sämtlichen Orden und alle unter einssechzig groß. Ein Zwei-Meter-Schwede, einige Norweger, einige Dänen, kurzum, Europa war fast vollständig vertreten, dazu einige Abgeordnete seiner asiatischen und amerikanischen Nachbarn – und in einer Welle echten Sympatheins – des echten Mit- und -zusammen-Leidens ging unser ganzer Krieg zu Ende. Es kann sein, daß mein Urteil über diese ersten Stunden gefärbt ist durch ein besonderes persönliches Erlebnis und daß nicht alle in der gleichen Weise wie ich geblendet waren und berauscht von dem plötzlichen Durchbruch so strahlender Helligkeit und beginnender Freiheit. Ich hatte mich noch kaum umgesehen und mir den Staub von den Kleidern geklopft, als plötzlich ein junger Mann auf mich zukam und fröhlich grinsend mir die Hand drückte und mir Grüße von meinen Eltern sagte. Es war der junge Engländer Cpt. Sidney Dowse, der in dem einen Jahr, das er zusammen mit den Eltern in Sachsenhausen verbracht hatte, zu einem richtigen Freund der Familie geworden war. Meine Mutter, so erzählte er mir, habe den größten Teil ihres täglichen Spazierganges unter seinem Fenster verbracht, und die Unterhaltungen mit ihr seien die einzige und ungeduldig erwartete Abwechslung des Tages für ihn gewesen. Er hingegen habe bei einem Spaziergang immer Gelegenheit gefunden, einen Gruß in den Fensterkasten des elterlichen Zellenfensters zu werfen, sei es eine Blume oder ein paar Zigaretten, ein paar Kekse. Zu Weihnachten hätten sie sich die herzlichen Grüße in den Schnee geschrieben, und der Nachrichtenaustausch zwischen ihm und meinen Eltern und meinem Bruder sei ebenso vielgestaltig wie regelmäßig gewesen. Natürlich hatte er auch von mir erfahren und über meinen Aufenthalt in Ravensbrück; um so überraschter war er, mich, die er wie eine alte Bekannte begrüßte, jetzt in diesem Transport anzutreffen, nicht ohne in mir selber das Gefühl herzlicher Vertrautheit zu wecken.

Es ist begreiflich, wenn diese Tatsache, daß der erste, der mir in diesem Innsbrucker Lager begegnete, ein Engländer war und ein Freund, ein entscheidendes Licht auf die ganze Szene wirft. Aber auch für jene, denen die Situation sich nicht bis zu einer persönlichen Begegnung verdichtete, blieb Überwältigendes genug, um den Auftakt des Neuen mit allen Poren zu spüren. Es wurde anfangs von der SS noch der schwache Versuch gemacht, uns Neuankömmlinge getrennt zu halten von der anderen Gruppe, aber sie hätten von der Schußwaffe Gebrauch machen müssen, um ihren Anordnungen zum Erfolg zu verhelfen gegenüber diesem stark aufbrechenden Gefühl siegesgewisser Überlegenheit. Nicht nur waren wir in einer beachtlichen Überzahl – einhundertfünfzig Häftlinge, wenn auch unbewaffnet, gegen etwa dreißig SS-Männer –, sondern vor allem wußten wir uns sicher gelandet am Ufer des Siegers. Furcht und Respekt vor der SS zerschmolzen wie Schnee in der Sonne; gefährlich waren sie nur noch, soweit sie schießen konnten, das aber brauchte man nicht zu provozieren. Die Zwanglosigkeit, mit der kleinere und größere Gruppen sich zusammenfanden und auf- und abgingen, sich laut in ihren Sprachen unterhielten, sich Scherzworte hinüber- und herüberriefen, ohne daß die Gespräche verstummten, wenn man in die Nähe eines der Wachposten oder SS-Offiziere kam, die Selbstverständlichkeit, mit der die Älteren am Ort sich in der Rolle des Gastgebers gefielen: die Engländer kochten Tee, Stühle wurden herausgetragen, irgend jemand bot Zigaretten an, der Waschraum wurde uns zur Verfügung gestellt, wer wollte, konnte auf einem gastlichen Bett einen Teil des nächtlichen Schlafes nachholen, aus der Gemüsegartenanlage verschwanden soundso viele Porreestangen, die ganze angeregte Gesprächigkeit und lebhafte Bewegung jedes einzelnen und aller Grüppchen und Gruppen, das improvisierte Platzkonzert mit der Ziehharmonika, das alles ließ deutlich erkennen, ein wie starker Wechsel im Vollzuge war, und unter dem Druck der noch bestehenden äußeren Situation des Häftling-Seins schmolz das ganze internationale Vierlei zu einer starken Einheit zusammen, ohne der Mannigfaltigkeit Abbruch zu tun.

Die SS hingegen verlor in diesen Stunden ganz sichtbar den Boden unter den Füßen. In dem Augenblick, wo mit dem Spiegel der Angst, die man vor ihnen hatte, ihnen auch das Bewußtsein der Macht entzogen war, büßten sie spürbar an Sicherheit und Haltung ein. Sie hielten sich den ganzen Tag über im Hintergrund, machten ein gönnerhaftes Gesicht, wenn man ihnen begegnete, und taten so, als wäre alles das, was sich hier abspielte, mit einbegriffen in ihren Plan, dessen Durchführung davon keineswegs berührt, sondern geradezu gefördert würde. Angesichts der Gefahr der Lächerlichkeit riskierten sie keinen der gewohnten ebenso selbstsicheren wie formlosen Auftritte mehr, dafür aber standen sie häufiger in flüsternder Beratung beieinander, wobei ihre finsteren Mienen nichts Gutes über den Gegenstand ihrer Verhandlung vermuten ließen. Unsere Haltung ihnen gegenüber bildete sich ganz unbewußt. Wir waren so hingerissen und präokkupiert von der Fülle der neuen Eindrücke, daß für die SS nur noch die totale Nichtachtung übrigblieb; das muß sich für sie erschütternder ausgewirkt haben, als irgendeine andere Haltung es je gekonnt hätte. Von der furchtbaren anonymen Macht, deren Vertreter sie bisher gewesen waren, war nichts mehr übriggeblieben als ein Herr Bader und ein Herr Stiller mit je einer Pistole in der Hand, die ihnen in diesem Augenblick noch nicht einmal etwas genützt hätte, da sie erstens zu wenige waren gegen zu viele, und zweitens diese wenigen sich untereinander nicht trauen konnten. Ein Teil ihrer Leute, das mußten die Transportführer wissen, würde sein Schießeisen zur Verteidigung der Häftlinge verwandt haben in der Gewißheit, auf ihrer Seite einen größeren Vorteil zu erringen, als ihm je von der anderen noch zuteil werden konnte.

Als wir am Abend wieder fünf Omnibusse bestiegen, hätten wir mehr einer Cooks-Gesellschaftsfahrt gleichen können als einer Gruppe evakuierter KZ-Häftlinge, wenn sich nicht mit dem Besteigen der Autos unsere Situation grundlegend verschlechtert hätte: so zusammengepfercht auf engem Raume waren wir einer Handgranate ausgelieferter, als wenn wir in gelockerter Schlachtordnung auf einem Hof uns verteilen konnten. Die Handgranatenkisten, das wußten wir, standen nicht mehr zuunterst im Lastwagen unter den fest verstauten Haufen unseres Gepäcks, sondern waren beim allgemeinen Umpacken der Wagen mit in einen Omnibus gewandert und also dem raschen Zugriff sehr viel näher gerückt. Keiner von uns wußte, wohin diese Reise gehen würde, so wie es eigentlich auch unerfindlich war, warum überhaupt gereist wurde: ein wirkliches Entrinnen vor den Feinden gab es doch gar nicht mehr, denn damit, daß wir uns ihnen an der deutschen Front entzogen, kamen wir ihnen an der italienischen nur um so näher. Der Befehl, uns irgendwohin fortzubringen, zu verstecken, dorthin zu bringen, wo der Feind uns nicht finden könne, war sinnlos, denn bei der Durchführung dieser kopflosen Anordnung mußte der Transportführer merken, daß aus dem vagen «Irgendwo» des Befehls das ganz präzise «Wo» realer Ortsbestimmung wurde – den Raum «Irgendwo» gibt es nicht in der Wirklichkeit. So fuhr er erst einnal in die Berge, wohl in der diffusen Hoffnung, dort ein geeignetes Versteck, ein «Irgendwo» zu finden, und für alle Fälle nahm er die Handgranaten mit, die keine Spur von uns hinterlassen würden, wenn anders der Befehl nicht durchzuführen war.

Ich verbrachte mitsamt meiner Ziehharmonika die Fahrt in dem englischen Omnibus, in dem außer den Briten noch soundso viele Nationen mit einer mir unverständlichen Sprache saßen. Mit dem Gefühl unendlicher Erleichterung überließ ich mich ganz der in diesem Wagen herrschenden heiteren und unbekümmerten Zuversicht, und unter Anleitung von Cushing machten wir die ersten drei Stunden der Reise Musik. Bei der nächtlichen Station auf dem Brennerpaß, wo ein Teil der SS für zwei Stunden im Dunkeln verschwand – wahrscheinlich, um noch einmal gut zu speisen und mit den Resten ihres gefürchteten Ansehens auch noch zwei, drei Flaschen Wein herauszuschlagen –, erreichten die allgemeinen musikalischen Darbietungen ihren Höhepunkt mit dem Schlager: *The boulevard of broken dreams: I walk along the street of sorrow, the boulevard of broken dreams . . .*, wobei Cushing sich nicht nur als glänzender Schlagzeugmann bewährte, der seinen Rhythmus aus allem hervorklopfte, was ihm unter die Finger kam, Koffer, Fensterscheiben, Kochtöpfe, die Köpfe seiner Vordermänner und sonstige harte Gegenstände, sondern auch die fehlenden Instrumente weitgehend zu ersetzen verstand durch ein unnachahmlich schönes «bababababa».

Sehr im Gegensatz zu unserer leichtsinnig ausgelassenen Stimmung stand das Straßenbild, dessen Trostlosigkeit vom Mondlicht nur dürftig verschleiert werden konnte. Die strategische Notwendigkeit der Zerstörung der Brennerbahn hatte auch hier das Bild entscheidend geprägt: Trümmer über Trümmer rechts und links der Straße, und zwischen den Trümmern eine schreiende Menge heimkehrender Italiener, die unglaublich zerlumpt und heruntergekommen aussahen. Auch Frauen und Kinder waren dazwischen, nicht weniger mit unförmigem Gepäck beladen als die Männer, und hin und wieder vervollständigte ein Hund oder eine Katze, ein Ochse, ein Esel das wirre, schattenhafte Bild.

Diese Station auf dem Brennerpaß war etwa vergleichbar der Atempause vor dem Endspurt. Mit dem Heraufdämmern des Morgens wurde es auch in unserem Wagen still, und in ruhiger, gespannter Aufmerksamkeit hielten wir unsere fünf Sinne beisammen, um auch das Unvorhergesehenste anständig parieren zu können. Das letzte Entweder-Oder dieses Wettlaufes mit dem Raum und der Zeit lag so spürbar in der Luft, daß man verstehen wird, wenn wir der Schönheit der Landschaft keine große Freude abgewinnen konnten, daß die unwirtlichen Berge uns eher besorgt stimmten, daß wir bei jeder geringsten Verzögerung der Fahrtgeschwindigkeit ängstlich Umschau hielten, ob irgendein Zeichen in der Umgebung Aufschluß geben könne über das uns bevorstehende Schicksal – eine einsame Mulde zum Beispiel wirkte zutiefst erschreckend gegenüber dem vertraueneinflößenden Anblick eines Dorfes oder eines Gasthofs. Das einzige, was wir zuverlässig beobachten konnten, war das Kommen und Gehen des Furiers Franz – ein SS-Mann, der uns von Buchenwald an schon begleitet hatte und bis dahin das Amt des Einkäufers und Versorgungsoffiziers versehen hatte –, der auf seinem Motorrad die Spitze unseres Convoys bildete, immer wieder weit vorausfahrend, dann und wann an einer Kreuzung uns erwartend. Dann hielten wir, und die Transportführer besprachen sich flüsternd mit ihm, wobei Kopfschütteln und Achselzucken auffallend häufige Bewegungen waren. Ganz offenbar hatte Franz vergeblich nach irgendeiner Unterbringungsmöglichkeit gesucht. Nach vielem Hin und Her entschieden sie sich dann für die eine oder andere Straße, wohl mit dem wachsenden Bewußtsein, daß das Ziel sich ihnen nicht in den Weg legen würde, sondern von ihnen selbst bestimmt werden mußte. Die wirre Unentschlossenheit und Planlosigkeit dieses ganzen nächtlichen Herumirrens war ganz unverkennbar.

Bei beginnendem Tageslicht hielten wir vor einem großen Gasthof an der Hauptstraße, und schon wollte das Gerücht sich verbreiten, daß wir nun angekommen seien, als der Transportführer mit resigniertem Kopfschütteln den Wagen wieder bestieg und dem Fahrer zuraunte: «Weiterfahren, hier geht's nicht.» Nach ein paar weiteren Stunden schließlich hielten wir etwa fünfhundert Meter vor dem Eingang eines größeren Dorfes.

Niederndorf – Freiheit

Wir hatten angefangen, uns laut zu beklagen über dieses sinnlose Hin- und Herfahren und verlangten energisch eine ausgedehnte Pause und ein gutes Frühstück. Wir hatten schon am gestrigen Tage in Innsbruck außer etwas Kaffee und der üblichen Marschverpflegung nichts Ordentliches in den Magen bekommen, außer den Kindern gab es zuviel alte Leute, auf die Rücksicht genommen werden mußte, und vollends die alliierten Gefangenen fanden es unter ihrer Würde, weiterhin ein Opfer so kopfloser Organisation zu sein. Die SS verließ den Wagen und versammelte sich zu einer Beratung, fraglos die entscheidendste Beratung der ganzen Reise. Dies wäre der Moment gewesen, um von den Handgranaten Gebrauch zu machen, die aber waren ausgerechnet in dem einen Omnibus, der zusammen mit noch einem zweiten den Anschluß an unsere drei Wagen verpaßt hatte. Und in der Idee, daß nach dem Eintreffen der zwei fehlenden Autos im Ablauf der weiteren Reise sich an einem anderen Ort die Gelegenheit bieten würde zur Durchführung dieser ebenso simplen wie verruchten Absicht, versprachen sie, im Dorf für Unterkunft und Frühstück zu sorgen. Die größere Hälfte von ihnen machte sich auf den Weg, die kleinere blieb zurück, um aufzupassen, daß sich niemand von den Wagen entfernte. Herr Stiller wußte in diesem Augenblick wohl noch nicht, daß er mit dem «Wo» auch das «Wann» preisgegeben hatte, aber wir merkten es an der Welle der Erleichterung, die sein Abgang ins Dorf bei uns auslöste. «Heinrich, der Wagen bricht» – «Nein, Herr, es ist nur der zweite eiserne Reifen . . .»

Etwa eine Stunde nach uns erschienen die beiden Omnibusse auf der Parallelstraße jenseits des Bahngeleises. Natürlich machten wir uns von hüben und drüben scharenweise auf, um einander zu begrüßen, und in der allgemeinen Bewegtheit fiel es niemandem auf, daß General Gariboldi ein paar Minuten später in einem kleinen Bahnwärterhäuschen verschwunden war, das auf der Mitte des Weges lag, der die beiden Straßen an dieser Stelle miteinander verband. Drei Minuten später wurde in dasselbe Häuschen ein frischgeschlachtetes Lamm getragen, um als Festbraten für das große Wiedersehen zu dienen: das Dorf vor uns hieß Niederndorf und war seit langem Hauptquartier der Partisanen, denen das genannte Bahnwärterhäuschen als geheimer Treffpunkt diente; mit dem Halten an dieser Stelle war Gariboldi vor seiner eigensten Tür abgesetzt worden. Zwei Stunden später verließen zwei zerlumpte Italiener das Dorf in südlicher Richtung. Sie waren von Gariboldi in Marsch gesetzt, um Verbindung aufzunehmen mit den näherrückenden alliierten Streitkräften.

Nachdem wir zwei Stunden vergeblich auf die Rückkehr der SS gewartet hatten, machten wir uns geschlossen auf den Weg ins Dorf. Die wenigen Posten, die noch geblieben waren, konnten unseren Aufbruch nicht verhindern, ein undramatischer Abschluß ihrer mächtigen Karriere eigentlich, denn nun hatten sie ihr Spiel verloren. Wie erwartet, fanden wir die SS mit einem reichgesegneten Frühstückstisch und keineswegs mit der Sorge für unsere Unterbringung und Ernährung beschäftigt. Zwar sprangen sie entsetzt auf, als sie uns kommen sahen, aber zu spät. So eine Dorfstraße ist ein guter Schlupfwinkel. Fast die Hälfte der Gruppe war in wenigen Minuten in den Hauseingängen verschwunden. Das geschah nicht auf Grund einer allgemeinen Verabredung, sondern ganz instinkthaft: im Augenblick der Not und Gefahr ist es dem Menschen natürlich, seinen nächsten Mitmenschen um Schutz und Hilfe anzuge-hen, und das Dorf öffnete uns die Türen wie seinen liebsten Gästen.

Oberst von Bonin verschwand auch in einem Hauseingang, und zwar in einer Telefonzentrale der deutschen Wehrmacht. Er ist eine zu imposante Offiziersgestalt, als daß das Fehlen der Waffe und jeglicher Dekoration ihm von seiner Autorität etwas nehmen konnte. So erreichte er in Kürze, was er wollte: eine telefonische Verbindung mit dem damals noch aktiven deutschen Generalstab in Italien bzw. mit seinem Freund dort, dem er die Anweisung gab, sofort eine Kompanie von hundert Soldaten mit einem guten Offizier zu unserer Befreiung nach Niederndorf in Marsch zu setzen. Die Ankunft der Soldaten wurde für den Nachmittag zugesagt. Während er noch telefonierte, betrat ein SS-Mann das Zimmer. Kaum hatte er den Obersten dort bemerkt mit dem Hörer in der Hand, als er auch schon wieder hinausstürzte, um dem Transportführer Meldung zu machen. Gleich darauf betraten beide das Zimmer, aber das Telefonge-spräch war schon beendet. Natürlich wurde der Oberst furchtbar angebrüllt, was ihm eigentlich einfalle, er sei schließlich ein Häftling, und er könne sich auf schwerste Strafen gefaßt machen. Aber Bonins Antwort hatte nichts mehr von der der SS gewohnten Eingeschüchtertheit, im Gegenteil, lauter als sie brüllte er zurück, sie sollten sich gefälligst zum Teufel scheren, ihr Spiel sei zu Ende gespielt, sie hätten wohl die Zeichen der Zeit noch nicht erkannt. Dem Transportführer blieb nur der Rückzug durch die Tür, jedes andere Verhalten wäre ihm teuer zu stehen gekommen, denn Bonin war gedeckt und geschützt durch die in der Schreibstube anwesenden Soldaten. Unterdes hatte sich noch eine andere

Begegnung ereignet. Gerade als General Thomas den Eingang des Dorfes betrat, schritt über die Dorfstraße ein General im vollen Ornat, und Thomas, seiner Situation völlig uneingedenk, eilte auf diesen zu, und zwei Freunde sanken sich in die Arme, und sanken sich so lange in die Arme, bis General Thomas dem anderen General das Wichtigste ins Ohr geflüstert hatte. Dieser General stellte selbstverständlich sich selbst und die zu ihm gehörigen Soldaten zu unserer Verfügung. Es konnte also beschlossen werden, dem Transportführer Stiller die Pistole auf die Brust zu setzen, denn nie, das wußten wir, würde er eine kämpferische Auseinandersetzung mit der Wehrmacht riskiert haben. Er wußte zu genau, daß alle Sympathien, die des Dorfes, die der Partisanen und die der Wehrmacht auf unserer Seite waren.

Als erstes ließ Gariboldi den noch ahnungslosen Stiller zu sich kommen. Er war nun wieder ganz der Kommandierende General in seinem Hauptquartier. Welches eigentlich die weiteren Absichten von Herrn Stiller seien, wohin er die anderen Herrschaften zu bringen denke (Gariboldi rechnete sich selbstverständlich nicht mehr zu uns), und ob es Herrn Stiller wohl klar sei, daß er am Ende seiner Reise angekommen sei? Dieses Niederndorf sei Hauptquartier der Partisanen, er sei hier der General, und noch heute erwarte er das Eintreffen anderer Partisanengruppen, mit deren Hilfe es gelingen werde, die deutsche Wehrmacht hinauszuwerfen. Wie schon so oft, wies Stiller ausweichend darauf hin, daß er gar keine weiteren Absichten habe, sondern nur auf die Durchführung eines besonderen Befehls bedacht sei. Eine weitere Unterredung folgte mit Oberst Bonin und Mr. Best, die Stiller aufforderten, uns der Wehrmacht zu übergeben, da er mit seinen dreißig Mann nicht in der Lage sein würde, uns im Ernstfalle vor irgendwelchen feindlichen Übergriffen zu schützen. Unser Gegenangebot war der freie Abzug für ihn und seine Leute, wobei andeutungsweise darauf hingewiesen wurde, daß, wenn er sich diesem Vorschlag nicht fügte, er mit dem Eingreifen der Wehrmacht zu rechnen habe. Stiller wollte sich auch hier damit herausreden, daß er nichts dagegen habe, wenn wir hier blieben und uns selbständig machten, und daß es ihm nur zu tun sei um die Durchführung eines besonderen und geheimen Befehles, aber das konnte ihm nicht mehr gelingen. Er mußte sich entscheiden in dem Entweder-Oder, und er entschied sich für den glimpflicheren Weg. Eine halbe Stunde später hatte er den Exekutionsbefehl verbrannt, den er für acht Leute in der Tasche trug. Daß er einen solchen Befehl bei sich hatte, wußten mehr oder weniger alle, das heißt, wir mußten es uns denken. Und welche Namen er enthielt, war auch bekannt, da diejenigen, die darauf standen, für sich selber nichts anderes als das erwartet hatten. Für diese blieb die Situation gefährlich, solange ein SS-Mann noch im Dorfe war, und sie alle hielten sich verborgen, so gut es ging.

Am Nachmittag wurden wir zusammengerufen im Saal eines Gasthofes. Bonin und Mr. Best stiegen auf zwei Stühle, um zu verkünden, daß mit Einwilligung von Obersturmführer Stiller – dieser stand aschfahl und ein wenig grinsend auf einem dritten Stuhl – wir von nun ab dem Schutz der Wehrmacht unterstellt seien, und daß Herr Dr. Thalhammer – die rechte Hand des schon geflohenen Gauleiters – uns als Gäste des Landes Tirol begrüße. Zur Vertretung unserer Anliegen habe sich ein Komitee gebildet aus Mr. Best im Hinblick auf die heranrückenden alliierten Befreier und Oberst Bonin, mit Rücksicht auf die notwendigen Verhandlungen mit den deutschen Behörden. Die erste Sorge würde die Unterbringung der älteren Leute, der Frauen und Kinder sein, zu deren Gunsten die jüngeren Männer vorerst zurückstehen möchten. Die nächste Aufgabe sei dann die Ernährung und Bekleidung, wobei die Wehrmacht wie auch das Land Tirol ihr möglichstes zu tun versprochen hätten. Fürs erste sei es mit beider Hilfe gelungen, ein warmes Abendbrot zu richten, für das man seine Essenkarte nach Schluß der Verhandlung vom Fourier Franz erhalten würde. So etwa der Inhalt von Bonins Ansprache, die mit lautem Beifallsklatschen beantwortet wurde. Mit dem Beginn «Ladies and gentlemen» – wahrhaftig eine Wohltat, so angesprochen zu sein nach so langer Entbehrung jeglicher Höflichkeit im offiziellen Tonfall –, folgte dann die englische Übersetzung von Mr. Best, die wieder in lebhaftem Applaus ihr Ende fand. Notwendigerweise folgte dann noch die Übertragung ins Französische, wegen der Franzosen, einiger Balkanesen und vor allem der Griechen, von denen nur einer außer Griechisch auch ein wenig Französisch konnte. Dieser übersetzte dann alles mit großem Aufwand und in doppelter Länge ins Griechische. Aber er kam nicht weit. Als er anfing, vom Komitee zu sprechen und seiner Zusammensetzung, brachen seine sieben Landsleute in ein lautes und gebärdenreiches Protestgeheul aus! Das sei ganz ausgeschlossen, da müsse er sofort widersprechen, sie müßten selbstverständlich ebenfalls eine Vertretung in diesem Ausschuß haben, sonst würden sie sich keiner Anordnung fügen, und der eine Jugoslawe stimmte brüllend mit ein, verlangte das gleiche für sich und überdies den sofortigen Ersatz seiner ihm verlorengegangenen Kleidung. «Selbstverständlich», rief Sidney Dowse dazwischen, «das Komitee ist ganz schlecht und muß sofort wieder abgesetzt werden, ob man nicht lieber abstimmen sollte . . .». Es war mühsam, in der allgemeinen Ausgelassenheit die aufgebrachten Herren davon zu überzeugen, daß hier kein kleines San Francisco gegründet werden sollte, sondern ausschließlich ein Komitee, das geeignet wäre, die Wünsche und Anliegen der Allgemeinheit vor den entsprechenden Stellen zu vertreten, und unter dem noch anhaltenden, abfälligen Murmeln der so zurechtgewiesenen kleinen Entente, schritt man wieder zur Tagesordnung.

Dieser plötzliche Ausbruch antiquiertesten Parlamentarismus trug ganz gewaltig zur Hebung unserer sowieso schon gehobenen Stimmung bei, und als bekanntgegeben wurde, daß am kommenden Sonntagmorgen um neun Uhr der Bischof in der Dorfkirche eine Messe für uns zelebrieren würde, empfanden wir es wie das Siegel unter die wiedergewonnene Freiheit. Im Laufe des späten Nachmittags tauchten noch einmal die Italiener auf. Sie waren ganz ungeheuer guter Dinge, vor allem die Ordonnanzen schwammen in Glück und Seligkeit. Ihr Herr und Meister Gariboldi hatte sie in den Adjutantenstand gehoben, eine Spontanbeförderung, die an das erste Festessen der Begrüßung sofort ein zweites gereiht hatte, bei dem womöglich noch mehr Chianti geflossen war.

Bei Einbruch der Dämmerung fuhren die Omnibusse auf den Markt, und unser Gepäck wurde ausgeladen; nicht so der Proviantwagen, der nach einer kurzen Stunde in hastiger Fahrt den Ort auf Nimmerwiedersehen verließ, wobei er gleichzeitig ein paar von den überflüssig gewordenen SS-Männern mit fortnahm. Am Abend dieses ersten Tages fehlten wenigstens schon fünf an unserer ganzen Zahl; unter anderem hatte sich ein englischer Major zu Fuß auf den Weg zu seiner Front gemacht, da es ihm zu langweilig war, hier auf das Eintreffen der alliierten Truppen zu warten. Die Russen waren ebenfalls verschwunden bis auf zwei. Alle übrigen waren nur sehr schwer aufzufinden, da zu viele schon von der Gastlichkeit der Dorfbewohner aufgenommen worden waren. Die drei Hotels am Ort machten so viel Platz für uns, wie sie nur konnten, und packten auf die Flure, was sie an Matratzen noch besaßen, wobei sich die in den Hotels einquartierten deutschen Offiziere als ebenso kameradschaftlich wie freigiebig erwiesen. Sie stellten uns ihre Zimmer zur Verfügung und gaben uns, was sie an Decken und Kissen entbehren konnten.

Immer wieder schwirrten Gerüchte durch die Straßen: wir müßten alle aufbrechen, irgendwo hätte eine Schießerei stattgefunden, in wenigen Stunden wären die Partisanen da, Niederndorf würde in Kürze Kriegsschauplatz, aber diese ganzen Meldungen waren nichts anderes als das Geschrei der Möven um das ruhig hinfortziehende Schiff. Einmal herausgetreten aus seinen Ufern, ergoß sich der Strom der Freiheit in der ihm eigenen Mannigfaltigkeit und unaufhaltsam in unsere zahllosen Wege und Machenschaften, und keine Möglichkeit blieb mehr, ihn in das alte, enge Bett vorsichtigen Gehorsams zurückzuholen. Trotzdem, noch umspannte der dritte Reifen der Angst die von wilder Freude erfüllte Brust, noch waren die SS-Männer im Dorfe, noch war das Leben einiger von uns in akuter Gefahr, noch galt es, jede Provokation zu vermeiden und in der Begegnung mit den Transportführern maßvolle Willfährigkeit an den Tag zu legen, noch durfte man nicht riskieren, den Zorn der

Verzweiflung zu reizen, der in allen sprungbereit auf der Lauer zu liegen schien.

Nach dem Abendbrot begegnete ich dem Fourier Franz, zu dem ich kein schlechtes Verhältnis hatte. Er lud mich zu einem Glase Wein ein und schenkte mir ein halbes Pfund Butter. Ich sehe es noch, wie der große, schwere Kerl vor mir lässig an der Theke lehnte und voller Hochmut und Verachtung auf die Menschen vor sich heruntersah. Seine unterdrückte Wut schien weniger uns als vielmehr der Unentschlossenheit seiner Vorgesetzten zu gelten, und man konnte spüren, daß es nur eines Wortes bedurfte, um die ganzen von bösem Zorn durchwühlten Kräfte in ihm zu entfesseln. Tatsächlich war er es auch, der noch spät in der Nacht mit wildem, verzerrtem Gesicht in das eine Gastzimmer einbrach, in dem ein Teil unserer Leute noch aufsaß. Unter ihnen befand sich Bonin mit mehreren Generälen, Mr. Best, Frau von Schuschnigg usw. Noch schwankend von der Heftigkeit seines Eintritts, berauscht vom Alkohol und rasendem Zorn, fuchtelte er mit der Pistole in der Luft herum und brüllte durchsetzt mit gräßlichen Flüchen: es sei eine Schweinerei, sie hätten gefälligst ins Bett zu gehen, was sie sich einbildeten, vorläufig habe er hier noch zu sagen und ähnliches mehr. Bonin war aufgesprungen und umschloß mit festem Griff die heimlich mitgeführte Pistole in seiner Hosentasche. Aber die Weise, wie er dem Mann Antwort gab, genügte, um diesen zum Rückzug zu bewegen. In Bonins Haltung lag so viel überzeugende Sicherheit, in seinem Ton so viel zurechtweisende Verachtung, daß der sinnlose Zorn des betrunkenen SS-Mannes wie ein Strohfeuer erlosch und mit der kalten Angst ihn auch die Ahnung überkroch, daß die Wirklichkeit, in der er zu leben gewohnt war, keinen Bestand mehr hatte. So blieb ihm nur der klägliche Abzug zurück zu seinen Kameraden, die gleich ihm entschlossen waren, wenigstens voreinander die Rolle, die das wilde Spiel der letzten zwölf Jahre ihnen zudiktiert hatte, bis zum letzten Atemzuge durchzuhalten. Was aus diesen Leuten geworden ist, kann ich nicht sagen. Es ging einmal das Gerücht, daß die beiden Sturmführer erhängt im Walde gefunden seien, aber ich habe keinen gesprochen, der sie gesehen hätte. Nur das weiß ich, daß sie alle entschlossen waren, durchzukommen und zu überleben, wie und auf welche Weise, war ihnen zwar im einzelnen nicht vorstellbar, grundsätzlich aber auch ganz gleichgültig. Der Irrsinn, so scheint es immer wieder, saß ihnen wie ein verzehrendes Feuer in den Gliedern, und ihr Laster war die Gier nach Macht. Das Gefühl der eigenen lebendigen Wirklichkeit vermittelte sich ihnen nur im Schauder, den sie im anderen hervorrief, und nur dort vermochten sie zu leben, wo ihnen dieses gelang. Wie weit diese Krankheit heilbar ist, ist noch nicht erwiesen.

Der strahlende Frühlingsmorgen des nächsten Tages vereinte uns alle um neun Uhr zur Bischofsmesse in der Dorfkirche. Zu den tiefsten

Eindrücken dieser ganzen Reise gehört diese Stunde vollkommener Erlösung. Nicht nur hatte jeder von uns mit dem Gang zur Kirche einem persönlichen Wunsch wieder in freier Weise entsprechen können, das war die private Freude jedes einzelnen. Ergreifender war das Offenbarwerden der gleichen inneren Haltung bei allen, wie sie das Schicksal der vergangenen Monate und Jahre in uns herausgebildet hatte: die Haltung des Opfernden und Dankenden, die Haltung der Ehrfurcht und der Anbetung; hier kam die Gleichheit der Menschen als Kinder ein und desselben Gottes in überzeugender Weise zum Ausdruck, und mit ihr kam der Friede. Eine bedeutungsschwere und tiefverpflichtende Stunde, als Kinder aller Nationen an der Schwelle der Freiheit aus der Hand der Kirche den Segen und den Frieden zu empfangen! Das Übermaß von Gnade aus dieser ersten Stunde ließ noch lange in vielen Herzen den Schimmer der Andacht zurück, bis auch diese Verhaltenheit sich in reiner, gütiger Freude löste – «Heinrich, der Wagen bricht» – «Nein, Herr . . .» Nun löste sich auch der letzte eiserne Reifen, und in nie gefühlter Freiheit atmeten die Herzen auf.

Über dem ganzen Dorf wogte eine unendlich festliche und angeregte Stimmung. Daß Schuschnigg sich unter den Häftlingen befand, hatte sich wie ein Lauffeuer im ganzen Ort herumgesprochen, und für alle verknüpfte sich damit die feste Hoffnung, daß mit dem Ende des Krieges auch das Ende der italienischen Regierung gekommen sein würde, die man nie anders denn als Fremdherrschaft empfunden hatte. Szenen wie die folgende haben sich mehr als einmal abgespielt: zwei Soldaten baten dringend darum, Schuschnigg sehen und begrüßen zu dürfen. Um ein Aufsehen zu vermeiden, wurde ihnen bedeutet, sie möchten warten, da wo sie stünden, man würde Herrn von Schuschnigg Bescheid sagen. Dieser kam dann und ging wie zufällig an ihnen vorbei, wobei er grüßend den Hut zog. Die Soldaten standen stumm und in strammer Haltung da, und das Übermaß von ergriffener Freude schimmerte fast wie Tränen in ihren Augen.

Hin und wieder ratterte ein verdrecktes, klapperndes Automobil durch die Straßen, und eine johlende Menge undefinierbarer Gestalten schrie wild gestikulierend «la guerra e finita», und ein ungläubiges, zaghaftes Lächeln war die Antwort. Noch gab der Wehrmachtsbericht keine Veranlassung, von einem Waffenstillstand zu sprechen, aber es war nicht mehr weit bis dahin. Die noch folgenden drei Tage bis zur Verkündigung der Waffenruhe waren auch in diesem entlegenen Grenzgebiet voller Zeichen der Auflösung und des Zusammenbruchs. Hier und da konnte man beobachten, wie ein Lastkraftwagen vollgepackt wurde mit den Utensilien der sich zurückziehenden Offiziere – einer packte mit großer Liebe und Vorsicht eine Menge scheußlicher Ölbilder ein. Auf Befragen, ob er denn zu Hause noch eine Wand vorfinden würde, an die er sie aufhängen könne, antwortete er mit einem Kopfschütteln, das wisse er nicht, wahrscheinlich sei sein Haus kaputt, aber das mache nichts, er wisse schon, wo er sie unterstellen könne, bis das neue Haus wieder fertig sei. Die Menge der deutschen Landser saß irgendwo still in der Sonne, die Beine weit von sich gestreckt, in ihren Zügen vielfach den Ausdruck müder Traurigkeit. Es hatte ja wirklich nicht an ihnen und ihrem fehlenden Mut gelegen, daß der Krieg verloren war. Ihre Kraft war vergeudet worden, vergeudet und verschwendet auch das Blut und das Leben unzähliger Kameraden, verpraßt und verschlissen die materiellen Güter eines ganzen Volkes, verkauft und verspielt worden waren sie mit allem, was sie hatten, von einer Clique gewissenloser Halunken. Voller Wehmut genossen sie diese letzten Stunden als ein flüchtiges und ganz privates Heute zwischen dem Gestern des Krieges und dem Morgen der Gefangenschaft. Die tiefe Versonnenheit, die ich bei einigen traf, schien sie vollkommen herauszulösen aus dem zeitgebundenen Ablauf des Geschehens. Wie von einer fernen Warte schienen sie mit resigniertem Lächeln dem traurigen Gang ihres eigenen Schicksals zu folgen. Es war nicht leicht, sie anzusprechen, ihre Antworten kamen kurz und zögernd, und ihre Scherze waren weich und leise.

Unsere Leute, soweit sie nicht Gäste waren bei ihren Wirten, bewegten sich alle getrieben vom Genuß der wiedergewonnenen Freiheit im Dorf und der nächsten Umgebung herum. Die Haltung der Bevölkerung uns gegenüber kann gar nicht genug gerühmt und gedankt werden. Wir fühlten uns wie fortgerissen von einer Welle herzlicher Freundlichkeit, der wir uns um so lieber überließen nach so langer Zeit angstvoller Unheimlichkeiten.

Die Ungarn hatten ihrer Würde, ihrem Alter und auch ihren hochgespannten Vorstellungen von Kultur entsprechend bei weitem das gepflegteste Quartier. Ihre Wirtin, ein dünnes kleines, älteres Fräulein, bewegte sich seit ihrem Eintreffen nurmehr fliegend vor Geschäftigkeit durch die Räume. Den ganzen Tag verbrachte sie zwischen Speisekammer, Herd und Gastzimmer, ständig etwas Neues holend, etwas Köstliches zubereitend, etwas Erlesenes servierend. In vollendeter Freigiebigkeit gab sie eine Flasche Wermut oder Cognac oder Portwein nach der anderen aus ihrem Keller an die zahllosen Gäste, die in ständigem Kommen und Gehen sich für eine Stunde am ungarischen Ofen wärmten, und immer wieder beklagte sie in rührender Bescheidenheit, wie leid es ihr tue, daß sie nicht mehr und nicht Besseres bieten könne. Sie erstarb vor der Würde so hoher Besucher, und mit nimmermüder Beflissenheit mühte sie sich, der großen Ehre zu entsprechen, die ihrem stillen Hause widerfahren war.

Ein ähnlicher Kulminationspunkt hingegebenster Sorge und äußerster Festlichkeit mag im Pfarrhaus gewesen sein, wo außer den vier geistlichen

Herren unserer Gruppe – der Bischof, der Prälat und die beiden Kapläne, die sich zusammen mit dem Dorfpfarrer mit Rücksicht auf den Bischof lateinisch unterhielten, da dieser kein Deutsch, sie aber kein Französisch konnten – auch noch das Ehepaar Schuschnigg untergebracht worden war. Ich habe nur eine kurze Visite bei dem hochwürdigen Herrn gemacht, wobei ich nur für einen Moment die von Eifer hochgeröteten Züge seiner Haushälterin zu sehen bekam. Die aber ließen genug erkennen von dem Maß der Anstrengungen, die auch hier gemacht wurden, der wiedergekehrten Freiheit den rechten Empfang zu bereiten.

Nachmittags machten wir zu Fuß einen Spaziergang ins nächste Dorf, Gisela, der ungarische Baron von Schell, die beiden Engländer Jimmy und Sidney und ich. Wir waren durstig und fanden die Weinvorräte unseres Dorfes bereits reichlich erschöpft. Die Sonne schien, und am obersten Rande des friedlichen Tales glitzerten die von frischem Neuschnee bedeckten Gipfel der Tiroler Alpen. Unsere in Stil und Qsalität so verschieden gekleideten Erscheinungen – der Baron trug einen gut sitzenden braunen Schneideranzug; Gisela sah soweit auch manierlich aus bis auf die unförmigen schwarzen Stiefel und die greulich kolorierten Socken, die in geradezu peinigendem Gegensatz standen zu ihrem sonst so aristokratischen Aussehen; Jimmy trug außer seinem gepflegten schwarzen Vollbart ein durch Schmutz und Löcher undefinierbar gewordenes Bekleidungsstück, in dem man nur schwer noch die ehemalige Royal Airforce-Uniform erkennen konnte; Sidney war bekleidet mit einer ganz besonders scheußlichen braunen Hose und einem viel zu kurzen, viel zu kleinen dunkelblauen Jackett der englischen Marineuniform, und ich trug faute de mieux eine lange, von den Strapazen der Reise arg mitgenommene Hose, und meine Jacke war nicht weniger verfleckt und zerrissen als die meiner Begleiter – kurzum, wir alle zusammen boten einen der Umgebung ungewöhnlichen Anblick, der um so auffälliger wurde, je deutlicher aus Wort und Gebärde, aus Gang und Stimme und unserem Gesichtsausdruck die übermütige Vergnügtheit unserer Verfassung sich zu erkennen gab. Beschwingten Schrittes, unserer selbst nicht achtend, zogen wir durch das stille Tal, und es ist kein Wunder, daß der Radfahrer hinter uns sich nur zögernd entschloß, mit einer Frage an uns heranzutreten. Es war ein Offizier der italienischen Luftwaffe, der im Kriege seinen rechten Fuß mit einer Prothese hatte vertauschen müssen. Mit meinen dürftigen italienischen Brocken verwickelte ich ihn, so gut ich konnte, in ein Gespräch, um einen ersten Eindruck von der neuen italienischen Gesinnung zu gewinnen. Aber dieses war ein gemäßigter Vertreter seiner Rasse, mit dem man leicht und schnell Freundschaft schließen konnte. Er schien, was man in Italien nicht häufig findet, insoweit ein «Militarist» zu sein, als ihm mit dem Offiziersrock die Vorstellung von Anstand und Ehre zutiefst verknüpft war. Er haßte die Partisanen wegen ihrer räuberischen und gesetzlosen Allüren und beklagte das Schicksal seines und meines Volkes. Mussolini, so wiederholte er mehrfach, habe dem italienischen Volk gut getan, er habe es zu ordentlicher Arbeit gebracht, aber seine Finanzpolitik, noch schlimmer seine Außenpolitik, seien ihm verderblich geworden. Er war zutiefst empört über das namenlose Elend, das Mussolini und sein «einsamer Freund» über ihre beiden Völker gebracht hatten. Das Ende unserer Begegnung mit ihm war seine herzliche Einladung an uns alle, ihn zu besuchen, und darauf, daß es bald sein möge, leerten wir ein drittes Glas Wein.

Die Einmaligkeit dieser Situation wurde immer aufdringlicher und kann kaum treffender umschrieben werden als mit dem Zitat, das dem Buche von Bromfield *The Rains came* vorangestellt ist:

«Two men sat in a bar. One said to the other, ‹Do you like the Americans?› and the second man answered vigorously, ‹No›.
‹Do you like the Frenchmen?› asked the first.
‹No›, came the answer with equal vigour.
‹The Englishmen?›
‹No›.
‹The Russians?›
‹No.›
‹The Germans?›
‹No.›
There was a pause, and the first man, raising his glass, asked: ‹Well, whom du you like?›
Without hesitation the second man answered: ‹I like my friends.›»

Dieses ist auch der Spruch, der mit großen Lettern über den folgenden vier schönsten Tagen der ganzen Zeit geschrieben stehen könnte.

Prags – Die große Pause

Die vielbesprochenen Partisanen hatte nicht ihren großteils gefürchteten Einzug gehalten, statt dessen aber war die Wehrmacht gekommen und mit ihr der Befehl, nunmehr «Aufforderung», zu packen, um mit Hilfe der zur Verfügung gestellten Omnibusse – die unseren waren inzwischen alle verschwunden – den Weg zum neuen Quartier zurückzulegen. Nur mühsam konnten die schweren Wagen die Steigung hinauf in die Berge bewältigen. Auf halber Strecke mußten wir aussteigen und die restlichen anderthalb Stunden Weg zu Fuß zurücklegen. Der Himmel hatte sich bezogen und versprach noch weiteren Neuschnee für die nächsten Tage, den Frühling hatten wir im Tal gelassen. Durch tiefen, lockeren Schnee, der erst vor wenigen Tagen gefallen war, stapften wir, entwöhnt des langen Marschierens und etwas atemlos, tiefer hinein in die Stille der verschneiten Berge, bis wir schließlich einem deutschen Soldaten mit umgehängtem Gewehr begegneten, der vor dem Zugang des Hotelgeländes Posten bezogen hatte. Die gütige Besitzerin des Hotels «Pragser Wildsee» hatte sich sofort bereiterklärt, ihr großes Haus unserer auf so merkwürdige Weise hierher verschlagenen Gruppe als bergendes Heim zur Verfügung zu stellen. Sie bedauerte, daß es nur ein Sommerhotel und also nicht in der Lage sei, uns vor der herrschenden winterlichen Kälte zu schützen, aber sonst werde sie alles zur Verfügung stellen, was unserer Bequemlichkeit dienlich sein könnte.

In der Portiersloge empfing uns bereits eines der deutschen jungen Mädchen aus unserer Gruppe, die dem Komitee als Sekretärin diente. Sie machte die Eintragung von Namen, Geburtsdaten usw. ins Gästebuch und drückte uns dann eine Zimmerkarte in die Hand. Es war gut, daß das Komitee es übernommen hatte, die Zimmer schon vor unserem Einzug zu verteilen: So bekamen, soweit als möglich, die Frauen und Kinder, die älteren und gebrechlichen Leute die vorhandenen heizbaren Zimmer, eine Verteilung, deren Selbstverständlichkeit jedem geläufig war, die aber keineswegs zur Verwirklichung gekommen wäre, hätte man der freien Wahl auch nur den geringsten Spielraum belassen. Über diesen merkwürdigen Widerspruch zwischen Einsicht und Handlung wird noch manches ebenso Erstaunliche wie Unerfreuliche gesagt werden müssen. In der Küche herrschte bereits ein reger Betrieb. Der Koch und das Ehepaar Mohr waren betraut mit der Verwaltung und Zubereitung der von der Wehrmacht großzügig zur Verfügung gestellten Lebensmittel, und es enthält genug des Lobes und der dankbaren Anerkennung, wenn ich feststelle, daß das Essen mit jedem Tage besser wurde. Vor der Eingangstür zu unserem Speisesaal hingen zwei schwarze Tafeln. Auf der einen standen die Essenszeiten und das jeweils zu erwartende Gericht verzeichnet und auf der anderen allgemein gültige Anordnungen, deren erste und wichtigste das tägliche Treffen zur Besprechung um zwölf Uhr in der Veranda des Hotels war.
Im Laufe dieser Besprechungen stellte sich schon in wenigen Tagen zweierlei heraus. Um das Positive zuerst zu nennen, sei hier mit Bewunderung von der ebenso schnell wie einfallsreich sich entfaltenden Selbstorganisation gesprochen. Schon nach kürzester Zeit hatten wir eine Bibliothek, eine Apotheke, eine Kleiderstube, einen wohlorganisierten Wäschereibetrieb, auf jeder Etage ein geheiztes Gesellschaftszimmer, einen Briefkasten für Klagen, Beschwerden und Vorschläge. Für den Holzempfang waren Karten ausgegeben worden, und ebenso quittiert wurde die Ausgabe von Sonderzuteilungen. (Beim Abmarsch aus Dachau war es den Engländern gelungen, auf eine große Kiste Rote-Kreuz-Pakete

die Hand zu legen und ihren Transport bis hierher sicherzustellen. Es waren Rote-Kreuz-Pakete aus Belgien für belgische Kriegsgefangene in Deutschland, die hier ohne Ansehen der Person zur gerechten Verteilung kamen.) Unter uns Mädchen war ein Abwaschdienst organisiert worden, die englischen Ordonnanzen sorgten für Sauberkeit auf den Gängen und Fluren des Hotels, und die deutschen Soldaten halfen beim Kartoffelschälen. Die Geistlichen hatten sofort nach ihrer Ankunft die kleine, zum Hotel gehörige Kapelle gerichtet mit den vom Pfarrer des Dorfes freundlich zur Verfügung gestellten Requisiten, und der erste Anschlag am schwarzen Brett nannte die Uhrzeit der vier täglichen Heiligen Messen sowie die Stunde der abendlichen Mai-Andacht, und zu allem Überfluß wurde vom Kaplan oder mir abwechselnd auch noch der Angelus dreimal am Tage geläutet. Diese wohlorganisierte und zum Teil schon differenzierte Ordnung ist dem rührigen Komitee zu danken, das sich inzwischen noch vergrößert hatte um einen Engländer und zwei Deutsche. Die Methoden, mit denen die Organisation durchgeführt wurde, waren angenehm und wohltuend in ihrer zuverlässigen Höflichkeit, aber die Anlässe zu vielen Maßnahmen waren erschreckend. In den Zusammenkünften der ersten drei Tage unseres Aufenthaltes im Hotel mußte festgestellt werden:

1. Daß der private Schuppen der Wirtin erbrochen worden sei und daß vom Holz etwa so viel fehlte, wie sie selber in einem Vierteljahr verheizte.

2. Im Laufe der ersten vierundzwanzig Stunden seien durch Benutzung elektrischer Geräte siebenunddreißig Sicherungen durchgeschlagen. Es werde dringend darauf hingewiesen, der Anordnung des vorhergegangenen Tages Folge zu leisten und die Geräte zur Untersuchung auf Stromstärke und Voltzahl dem dafür eingesetzten Elektrotechniker auf Zimmer soundsoviel zu bringen.

3. Am vergangenen Abend habe die Wirtin die große Liebenswürdigkeit besessen, pro Kopf einen Viertelliter Wein aus ihrem eigenen Bestand ausschenken zu lassen. Leider müsse festgestellt werden, daß heute aus dem Faß, das danach noch fünfzig Liter enthalten habe, weitere dreißig Liter fehlten.

4. Es müsse nochmals dringend darum gebeten werden, daß kein Geschirr mit auf die Zimmer genommen werde, da sonst die Bestände nicht ausreichten, um die Mahlzeiten servieren zu können.

5. Es sei dem Komitee gelungen, ein Kalb zu kaufen. Dieses Kalb sei in genau einhundertundfünfzig Portionen aufgeteilt worden. Nach Beendigung der Ausgabe hätten sich noch fünfunddreißig Leute gemeldet, die nichts von dem Fleisch bekommen hätten. Es müßte dringend darum ersucht werden, beim Essensempfang Ordnung und Anstand walten zu lassen.

Das etwa war der Spiegel, in dem die moralische Verwahrlosung deutlich wurde, von der auch diese Gruppe von Häftlingen nicht freigeblieben war, und es dauerte einige Tage, bis die schlimmste Unordnung überwunden war. Man kann den Bericht über diese Unerfreulichkeiten noch fortsetzen, und wenn es geschieht, so nicht, um einen Schatten auf das helle Licht dieser Tage zu werfen, sondern nur, um der Warnung Ausdruck zu geben, daß der Mensch einem starken Klimawechsel in der ihn umgebenden Wirklichkeit wenigstens so ausgeliefert ist wie einer starken Temperaturschwankung in der Natur. Auch hier konnte man die schon erwähnte Beobachtung machen, daß sich die ausgestandene Not in furchtbares Recht zu wandeln drohte. Wieviel Unzufriedenheit habe ich bemerkt, als der Mahlzeit mit dem Kalbsbraten eine Erbsensuppe folgte anstelle eines Schweinebratens. Wieviel abfällige Bemerkungen habe ich bei der Verteilung des Bratens hinnehmen müssen über die vermeintliche Ungerechtigkeit in Größe und Qualität der Portionen, wieviel gierigen Argwohn habe ich flimmern sehen in den Blicken derer, die anläßlich einer Kommission in der Küche, lauernd die Teller des Küchenpersonals beäugten. Die absolute Freiheit gerade Essen und Trinken gegenüber setzt eine Tugend der Zucht und des Maßes voraus, die heute kaum noch anzutreffen ist, und die Fähigkeit, dem anderen freimütig ein Mehr zu gönnen, schwindet in dem Maße, als die Angst um das eigene Etwas wächst. Diese Angst aber war hier nicht mehr angebracht. Wir bekamen alle, und jeder mehr als genug. Aber es dauerte, bis das Mißtrauen gegen die Haltbarkeit dieses neuen Segens geschwunden war und auch hier die hemmende Fessel der Angst sich löste.

Aber alles dieses soll, nachdem es so gründlich betrachtet wurde, wieder zurückgewiesen werden an den ihm gehörigen Platz. Es waren Randerscheinungen, und was hier steht, sind Randbemerkungen. Den unauslöschlichen, einmaligen und nie wiederholten Eindruck empfingen diese Tage aus der Tatsache, daß hier die einundzwanzig Nationen, die seit sechs Jahren erbittertste Gegner waren und einen vernichtenden Krieg untereinander führten, in tiefster Friedlichkeit miteinander lebten. Unsere Zahl hätte beliebig vergrößert werden können, ohne daß dadurch der Frieden dieser Tage in Gefahr gebracht worden wäre, wenn nur die Situation unverändert blieb, die ihn bewirkte: die Losgelöstheit von der «öffentlichen Meinung» und die damit gegebene Möglichkeit, in voller Freiheit die «private Person» zu entfalten nach Maßgabe des eigenen Herzens. Zwar verfolgten wir den Ablauf des Krieges mit Spannung und Interesse an Hand der täglichen Nachrichten, aber wir selber hatten aufgehört, Krieg zu führen. So fern von jeder «offiziellen» Suggestion stellten wir staunend fest – staunend nur, weil man doch fast schon aufgehört hatte, jemals der Verwirklichung dieser treu gehüteten Ansicht zu begegnen –, daß eigentlich kein Grund vorlag, einander mit so erbitterter Feindschaft gegenüberzustehen, wie es seit Jahren an allen Fronten und in allen Köpfen der Fall gewesen war. Man soll mich nicht falsch verstehen: es wird hier kein Zweifel geäußert an der Notwendigkeit, den Nationalsozialismus als Manifestation eines alles verheerenden Nihilismus zu bekämpfen, sondern vielmehr das ist hier gemeint, daß dort in Prags die Möglichkeit zur Wirklichkeit wurde, im anderen zuerst den Nächsten, den Mitmenschen zu erblicken und erst in zweiter Linie den Vertreter einer Nation. Das verheerende politische Wir-Bewußtsein, das uns Deutschen durch zwölf Jahre rücksichtslosester und brutalster Propaganda eingehämmert worden war, das zu seiner Orientierung immer des Feindes bedurfte, wurde hier endlich und vollkommen abgelöst durch das dem Menschen gemäße Ich-Du-Bewußtsein, das einzige, in dem der andere als Person voll zur Entfaltung kommen kann, bevor man ihn der Reihe seiner Freunde oder Feinde zuordnet.

Für uns Deutsche war es nicht leicht, die nachwirkende Suggestion der Propaganda so schnell zu überwinden, wie sie hier von der Wirklichkeit widerlegt wurde. Das politische Freund-Feind-Vokabular von Goebbels hat sich nicht zuletzt wegen seiner so handlichen Schwarz-Weiß-Färbung in so vielen Köpfen festsetzen können, und es bedurfte viel bewußter und bemühter Zähigkeit, das Auge wieder zu schärfen für alle zwischen dem Schwarz und dem Weiß liegenden Färbungen, sich von dem grundsätzlichen Fehler frei zu machen: Nomination gleich Qualifikation zu setzen. In den vielen Gesprächen dieser Tage wurde es einem nur allzu deutlich, bis zu welch verheerendem Grade es der deutschen Propaganda gelungen war, den einzelnen zur Quantité négligeable zu erniedrigen und das entstehende Vakuum mit falschen Werten zu füllen. Man fragt sich, wie ein Volk etwas wert sein kann, das sich aus lauter «nichts-würdigen» Einzelnen zusammensetzt, und es ist eine schwierige Frage, aus welchen Quellen dem Deutschen wieder ein heilsames Selbstbewußtsein zufließen kann. Das deutsche Nationalbewußtsein ist zu diskriminiert, als daß ihm daraus noch ein moralischer Rückhalt erwachsen könnte. Seine Bodenständigkeit ist zu stark zersetzt und aufgelöst worden, als daß ihm der alte Lokalpatriotismus noch zu Hilfe kommen könnte bei der notwendigen Aufrichtung verbindlicher Werte. Ein Berufsethos mit einem erfüllten und erfüllenden Dienst- und Arbeitsbegriff gibt es schon lange nicht mehr. Der Wert des personalen Selbstbewußtseins ist ihm immer wieder mit ebensoviel bösem Fleiß wie geschickter Brutalität aus der Hand geschlagen worden, und er hat seine Terminologie vergessen. Nur in einer Atmosphäre wie der hier in Prags konnte er gesunden, denn nur in dieser Freiheit vermochte die Besinnung auf das dem Menschen Gemäße sich durchzusetzen. Befreit von dem Druck falscher Vorurteile und scheinbarer Notwendigkeiten, konnten wir uns hier an Hand der dem

Menschen gemeinsamen Maßstäbe direkt jenem dem Krieg zugrunde liegenden Problem zuwenden: der Sorge um das Wohl und Heil des Menschen bzw. der Menschheit, und in der gütigen und gerechten Anerkenntnis menschlicher Bedürftigkeiten war es ganz einfach, sich einig zu werden über Vorschläge, die der Allgemeinheit dienen konnten. Nur in solcher Losgelöstheit, so schien es, könnte die Welt menschlich regiert werden, denn nur in ihr vermag der Mensch seine vordergründige Position zu behaupten. Kein Argument aus einer anderen Sphäre, sei es der nationalen, der wirtschaftlichen oder sogenannten politischen, vermöchte hier die Wucht seiner personal ausgerichteten Argumentation zu entkräften, und für den guten Willen schien es ein leichtes, der Welt den Frieden zu schenken, nach dem sie so bitterlich seufzte. Das vertrauenerweckende Merkmal dieser ausschließlich auf das Wohl der Person bedachten Argumentation ist ihre tiefe Sittlichkeit. Ihre Grundlage ist der Glaube an die Würde des Menschen. Sie als einzige bedenkt das Richtige in der rechten Weise, das heißt, sie anerkennt nicht nur das Bedürfnis nach Frieden, sondern überdies die Notwendigkeit, dem Frieden zu dienen. Ein geordnetes Ich-Bewußtsein wird nie den Wunsch haben, andere zu beherrschen, sondern immer erkennen, daß es übergeordnete Werte gibt, denen man zur Herrschaft verhilft, indem man ihnen dient. Im Augenblick, wo ich den Frieden beherrschen will, habe ich den Krieg schon entfesselt, denn damit habe ich den übergeordneten Wert des Friedens zum Objekt meiner Herrschaft degradiert, mich selbst aber, der ich doch weniger bin, an dessen Stelle gesetzt: ich habe die Wertordnung gestürzt und damit mich zum Verräter an der gemeinsamen Sache gemacht. Jene Art zu argumentieren ist sittlich, weil sie, dank ihrer Ausrichtung auf das, was sein soll, den Verheerungen der kausalgenetischen Denkungsweise entzogen ist. Diese mag eine Berechtigung haben in der Welt wissenschaftlicher Forschung und Experimente, wo immer aber sie als ordnendes Prinzip in der Sphäre menschlicher Problematik auftaucht, wirkt sie sich letzten Endes aus als ‹Wie du mir, so ich dir›-Prinzip, das nur einen Ausweg hat, den des hoffnungslosen Nihilismus. Die Person ist dank ihrer Willensfreiheit die einzige dem Kausalnexus entzogene Wirklichkeit in dieser Welt. Ihr Tun und Handeln richtet sich immer auf das Nächste, noch Kommende, Zukünftige, und immer antwortet sie auf das, was ist, mit einem «so soll es werden». Jede Politik, die in ihren Handlungen sich bestimmen läßt von dem, was war, wird nur so weit erfolgreich sein können, als diese Begründung auch das, was sein soll, mit berücksichtigt. Jene Denkungsweise ist zutiefst sittlich, denn ihre einfachste Formel lautet: Ich liebe meinen Nächsten wie mich selbst. Man wird vielöleicht meinen, all dieses sei reichlich pro domo gesprochen – gewiß, das ist es, und das war es auch; wir sprachen dort derart pro domo nostra, fühlten wir uns doch alle als Bewohner des gleichen Hauses Europa, als Bürger dieser einen Welt. Diese Tage in Prags glichen dem Wiedersehen alter Freunde, denen das Bild voneinander durch böse Intrigen getrübt worden war, und in dem Glück, sich wiedergefunden zu haben, verzieh man es sich gegenseitig leicht, jemals schwankend geworden zu sein im Vertrauen zueinander. Die nationalen Grenzen waren kein unübersteigliches Hindernis mehr, sondern nur der Gartenzaun um das Grundstück des anderen, dessen Pforte einladend weit geöffnet war. Ebensowenig trennten uns die verschiedenen Sprachen voneinander; die meisten fanden sich in der Sprache des einen oder anderen, und wohl keinem fehlten die notwendigen Brocken, dem Fremden wenigstens den ihm geziemenden Gruß, ein Bitte oder Danke in seinen Worten zu sagen. Ein Traum schien in Erfüllung zu gehen, wenn auch in mikrokosmischer Form: ein einiges, ein heiteres Europa, eine heitere, einige Welt, in der der Friede herrscht.

Amerika – Die reichen, fremden Söhne

Als ich am Freitag, den 4. Mai, morgens um halb neun Uhr aus der kleinen Kapelle kam, hatte sich das Bild unseres bis dahin so friedlich-verlassenen Hotelgeländes von Grund auf verändert. Eine unzählige Menge von kleinen und großen Militärwagen war auf dem Hof zusammengefahren, alle grün gestrichen und alle mit dem Stern der alliierten Streitkräfte versehen. Im Eingang des Hotels und in der Halle wimmelte es von Soldaten – eine amerikanische Voraustruppe von der fünften Armee war vor wenigen Minuten eingetroffen. Das erste, was mir auffiel, war das Ruhige und Langsame in diesem neuen Bilde. Die Soldaten standen herum oder lagen auf den Stühlen, die Beine vor sich auf den Tisch oder weit von sich gestreckt, alle hatten sie die Hände tief in den Taschen vergraben, der eine oder andere hielt die Zigarette im Mund, und bei vielen war die einzige Bewegung das langsame Auf und Ab des Kaugummi kauenden Unterkiefers. Sie riefen nicht, sie schrieen nicht, sofern sie sich überhaupt unterhielten, geschah es in der ihnen eigenen und uns so schwer verständlichen Weise der brockenhaften Sätze, der halben Andeutung, der kurzen Bemerkung. An keinem von ihnen beobachtete ich ein Auftreten, wie es dem lange erwarteten Befreier würde entsprochen haben, sondern eher machten sie einen verlorenen Eindruck, als wüßten sie nicht recht, wohin mit sich, und wozu sie überhaupt hier seien. Eine wie tiefe Richtigkeit diesem ersten Eindruck innewohnte, habe ich selber erst im Laufe unzähliger Gespräche mit ihnen erfahren; in diesem Augenblick mußte mir als Erklärung die Nachricht genügen, daß sie achtundvierzig Stunden ununterbrochen gefahren waren, um dem dringenden Anruf, der sie von uns erreicht hatte, nachzukommen.

In den ersten Stunden drohte ihre Gegenwart das schöne, leichte Gleichgewicht der letzten Tage zu zersprengen. Vor allem wir Deutschen fühlten merklich den Boden unseres frisch erworbenen Weltbürgertums unter den Füßen schwanken. Die erste Maßnahme war natürlich die Entwaffnung und Gefangennahme der deutschen Soldaten, die unseren Schutz während der letzten Tage übernommen hatten. (Es mag hier so aussehen, als wäre dieses Kommando eine überflüssige Vorsichtsmaßnahme von uns gewesen, aber das stimmt nicht, denn mehr als einmal haben Partisanen versucht, sich unserem Gelände in nicht vertrauenerweckender Zahl und Attitüde zu nähern.) Die armen Jungens also, die Deutschen, trugen ihr restliches Kriegsgerät auf einem Haufen zusammen, Gewehre, Stahlhelme, Gasmasken, Pistolen usw., und machten sich an die etwas bittere Arbeit, ihr Bündel zu schnüren für den Marsch in die Gefangenschaft. Sie mögen ein wenig verspürt haben von der Einmaligkeit unserer inneren Situation hier oben und der aus ihr geborenen Stimmung, ihre wehmütige Anhänglichkeit an uns in den letzten Tagen war vielfach sehr rührend gewesen. Ein dicker Feldwebel, den ich kennengelernt hatte, forderte mich auf, noch ein Glas Wein mit ihm zu trinken, bevor er gehen müßte. Dem armen Mann standen die Tränen der Ratlosigkeit in den Augen. Mit heftigen, fliegenden Bewegungen riß er aus seinem Rucksack ein paar Sachen heraus, die er vor langer Zeit in Italien für seine Frau gekauft hatte. «Da», sagte er, «behalten Sie's, es hat ja doch keinen Zweck mehr. In der Gefangenschaft wird mir's nur abgenommen, und außerdem weiß ich seit über einem halben Jahr von meiner Frau nichts mehr. Sie war gerade in Magdeburg, als der schlimme Angriff kam.» Seine Eltern hatte er beim Luftangriff auf Hamburg verloren, und seine beiden Brüder waren gefallen. Sein Geschäft, das wußte er, war ausgebombt, und nun hatte er zu seiner Verzweiflung auch noch die Pistole weggeben müssen, mit der er seinem Leben ein Ende hätte machen können. Das Erschütterndste aber an seinem wilden Schmerz war die hilflose Empörung über das, was ihm und seinem Volke angetan worden war. Er begriff erst in dieser Stunde des letzten Zusammenbruchs, mit welchem Ausmaß von frecher Lüge er und alle seine Kameraden verführt worden waren, und in seinen bebenden Zorn mischte sich ein gut Teil Scham. Es war schwer, ihn zu beruhigen, wenn man vermeiden wollte, ihm die Resignation als Ausflucht anzubieten, und immer wieder meine ich, daß in solchem seelischen Zusammenbruch eines einzelnen die letzten, feinsten Wurzelfasern liegen für die großen historischen Katastrophen.

Noch am Nachmittag desselben Tages verließ die kleine feldgraue Kompanie mit müden Schritten den Hof. Auch die beiden Offiziere – ausgerechnet zwei Barone Alvensleben – mußten sich verabschieden. «In

Anerkennung ihrer ritterlichen Dienste» an unserer internationalen Gruppe genossen sie «das Privileg, ihre Pistole bei sich führen zu dürfen».

Es erübrigt sich, mir vorzuhalten, daß Sentimentalität angesichts solcher im Kriegsrecht begründeten Ereignisse nicht angebracht ist. Es handelt sich auch nicht so sehr darum, das Los der Gefangennahme dieser Leute zu beklagen, die selbst während ihrer sechsjährigen Kriegszeit gewiß mit der gleichen Selbstverständlichkeit zahllosen Menschen dasselbe Schicksal bereitet hatten, aber es lohnt sich festzuhalten, daß das, was vorher schon einmal gesagt wurde, auch hier seine Gültigkeit behält: unsere Zahl hätte beliebig in jeder Richtung vergrößert werden können, ohne daß unser Friede davon beeinträchtigt worden wäre. Auch diese Leute hätten unter dem Einfluß der herrschenden Stimmung alle friedlichen Eigenschaften und Tugenden in sich entdeckt und entwickeln können, und die Menge der für den Frieden Geeigneten hätte mit der Zeit sich um ihre Zahl vergrößert. Wann kamen denn diese Menschen dazu, jemals ganz ungestört sie selber zu sein? Immer wieder wurden sie in ein neues Kollektivbewußtsein gedrängt: erst in das des «unbekannten Soldaten» einer siegreichen Armee – eine verhängnisvollere Formel als die vom «unbekannten Soldaten» konnte kaum gefunden werden für die Krieger dieser Welt; sie vollzieht die Anonymisierung des einzelnen, dem diese neue Namenlosigkeit geradezu als Tarnkappe dient, um verborgen vor seinem eigenen Gewissen von jenen Vorrechten des Soldaten Gebrauch machen zu können, die, mit normalem Maßstab gemessen, einfach als Verwahrlosung und Sittenlosigkeit erscheinen – dann in die des Gefangenen eines geschlagenen, diffamierten Volkes –; dieses Hin- und Hergeworfenwerden von einer inneren Zwangslage in die andere kann nur dazu führen, daß die Person, von immer heftigerer Selbstverteidigung getrieben, in immer entlegeneren Extremen den Raum zu finden hofft, in dem sie endlich frei und sich selbst gemäß existieren kann. Hier in Prags war ihnen dieser Raum für kurze Stunden geschenkt gewesen, und sie waren glücklich darin – mit dem Marsch in die Gefangenschaft begann auch von neuem die Suche danach, auf der der Mensch nur zu leicht in die Irre gerät.

Nachdem die Amerikaner die freigewordenen Quartiere bezogen hatten, rasiert und wieder ausgeschlafen waren, rundeten sie den ersten Eindruck durch einen zweiten ab: die ihnen liebste und häufigste und ausgedehnteste Beschäftigung war – Ballspielen. Immer wieder bot sich die Gelegenheit, das Geschick und die vollendete Geschmeidigkeit zu bewundern, die sie alle bei diesen Spielen entfalteten; und welch rührender Zug eigentlich, daß sie die Pause, die der Krieg ihnen bot, zu so harmlosem Vergnügen verwandten. Es war wirklich das zweite, was sie unternahmen, nachdem sie die Deutschen gefangen und weggeführt hatten, daß sie einen Platz zurechtmachten, wo sie das unentbehrliche

Netz ihrer Spiele aufspannen konnten. Und das dritte, was sie taten, war die Herrichtung ihrer Frontbadestube.

Man macht sich als Deutscher keine Vorstellung von dem Reichtum der amerikanischen Armee, der ausschließlich dazu verwandt wird, so hatte man den Eindruck, dem amerikanischen Soldaten das Gefühl vom normalen Menschenrecht zu erhalten, sofern er es mitbrachte, und zu vermitteln, soweit es ihm fehlte. Es ist ein Recht des Menschen, zum Beispiel anständig gekleidet zu sein. Die amerikanischen Uniformen sind ungleich eleganter als die englischen, wahren in viel stärkerem Maße den Charakter eines Anzuges; als zum Kampf berufenen Soldaten fühlt der Amerikaner sich erst, wenn er – gleich einem Schlachtenkittel – noch über die Uniform den Overall gezogen hat. Ist das Gefecht vorüber, dann zieht er den Overall und auch die dicken Stiefel, kurz, den ganzen Krieger wieder aus und ist, was er vorher war, ein Herr, ja, fast ein Privatmann. Es ist das Recht des Menschen, sauber gewaschen zu sein. Diese Frontbadestube gehört zu den Requisiten jeder einzelnen Truppe, so daß jeder Soldat auch während des Krieges alle vierzehn Tage wenigstens sein heißes Bad genommen hat. Mittels einer Pumpe wird das notwendige Wasser einem See oder Fluß entnommen, wird zur Erwärmung durch einen mit Sprit geheizten Kessel gedrückt und steht dann in mehreren Brausen zum Duschen zur Verfügung. Ein schönes Spielzeug gehört ebenfalls zu den gerechten Ansprüchen des Menschen – zu ihren Ballspielen gehörten wie selbstverständlich auch die riesigen ledernen Handschuhe des Fängers, ein Gegenstand, der auch in Friedenszeiten bei uns als ein Luxusspielzeug der oberen Zehntausend gegolten hätte. Vollends unwahrscheinlich muß einem deutschen Landser die amerikanische Feldküche erscheinen. Man ist bei ihrer Erfindung offenbar nach dem entgegengesetzten Prinzip verfahren: nicht hat der Koch sich ausdenken müssen, wie er aus der Vielfalt der möglichen Gerichte immer wieder das eine zusammenstellt, das in der Gulaschkanone zubereitet werden kann, sondern umgekehrt: der Techniker mußte sich einen Herd ausdenken, auf dem man ebensogut kochen wie braten, wie backen konnte, ohne daß dadurch seiner notwendigen handlichen Beweglichkeit Abbruch getan würde. Diese technischen Erfinder waren die einen, die auf das Ziel der menschenwürdigen Ernährung hinarbeiteten, und die anderen waren jene, die sich mit dem Zurechtmachen und Konservieren jeglicher Nahrung befaßten. Die Feldküche hat nur die zubereitende Arbeit, die vorbereitende war bereits von den Fabriken geleistet worden, die in unzähligen «tins» die verschiedensten Gerichte «fertig zum Gebrauch» über den Ozean schickten. Für den morgendlichen Bohnenkaffee bedurfte es nur ein wenig heißen Wassers, um das Puder aufzulösen, und die Zubereitung der Pan cakes brauchte nicht mehr als fünf Minuten, denn der aus Mehl, Eiern, Milch und Zucker gemischte

Teig floß fertig aus einer Tin-box in die Pfanne. Ja, es ist das Recht des Menschen, die Güter dieser Erde zu seiner Ernährung zu verwenden, und die Erfahrung hat bewiesen, daß das Laster der gierigen Unmäßigkeit und Völlerei eher bei jenen zu finden ist, die wenig haben, als bei jenen, denen alles zur Verfügung steht.

Das, was sie hatten, diese Amerikaner – und sie hatten viel –, hatten sie in so harmloser Selbstverständlichkeit, daß es alles zusammen einen richtig wohltuenden Eindruck ergab. Hier stand das dem Menschen Gemäße noch im richtigen Lot, und immer wieder wollte sich die Zuversicht entfalten, daß an dieser Richtigkeit Europa gesunden könne. Aber ich bezweifle es, denn ein rückläufiges Sich-Verdanken gibt es nicht. In meinen zahllosen Gesprächen mit amerikanischen Soldaten und Offizieren habe ich immer wieder den gleichen Eindruck gewonnen: sie hatten Heimweh, sie haßten das Soldatsein, und sie nahmen es Europa grundsätzlich übel, daß es sie ein zweites Mal dazu gezwungen hatte, und am europäischen Schicksal in diesem Kriege schien der einzelne kein sonderliches Interesse zu haben. Europa zu erobern, war ihnen kein erstrebenswertes Ziel, sie haben übergenug Unbekanntes, noch zu Erringendes in ihrem eigenen Lande. Ihre Teilnahme ist etwa jener vergleichbar, die man für seinen Nachbarn aufbrachte, wenn dessen Haus von einer Bombe Feuer gefangen hatte. Die Anstrengungen, mit denen man ihm zu Hilfe eilte, galten weniger dem Schutze seiner Habe, als der Vernichtung des Feuers. So auch hier: die Amerikaner kämpften mehr für das Ende des Krieges als für die Erhaltung Europas. Daß diese beiden Dinge nicht unbedingt identisch sind, wissen wir, und bis zu welchem Maße man sie wird identifizieren können, wird die Geschichte der nächsten Jahre uns lehren müssen.

In Gesprächen mit ihnen wurde mir erschreckend deutlich, wie tief die europäische Seelenverfassung verstrickt ist in ihre komplizierte historische Vergangenheit, wieviel hemmende Vorurteile aus ihr erwachsen sind und eine wie abgründige Problematik in ihr erkennbar wird. Die Hilflosigkeit einer Mutter kann nicht größer sein, wenn sie ihrem erwachsenen Sohn über sich selber Aufschluß geben soll; hilflos weniger deshalb, weil das Thema so schwierig ist, sondern weil das werbende, empfangsbereite Verständnis des Sohnes ihr im Grunde nicht zugewandt ist. Zwar erkennt er sein Bild in ihrem Spiegel, nicht aber spiegelt er selber ihr Antlitz zurück. Er kann es gar nicht, denn er ist wirklich der Neue, der sein Dasein ihr verdankt, um es weiterzugeben an den Nächsten, nicht aber, um es ihr zurückzubringen. Das Vergangene kann im Zukünftigen nur insoweit enthalten sein, als es von sich aus hineinragt ins Gegenwärtige, nicht aber kann das Zukünftige die Vergangenheit wieder voll zur Gegenwart erwecken.

Das Gefühl der Vertrautheit mit den Amerikanern war groß, aber immer wieder war ich erschüttert von soviel unbeschwertem und vielfach trägem Jungsein, das auch vom verantwortungsbewußten Ernst im einen oder anderen nicht wirklich überwunden wurde. In ihrer Haltung Europa gegenüber schien der Respekt vermischt mit einem kleinen Minderwertigkeitskomplex und einem großen, sehr jungenhaften Gefühl haushoher Überlegenheit.

An einem Brain-trust-Nachmittag, dem ich später in Capri beiwohnte, stand folgende Frage zur Debatte: soll Amerika Italien helfen oder nicht? Der eine Colonel sagte: «Was geht uns dieses Italien an, warum sollen wir gekürzte Rationen haben, nur weil diese Leute sich nicht selbst regieren können?» Und als Beweis für die mangelnde Selbsthilfe, die er überhaupt unter den europäischen Ländern angetroffen habe, führte er folgendes an: «In den vergangenen Wintern haben die Pariser furchtbar gefroren und sich bitter beklagt über das fehlende Heizmaterial. Warum, zum Teufel, fällten sie nicht die Bäume, die reihenweise vor ihrer Nase standen? Bloß, weil irgendso ein Louis darunter spazierengegangen ist.» Ihm würde dieser Louis wahrhaftig egal gewesen sein, er würde sofort die Bäume verheizt haben. Solange solche Hemmungen und Vorurteile noch Gewicht hätten, werde er keinen Finger für Europa rühren, denn hinter dieser Sentimentalität verschanzte sich seiner Meinung nach nur die träge Unbereitschaft, sich selbst zu helfen, damit von anderer Seite geholfen würde. Er werde auch Italien nicht helfen. Das Land könne ganz gut auch alleine existieren, wenn man nur mit voller Bereitschaft, mit gutem Willen an die Arbeit gehe.

Dem gegenüber stand ein einfacher Sergeant, der ganz entflammt von begeistertem Ernst für die genau entgegengesetzte Weise plädierte. Er sagte: «Wir müssen Italien helfen, und nicht nur Italien, wir müssen Europa helfen. Wir sind das reichste Land der Welt, sind mit unendlichen Schätzen und Gütern gesegnet, wir sind auch verpflichtet, denen davon zu geben, die weniger haben als wir. Es entspricht auch unserem Wesen, es zu tun. We shall have the hell of a lot of fun helping them.» Das war sein bestes und schlagendstes Argument. Ich glaube, in dieser Gegenüberstellung wird viel deutlich von den zwei Möglichkeiten des amerikanischen Wesens. Die beiden erbitterten Gegner dieses Nachmittags, der Colonel und der Sergeant, fanden sich dann wieder im selbstzufriedenen Lob ihrer wohlgelungenen Demokratie, die es gestattete, daß selbst ein Colonel und ein Sergeant zweierlei Meinung sein konnten.

Die Nettigkeit, die Freundlichkeit, die Freigiebigkeit, die unaggressive Harmlosigkeit des einzelnen Amerikaners führte zu einer Fülle wohltuender Eindrücke. Sie waren alle immer bereit, lange und interessierte Gespräche zu führen über die letzten zwölf Jahre europäischer Geschichte, aber es blieb der Eindruck, daß sie froh waren, es nicht verstehen zu müssen, da es sie im Grunde ja nichts anging.

Am zweiten Tage entwickelten sie neben dem Ballspiel noch ein anderes Steckenpferd: sie fingen an, Autogramme zu sammeln. Auf wessen Unterschriften sie es dabei besonders abgesehen hatten, wird ganz deutlich in der Frage, mit der einer von ihnen mir sein Autogrammbuch unter die Nase hielt: «Are you a countess?» Woraufhin ich ihm sagen mußte, daß ich unfortunately nur eine simple Miss sei, daß aber da hinter ihm ein Prinz stehe, woraufhin er sich mit einem strahlenden «thanks» auf dem Absatz umdrehte, und der Prinz Leopold hatte die ihm offensichtlich nicht ungewohnte Arbeit davon. Und zu den Autogrammen sammelten sie Souvenirs. Ja, du liebe Güte, was war ihnen da nicht alles willkommen: ein Knopf, ein Groschen, ein Fetzen Papier, sie nahmen schlechthin alles und schienen voll befriedigt davon. Ihre Kindlichkeit, die gerade in diesem Zusammenhang deutlich wurde, mochte fast ein wenig mißtrauisch stimmen gegen die Brauchbarkeit ihres Ernstes.

Zwei Tage nach ihrer Ankunft kamen weitere und ernstere Spieler und Spielzeuge der amerikanischen Öffentlichkeit. Eine Flut von Pressefotografen und Interviewern überschwemmte das ganze Gelände. Unvergeßlich ist der eine Mann, der schweißtriefend und völlig atemlos mit seiner Kamera von einem zum anderen sprang, dabei mit wilden Kiefern das unvermeidliche Kaugummi traktierend. Niemöller von vorn und von hinten, mit und ohne Bibel, stand im Mittelpunkt des allgemeinen Interesses, und die kleine vierjährige Tochter von Schuschniggs war viel interessanter als das Ehepaar selber. Prinz Leopold sitzend, stehend; schweigend, redend, lächelnd und nachdenklich usw. usw.

In wenigen Tagen schon hatten wir uns ganz miteinander eingelebt. Die Amerikaner waren hier die Sieger, nicht aber die Okkupanten, und in unserer internationalen Gruppe überwog die Zahl der Vertreter ihnen verbündeter Nationen die der feindlichen um ein Beträchtliches. So kam es, daß die Rollen des Gastgebers wie auch die des Gastes sich gleichmäßig auf uns und sie verteilten; eine bessere Grundlage für ein freundschaftliches Zusammenleben ist kaum denkbar, als daß der eine sich zu Gast beim anderen fühlt, dem er doch ständig mit der zuvorkommenden Höflichkeit des Gastgebers entgegentritt.

Am Montag, den 7. Mai besuchte uns ein amerikanischer General. Sein Auftritt verursachte nicht ein Mindestmaß von Aufregung oder gar Vorbereitung, überhaupt von einer merkbaren Bewegung unter seinen Leuten. Ich habe ihn mir mehrfach zeigen lassen müssen, so wenig unterschied sein Äußeres ihn vom gemeinen Mann. Um seine Person herum bildete sich auch nicht das uns Deutschen so gewohnte ehrfürchtige und strammstehende Schweigen, das Hackenklappen und Hin- und Herspritzen von Adjutanten und Ordonnanzen; nicht die geringste Veränderung habe ich bemerken können, die durch sein Erscheinen hervorgerufen worden wäre. Er richtete eine freundliche Ansprache an uns, in der er uns mitteilte, daß es der Wunsch des Hauptquartiers sei, uns zur Beantwortung einer Fülle von Fragen nach Neapel zu holen, und er bitte uns, einen möglichst raschen Aufbruch dorthin zu ermöglichen. Es wurde festgelegt, daß die Gruppe in zwei Abteilungen fahren sollte, deren erste schon am folgenden, und deren zweite einen Tag später Prags verlassen würde. Für die Dauer der Fahrt wären wir Gäste der amerikanischen Armee, und er bitte uns, von den uns zur Verfügung gestellten Sachen Gebrauch zu machen, das hieß, daß unserer dringendsten Kleidernot abgeholfen werden sollte aus den Beständen der amerikanischen Armee. Mit diesem Tage übernahmen auch die Amerikaner unsere volle Verpflegung. In den nächsten vierundzwanzig Stunden kamen außer der Marschverpflegung, die sich späterhin als überflüssig erwies, auch noch die gesamten inzwischen angesammelten Bestände an Nahrungsmitteln und Marketenderwaren zur Verteilung, soweit sie nur dafür geeignet waren. Herr Mohr zum Beispiel verließ Prags mit einem Gepäck von drei Säcken und neun Kisten.

Pünktlich auf die Minute verließen wir am Dienstag früh um zehn Uhr das gastliche Hotel. Die Abreise und alle durch sie bedingten Organisationen waren ruhig und reibungslos abgelaufen, ohne Geschrei, ohne ein lautes Kommando, ohne irgendeine Spur von Aufregung – es fällt einem Deutschen doch schwer zu glauben, daß ein militärischer Apparat auch ohne diese gräßlichen Begleiterscheinungen funktionieren kann, aber es geht tatsächlich, und der Eindruck ist mehr als angenehm. In einem Convoi von vierzig Automobilen, darunter etwa zehn Limousinen und dreißig bei uns so genannte Kübelwagen, bewegten wir uns, einer langen Schlange nicht unähnlich, den Berg hinunter fort in südlicher Richtung. Mit Rücksicht auf die älteren Leute und die Kinder war angeordnet worden, daß die Höchstgeschwindigkeit von vierzig Stundenkilometern nicht überschritten werden durfte. Wir hatten also weidlich Gelegenheit, alle Schönheiten dieser Frühlingsfahrt hinein in den Norden Italiens zu genießen. Das Land schien noch ganz befangen in dem glücklichen Taumel des endlich beendeten Krieges. Überall hingen Fahnen aus, und auf den kleinen Marktflecken standen die Menschen beieinander, als wenn sie alle große Ferien hätten. Hin und wieder begegneten wir kleineren oder größeren Gruppen deutscher Soldaten, die auf ihre Gefangennahme warteten oder bereits auf dem Wege dahin waren. Viele müssen in einem schmerzlichen Zwiespalt gewesen sein, nie anders diesem liebgewordenen Lande begegnen zu können als unter dem Zeichen der Feindschaft – erst als feindlich eindringende Sieger und nun als besiegter, verstoßener Feind –, auf allen lag die Ratlosigkeit wie ein bleischweres Gewicht, unter dem sie sich nur mühsam schienen bewegen zu können.

Am frühen Nachmittag machten wir Station in einem reizenden Gartenrestaurant, wo lange Tafeln für unseren Empfang gerichtet waren mit weißem Brot, herrlichen Marmeladeeimern und unerschöpflichen Mengen von Kaffee, Zucker und Sahne. Gegen Mitternacht erreichten wir Verona, das vom Kriege arg mitgenommen schien, und im Hotel «Colombo d'Oro» erwartete uns ein köstliches Abendessen mit gebratenen Hühnchen, Salat und Spargelköpfen, Eiscreme, Zigaretten und selbstverständlich wieder Kaffee. Das zeitige Frühstück am anderen Morgen war nicht weniger genußreich. Wieder bestiegen wir unsere vierzig Automobile, diesmal aber nur, um die kurze Strecke zum Flugplatz zurückzulegen, wo fünf Maschinen mit angeworfenen Motoren zum Start nach Neapel auf uns warteten. Die Sonne schien, die Luft war ruhig und klar und ließ eine gute Aussicht auf das unter uns liegende Land. Heiße Sehnsucht durchzog mein Herz beim Anblick von Florenz, und voller Begierde haschte ich nach einem Eindruck von Rom. Unser Flugzeugführer war nett, er ließ uns zu sich in die Gondel kommen und flog jeweils die Tangente, die die beste Aussicht gewährte. Während des Fluges bekamen wir Sandwiches und einen Becher Kaffee.

Wie die Kinder freuten wir uns darauf, im wärmeren Klima des südlichen Neapel unser Pragser Idyll fortzusetzen. Die ganzen Stunden standen noch und immer wieder unter dem Obertitel Befreiung – befreit fühlten wir uns von Angst und Schrecken, von Terror und Unterdrückung, von Mord und Krieg, befreit von der bitteren Notwendigkeit, sich schützen und verteidigen zu müssen. Wirklich, wir schwammen in einem Meer von Seligkeit, wir flogen durch einen Himmel durchsonnter Freude, wolkenlosen Glücks, vollkommenen Friedens.

Bei der Ankunft in Neapel begegneten uns zuerst die zahllosen Linsen unzähliger Pressefotografen, und die zweiten, die sich unser annahmen, waren die Girls vom amerikanischen Roten Kreuz. Sie stürzten sich mit überwältigender Nettigkeit auf uns, traktierten uns mit Kaffee, die Kinder mit Limonade und Kakao, mit kleinen Pfannkuchen, schenkten uns Beutel, die lauter nützliche Sachen enthielten: ein Stück Seife, eine Zahnbürste, einen Waschlappen, eine Schachtel Zigaretten usw. Sie drückten uns Zeitungen in die Hand, strahlten uns an wie ihre liebsten Kinder und spielten unendlich einfallsreich ihre herzliche Rolle in ‹unserem Frieden›.

Da plötzlich zerriß der Traum: ein Posten trat uns in den Weg, der den Befehl hatte, die Angehörigen der Achsenmächte von denen der Alliierten zu trennen und jeden weiteren Kontakt zwischen ihnen zu verbieten. So rasch wie in der Nähe des Äquators der Wechsel von Tag und Nacht sich vollzieht, so schnell wich hier das Licht der heraufdämmernden Finsternis: ein Deutscher zu sein, wurde zum bösen Schicksal, das jäh seine Schatten über uns warf. Mit etwas verzerrtem Lächeln winkten wir unseren neuen Freunden Adieu und hatten lange zu kämpfen gegen eine schmerzhafte Übelkeit. Die amerikanischen Girls bewahrten sich ganz uneingeschüchtert ihre natürliche Herzlichkeit, und in ihrer unangefochtenen Teilnahme offenbarte sich eine echte Mütterlichkeit, die keine nationalen Unterschiede gelten lassen kann, aber das war nur ein schwacher Trost in dieser abgründigen Traurigkeit darüber, daß das «Mensch unter Menschen sein» doch nur im Traum zur Vollendung kommt.

Nach etwa dreistündigem Warten wurden wir aufgefordert, die zwanzig vorgefahrenen Limousinen zu besteigen, die uns vom Flugplatz zum Hotel «Terminus» brachten, wo das Quartier für uns bereitet war. Wir Deutschen bewohnten das eine Stockwerk und die übrigen Achsenmächte das andere, und auf jedem Treppenabsatz stand ein amerikanischer Militärpolizist mit umgehängter Maschinenpistole, um aufzupassen, daß keiner den Flur verließ. Uns waren vierundzwanzig Stunden Zeit gegeben, um uns mit der neuen Lage abzufinden, was um so mühsamer war, als in der gegenwärtigen Situation die leisen Anklänge an ein «da capo» von unseren mißtrauisch gewordenen Ohren nicht überhört werden konnten: alle Fragen bezüglich unseres weiteren Schicksals wurden mit einem wohlvertrauten und stereotypen «ich weiß es nicht» beantwortet. Daß diese Dinge sich so scharf in mein Gedächtnis eingeprägt haben, verdankt sich weniger einer hinter ihnen stehenden bösen Absicht seitens der Amerikaner, sondern ist vor allem so zu verstehen, daß in dieser ebenso verständlichen wie sachlich notwendigen Maßnahme ich das erste Mal dem deutschen Antlitz im ausländischen Spiegel begegnete. Daß wir mit so viel Bewachung bedacht wurden, geschah vornehmlich zu unserem Schutz, denn es konnte den Italienern ja nicht verborgen bleiben, daß soundso viele Deutsche im Hause untergebracht waren, und ihre Reaktion darauf war mehr als unberechenbar. Die bewaffneten Militärpolizisten also warfen kein so schlechtes Licht auf die Amerikaner, wohl aber ein entsetzliches auf uns selber, deren stille Anwesenheit genügen konnte, einen Sturm wilder, empörter Wut zu entfesseln. Fast hätten wir uns zurücksehnen mögen ins KZ, wo man sich als Unschuldiger hatte fühlen können in den Händen des Schuldigen; hier hingegen lastete sich einem das Gewicht der «deutschen» Schuld mit so erdrückender Wucht auf, daß es schwer war, Ruhe und Ordnung zu wahren in dem entfesselten Widerstreit der eigenen Empfindungen.

Am Mittag des nächsten Tages, dem 9. Mai, wurden wir wiederum aufgefordert, zwanzig Autos zu besteigen, die uns diesmal nur die fünfhundert Meter bis zum nahen Hafen fuhren, woselbst ein englisches Marineboot uns aufnahm, um uns hinüberzufahren nach Capri. Mit uns fuhren ein amerikanischer Captain von der Militärpolizei und acht Militärpolizisten, die voll verantwortlich waren für unser Leben und unsere Gesundheit. Der Captain war sehr nett, ich habe mich lange mit ihm unterhalten, und in den folgenden Wochen hat er uns viele Beweise seiner zuverlässigen Gutmütigkeit gegeben. Am Kai von Capri standen vierzig kleine, sprungbereite Jeeps, die mit unglaublicher Schnelligkeit die kurvenreiche Strecke nach Anacapri hinaufbrausten. Dort versanken wir dann für vier Wochen im Schoße des Hotels «Paradiso».

Mühsame Heimkehr

Wie überwältigend schön war dieses Capri! Die Lichtfülle der italieni-
schen Frühlingssonne ergoß sich in ein Meer von Farben, Blüten und
Blumen. Die ganze Insel stand in voller Pracht. Es duftete nach Rosen und
Jasmin, nach Lilien und Gardenien, die Zweige der Obstbäume hingen
schwer herunter von der Fülle ihrer Blüten und Früchte. Ein weicher
Wind trieb die Düfte der Pflanzen über das ganz Eiland, und immer
wieder schlossen wir die Augen überwältigt von so viel leuchtender
Schönheit und üppigem Reichtum. Der kleine, zum Hotel gehörige
Garten schien seinen Ehrgeiz darein gelegt zu haben, in der Vielzahl
seiner winzigen Hecken, Wege und Stege, seiner Gänge, Beete und
Lauben alle Schätze dieses paradiesischen Fleckens in sich zu vereinen.
Der starke, süße Duft, der sich unter seinen Laubdächern sammelte,
betäubte uns fast, und wie in einem schweren Rausch verbrachten wir die
ersten zwei Tage.

Capri – Die Nervensäge

Dieses Übermaß von Schönheit, das uns plötzlich umgab, war uns nicht
bekömmlich nach so langer Zeit härtester Entbehrungen auf gerade
diesem Gebiet – nach kürzester Zeit schon war die Stimmung unerträglich! Da wir vorläufig das Hotel noch nicht verlassen durften, war unsere
Bewegungsfreiheit auf seine Räume und den Garten beschränkt, und im
Versuch, einander auszuweichen, traten wir uns beständig auf die Füße.
Der einzige Gang auf die Straße war der morgendliche Kirchgang; unser
Captain haßte es zwar, früh aufzustehen, aber wir hatten ihm leid getan,
wie er mir sagte, und er habe es für sich an der Zeit gefunden, mal wieder
einen guten Eindruck im Himmel zu machen. So hatte er sich bereit
erklärt, durch seine Begleitung uns diesen Gang zu ermöglichen. Zu allem
Überfluß war zur Sorge für unsere Gesundheit auch noch eine Nurse
kommandiert, daraufhin wurden erst einmal alle ein bißchen krank. Den
einen zog es hier, den anderen zwickte es da, einer hatte schon lange diese
Schmerzen, ein anderer fragte, was das wohl wäre – in der süßen, satten
Trägheit dieser Tage kam man nur zu leicht auf dumme Gedanken. In
dem hübschen, lichtgrün gefärbten Speisesaal wurden uns täglich an
weißgedeckten, blumengeschmückten Tischen von einer Schar frackge-
schwänzter Kellner drei Mahlzeiten serviert. Nicht mehr die beste
amerikanische Ration, aber doch noch eine ganz gute. Da wir aber wieder
Anhaltspunkte hatten für die Vorstellung einer besseren Verpflegung,

galt diese sehr bald als schlecht. Durch die Gitter dieses goldenen Käfigs steckten immer wieder böse Schlangen der Versuchung und Verführung ihren giftig züngelnden Kopf. Das meiste Gift verspritzte die Schlange der Unzufriedenheit: dieses sei noch keine Befreiung, dieses sei eine zwar angenehme, aber im Grunde genau so unerträgliche Form der Gefangenschaft wie alles bisherige; entweder, so hieß es, wollen wir die ganze Schönheit genießen und frei auf der ganzen Insel spazierengehen dürfen, aber eigentlich wollen wir überhaupt von allem diesem nichts, wir wollen nach Hause! Diese zwei sich widerstreitenden Bewegungsmomente im Inneren jedes einzelnen sind die Erklärung dafür, warum Capri so unhöflich als Nervensäge bezeichnet wurde. Der Mensch verträgt die Superlative nicht, nicht im Guten und nicht im Bösen. Kaum einem gelang es, diese unfreiwilligen vier Wochen wie geschenkte große Ferien hinzunehmen, die meisten rüttelten gereizt und verzweifelt an den Gittern, die sich erneut unserer Heimkehr entgegenstellten. Die ersten acht Tage vergingen ohne jegliches Ereignis. Niemand kümmerte sich um uns, niemand brachte uns irgendeine Nachricht über das, was würde. Einige meinten schließlich resigniert, das beste sei, in einen Dornröschenschlaf zu versinken.

Nach einer Woche endlich – eine große Neuigkeit: die Frauen und Kinder dürfen das Hotel verlassen. Der erleichterte Aufschrei war dem scharfen Pfiff eines bis zum Platzen gefüllten Ventils nicht unähnlich, und nach weniger als einer halben Stunde waren die Männer unter sich. In diese neue Anordnung mischte sich wieder etwas von der reichen amerikanischen Großzügigkeit. Es wurde noch am selben Tage ein Pendelverkehr zum Strand organisiert: morgens und nachmittags fuhren je zwei Jeeps die Badelustigen zu einer bestimmten Stunde hinunter, um sie pünktlich zur Mahlzeit wieder zurückzubringen. Zu unserem Erstaunen stellten wir fest, daß außer uns Deutschen und Ungarn auch noch andere aus unserer ehemals so großen Gruppe auf dieser Insel lebten. Familie Schuschnigg hatte in Anacapri eine Villa bezogen, und in dem anderen größeren Hotel dieses Ortes lebten die Skandinavier und die Balkanesen bis auf den griechischen Generalstab, der irgendwo verlorengegangen war.

Die Erleichterung, die durch diese neue Anordnung gegeben war, hielt nicht lange an. Erstens quälte und bedrückte es uns, daß die Männer von dieser Befreiung ausgeschlossen waren, und zum anderen bekamen wir alle mehr oder weniger deutlich zu spüren, daß die Wirkung der Schönheit nicht unabhängig ist von der Farbe des Grundes, auf dem sie sich spiegelt. Diesem Grunde aber hatte sich das Grau der Häftlingskolonnen aus dem KZ, hatten sich die verkohlten Trümmer der toten Städte, hatte sich die stumpfe Lichtlosigkeit der Flüchtlingsscharen unauslöschlich eingeprägt. Es war dem Herzen eine schwere Kost zu begreifen, daß beide Bilder einen Anspruch auf seine Liebe hatten, und mehr als einmal geriet es in Gefahr, sich der Forderung des ‹Sowohl-als auch› durch ein ‹Entweder-Oder› zu entziehen. Für die Mütter, die noch in ständiger Sorge um ihre Kinder lebten, war es vollends unmöglich, zum ungetrübten Genuß der sie umgebenden Herrlichkeiten zu kommen, ihnen mußte jedes Verweilen in diesem Zaubergarten vorkommen wie eine Schuld an den Kleinen, die ängstlich auf ihre Rückkehr warteten.

Sehr langsam, so hatte man den Eindruck, setzte sich die amerikanische Maschinerie in Gang. Nach zehn Tagen schließlich erschien der erste, um uns auszufragen. Natürlich richtete sich das Hauptinteresse auf Personen wie Schacht, die Generäle, Schlabrendorff und Dr. Müller (Rechtsanwalt aus München), und ihr Interesse ging schließlich so weit, daß sie einen Großteil von ihnen mit hinüber aufs Festland nahmen, wo diese zwei Wochen in härtester Kriegsgefangenschaft verbrachten. Dem amerikanischen CIC folgten zwei besonders nette Offiziere vom Scotland Yard, die vor allem Material über die KZs sammelten und deren Bewachungspersonal; dann tauchte die UNRRA auf und füllte eine unheimliche Menge von entsetzlich umständlichen Vordrucken mit Namen und Daten und allem, was den Menschen auf so einem Papier zu kennzeichnen pflegt, und sie versprachen, ihr möglichstes zu tun, um den Kontakt mit den Angehörigen in der Heimat herzustellen. Dann erschien das Rote Kreuz, um uns etwas anzuziehen; dann erschienen die Quäker, um nochmals dasselbe zu tun, was die UNRRA schon unternommen hatte, dann besuchte uns Pastor Niemöller, der ein völlig berauschtes Dasein führte im Schoße des Generals Alexander in Neapel, und auch er versprach, zu tun, was in seinen Kräften stünde, um die Angehörigen zu benachrichtigen; kurzum, ein Mangel an Abwechslung war nicht mehr zu beklagen, aber eine Besserung der allgemeinen Stimmung war nur an wenigen zu bemerken. Zu einem wirklich konkreten Erfolg bezüglich der Angehörigen kam als einziger der rührige und nie ermüdende Prälat, der für sich und den jungen Kaplan die Erlaubnis bewirkt hatte, zur Audienz beim Papst nach Rom zu fahren, von wo aus dann über den Vatikansender unsere Namensliste das erste Mal vollständig in die Öffentlichkeit drang. Siebenzehn Tage nach unserer Ankunft schließlich wurde auch den Männern gestattet, sich auf der ganzen Insel nach eigenem Vergnügen herumzubewegen, was wiederum mit einem freudigen Aufschrei begrüßt wurde aber ebensowenig verrichtete bezüglich einer anhaltenden Linderung der allgemeinen Unruhe wie überhaupt alles, was sich hier mit uns ereignete. Natürlich gab es den einen oder anderen und immer wieder einige, die in großer Besinnlichkeit und Ruhe ihren eigenen Gedanken und Empfindungen nachgingen, die jene Ecken der Insel aufstöberten, wo sie die gesuchte Ruhe fanden, die solche Spaziergänge machten, von denen aus sie die Welt betrachten konnten, ohne befürchten zu müssen, daß sie aufdringlich sich ihnen in den Weg legen würde, aber im allgemeinen konnte man eine nervöse Geschäftigkeit beobachten, der die unbezähmbare Ungeduld zugrunde lag.

Die Geselligkeit unseres täglichen Lebens erfuhr eine gewaltige Steigerung durch die Italiener. Die Capreser, bzw. Anacapreser waren derart begeistert, nach sechs Jahren endlich wieder die ersten Zivilisten, die ersten Fremden, die ersten ausländischen Gäste in ihren Straßen zu sehen, daß ihnen alles andere an uns völlig gleichgültig war. Sie sind nicht mit normalen Maßstäben zu messen, diese Capreser. Die reiche, wuchernde Pracht ihrer Insel hat sie verwöhnt, und die vielen, vielen Fremden haben sie verdorben. Sie führen alle ernsten Gegensätze ad absurdum. Nach dem Sturz Mussolinis entfernten sie in aller Hast die faschistischen Embleme am Lokal auf dem Marktplatz, und in genau der gleichen Zusamnensetzung traf sich der bisher faschistische Männerverein am anderen Tage wieder, um wild gestikulierend alles zu verdammen, was er gestern noch gepriesen hatte. Zu unserer Zeit wurde viel gemunkelt von der starken kommunistischen Gefahr auf der Insel. Am Fronleichnamstage war das Haupt der kommunistischen Verschwörung auf der Prozession zu sehen, wie er direkt hinter dem Allerheiligsten gehend mit ernstem Gesicht die Fahne seiner Kongregation durch die Straßen trug. Sie werden auf dieser Insel wahrscheinlich mit allem einverstanden sein, was imn er sich auf dem Festland ereignet, wenn nur bald wieder das Gesicht der Fremden in ihren Straßen erscheint. Und nur diese Qualifizierung ließen sie gelten in der Beurteilung des einzelnen: ist er ein guter oder ein schlechter Fremder? Begreift er etwas von der paradiesischen Schönheit dieser Insel, oder ist er geizig? Versteht er zu wählen unter den echten oder falschen Genüssen, kann er verweilen, wo es schön ist, oder schaut er auf die Uhr und in den Baedeker? Überhaupt, ist er hübsch, oder ist er häßlich, ist er liebenswürdig oder unhöflich, ist er ansprechbar oder verschlossen? Ist er gefällig oder stumpfsinnig? Diese Italiener hatten einen verteufelt scharfen Blick, und es war nicht leicht, ihre Kritik ungeschoren zu passieren. Mit Musik konnte man ihr Herz im Sturm erobern und mit einer kleinlichen Geste ihr ganzes Wohlwollen zunichte machen. Wir waren der Bewährung in diesem Katze- und Mausspiel noch so entwöhnt, daß uns manche Ungeschicklichkeit passierte.

Dennoch, ich glaube, es gab keinen unter uns, der nicht zu irgendeinem Italiener ein zartes Verhältnis gehabt hat. Ich hatte gleich zu zweien eine zarte Beziehung, zu Vittorio und zu Luigi, deren beider Freundlichkeit mir mehr als einmal zu einem Genuß reiner Capreser Provenienz verholfen hat. Es gibt keinen Flecken auf dieser Insel, der so sehr den Ausblick freigibt auf den mittelländischen Sonnenuntergang wie Vittorios Veranda, die direkt unterhalb des Hauses von Axel Munthe gelegen ist. Wie die meisten Veranden, ist auch diese überdacht von Wein, in einer Ecke hängt ein großer Fetzen braunes Persennigtuch, in einer anderen Ecke stehen zwei, drei Blumentöpfe mit Geranien, und die Stiege herauf zur Veranda ist genau so wackelig wie alle Stühle, auf die man sich setzen kann. Dieser Flecken hält den äußersten Zipfel einer Bucht, die in weicher Kurve von hier hinauf nach Anacapri schwingt, von dessen lauter Geschäftigkeit nur das Läuten der Kirchenglocken bis zu diesem Platz hinüberdringt. In die Stille der rot hinüberdämmernden Sonne kommt der schleppende Schritt der alten Mutter, die mit breitem, freundlichem Lächeln vor den Gast und ihren Sohn zwei Teller schiebt. In dem einen schwimmt ein in Öl gebackener Tintenfisch und auf dem anderen liegt ein wenig Brot. Dann klappert der junge Schritt der einen Tochter die Stiege hinauf, sie stellt eine Schale mit Orangen, Kirschen und Mispeln auf den Tisch, und nun kredenzt der Sohn dem Gast und seinen Frauen das Glas Wermut, und in natürlicher Eintracht verbringt man den Frieden des Abends so fernab vom Getriebe der Welt. Pax requies est in ordine – hier waren alle drei, die Ordnung, die Ruhe und der Friede; nicht jener berauschende Friede aus den Pragser Tagen, wo wir, verfolgt und getrieben vom gemeinsamen Feind, am Rande unserer Möglichkeiten der utopischen Verwirklichung unser aller Sehnsucht begegnet waren, hier herrschte nicht die Idee des Friedens in der Einigkeit um das, was sein könnte, sein müßte, sein sollte, hier herrschte der Friede als organisch gewachsene Frucht der im lebendigen Herzen gegründeten Ordnung.

Unendlich wohltätig strömte die sanfte Ruhe der still herbeigekommenen Nacht durch das so vielfach beunruhigte eigene Gemüt. Immer wieder schreckte von jenseits der Alpen das entstellte Gesicht der Heimat, immer wieder quälten sich die Gedanken mit der Frage, wie kann es gelingen, sie wieder in jenen Frieden zu führen, dem auch die Fruchtbarkeit beschieden ist. Ständig zuckten erschrockene Fragen nach dem Schicksal geliebter Menschen durch den müden Kopf, stets von neuem verirrten sich die Gedanken in Pläne und Vorstellungen, die dem Übel zu Hause zu steuern versuchten, aber sie zersprangen wie Seifenblasen an der hier gegebenen Erkenntnis, daß man den Frieden nicht bestimmen, nicht organisieren, sondern nur im eigenen Herzen wachsen lassen kann. Nur in ihm ist die Ordnung zu finden, deren Ruhe sich in Frieden verwandelt. Wir hatten einen «ordentlichen» Staat gehabt, der vermeinte alles neu «ordnen» zu müssen, dessen «Ordnungssinn» sogar so weit ging, daß er uns Blumen in den Gefängnishof pflanzte, und seine «Ordnung» hat das gleiche Chaos entfesselt, an dem ihr «Sinn» sich orientiert hatte; der nihilistischen Weltvorstellung, der überzeugten

Gottlosigkeit. Diese zerstörerische «Ordnung» ist hier nicht gemeint, sie läßt schließen auf ein zerstörtes Herz, ich aber sprach von einem gesunden Herzen, einem vollen Herzen, das noch die Fülle der ihm ahnungsweise überantworteten Werte liebevoll zu hüten vermag, und dem diese erahnten Schätze deshalb kostbarer sind als alle selbsterwählten, weil sie umweht sind vom Hauch der Heiligkeit dessen, der sie ihm anvertraute. Hier liegt die eine und die stärkste Wurzel des Friedens, von hier aus muß er sich verbreiten, denn hier ist bereits der Friede am Werk, «den die Welt nicht zu geben vermag».

Wie gefaßt mußte man nicht sein auf einen Angriff des bösen Neides selbst in dieser Stunde! War es nicht ein leichtes, fast eine billige Selbstverständlichkeit für die Capreser, friedlich und glücklich zu sein in dieser traumhaft schönen Umgebung? Wie kann man das gleiche von uns verlangen in unseren verkohlten Städten, unserer zerstörten Landschaft? Würde nicht jeder Mensch friedlich sein, wenn er in einem Lande lebte, das ihm die reifen Früchte in den Mund wachsen läßt? Wie konnten wir friedlich sein angesichts des Hungerns, der Flucht, des Elends Tausender und Abertausender? Gewiß, diese Dinge liegen als trennende Verschiedenheit zwischen den Menschen, nicht aber als etwas Gegensätzliches, das das vorher Gesagte zu sprengen vermöchte. Schönheit hört nicht deshalb auf, Schönheit zu sein, weil ich sie nicht mehr habe, und ihr gehört meine Liebe auch in der Zeit, wo ich sie entbehren muß. Nur so kann ich die Unzerstörbarkeit der Schönheit durch alle entstellten, verkohlten Städte hindurch bewahren, nur so ist auch der Ansatzpunkt für das Entstehen neuer Schönheit gegeben. Der elende, hungernde Mensch wird mein gefährlichster Feind, wenn ich ihm nicht als Freund zuvorgekommen bin, der noch in den zerlumpten Kleidern des verwahrlosten Bettlers den Menschen ehrt, wie er rein und unbefleckt in der Ahnung des Herzens erhalten ist. Nur an diesem liebevoll erahnten Bilde seiner selbst kann der Mensch gesunden, und nur im Wiederaufleuchten dieses Bildes kann die Menschheit davor bewahrt werden, ein zweites Mal auf der Flucht voreinander ziellos über diese Erde zu jagen. In diesen Überlegungen ist viel verborgenes Leid enthalten, denn nur im Leiden vermag die Liebe jene Spanne zu überwinden, die als ewiges Mahnmal unserer angeborenen Schuld die Wirklichkeit von der Vollkommenheit trennt. In dem Versuch, das Leiden zu eliminieren, beginnt die Lieblosigkeit ihre Herrschaft – das ist das Motto über der Geschichte der Neuzeit.

Es mag gegen eins, halbzwei Uhr in der Nacht gewesen sein; die Luft war kühl und weich, und durch die Blätter schimmerten die reglosen Sterne am schwarzen Himmel, als plötzlich die Hülle der nächtlichen Ruhe von der klaren Stimme eines Tenors durchbrochen wurde, dessen weiche, schwingende Melodie einer Klage Ausdruck gab, die in diesem farbenstarken Lande meist völlig verdeckt war von den zu grellen Tönen des Tages oder der zu tiefen Stille der Nacht. Bei näherem Zuhören erkannte man die Ähnlichkeit zwischen ihr und jener Klage aus dem Zug in Buchenwald und der Klage in dem russischen Lied aus dem Männer-KZ, das uns der Wind zum Zellenbau hinübertrug, und es beglückte das Herz, ihr auch hier zu begegnen und zu wissen, daß niemand – auch die Capreser nicht – von ihr übergangen wurde: alle sind in diesem Weh geborgen, auf das Gott allein die Antwort weiß. In ihrem Schmerz einander zu finden, ist der Anfang des Friedens.

Paris – Das peinliche Mißverständnis
Wir waren unglücklich in Capri, waren es von der ersten Stunde an gewesen und wollten es auch bleiben; man sollte uns endlich nach Hause lassen! Die Verzweiflung war groß, und «die erste Tochter der Verzweiflung, die evagatio mentis», wie der heilige Thomas von Aquin es nennt, hatte sehr bald ihre wirre Herrschaft angetreten: unruhigen Gemütes und umherschweifenden Geistes verbrachten wir unsere Tage. Das häufige Auftauchen des Schirokko trug nur bei, die Stimmung noch gereizter zu machen, wirklich, es war höchste Zeit, als nach vier Wochen endlich der Befehl zum Kofferpacken gegeben wurde. Ich will nicht erwähnen, was in diesen letzten Stunden noch alles an kleinen und großen «schlechten Geschäften» gemacht worden ist, saß uns doch immer die Not zu Hause im Nacken, und so erkauften, ertauschten, erhandelten wir, was immer nur zu haben war.

Die Abreise vollzog sich wieder in zwei Gruppen, die ersten zwanzig Jeeps brausten in der Frühe des 12. Juni, und die nächsten zwanzig am frühen Morgen des 13. Juni hinunter zum Kai. Diesmal gab es keine Bewirtung auf der Überfahrt, und aus den Limousinen, die uns zum Flugplatz brachten, waren Kübelwagen geworden. Der Flug war nicht so ruhig wie auf dem Wege nach Neapel und der Flugzeugführer nicht ganz so freundlich, das Ziel unserer Reise aber war entsetzlich: wir flogen nach Paris, und die Art, wie man uns dort empfing, jagte uns mehr als einen Schrecken ein. Niemand verhandelte mit uns persönlich, sondern alle nur mit dem Begleitoffizier aus dem Flugzeug, den wir vorher noch nie gesehen hatten. Nach langem Warten wurden wir schließlich genötigt, ein paar offene Lastwagen zu besteigen, die in der Mitte von Paris, am Fuße des Montmartre, das erste Mal zum Halten kamen. Sehr rasch sammelte sich um unsere Fahrzeuge eine Gruppe Schaulustiger, und kaum hatten sie entdeckt, daß wir Deutsche waren, kam ein so wilder Haß zum Ausbruch, daß wir uns dessen kaum erwehren konnten. Die Frauen schüttelten die Fäuste gegen uns und spuckten auf den Wagen, jemand lief, einen Besenstiel zu holen, mit dem sie auf uns einzuschlagen versuchten, und der wilde Schlachtruf «les boches, les boches» pflanzte sich durch alle umliegenden Straßen fort. Die beiden Posten der amerikanischen Militärpolizei, die vor unserem Wagen patrouillierten, taten nichts, um die wütende Menge zu zerstreuen; die uns begleitenden Offiziere waren in einem großen Hause verschwunden, und erst nach einer Stunde wurden wir aus dieser höllischen Ausgeliefertheit erlöst. Wir fuhren nur um ein paar Straßenecken bis vor den hinteren Eingang eines großen Warenhauses, dessen Räume man als Quartiere verwandte für Soldaten, Flüchtlinge und durchpassierende Gefangene. Wir wurden zu den letzteren gezählt, und die Unterbringung war entsprechend. Nachts um elf erschien endlich ein Offizier, der das Versehen bedauerte: unbegreiflicherweise waren wir ihm angekündigt worden als gefangene SS-Familien. Das Abendbrot dieses Tages nahmen wir kurz vor Mitternacht ein, wozu wir von einem Omnibus der Pariser Straßenbahngesellschaft in die Stadt gefahren wurden, beim Verlassen des Hauses selbstverständlich wieder von der johlenden Menge begrüßt. Das Johlen legte sich erst, nachdem bekannt geworden war, daß wir von den Amerikanern befreite Gestapohäftlinge waren, und als eine Frau trotzdem wieder ‹les boches› schrie, als sie unser ansichtig wurde, bekam sie von einem anderen Franzosen zwei Ohrfeigen – oh, welch Übermaß von Verwirrung! Die Tatsache, im KZ gewesen zu sein, ist ebensowenig eine Garantie für meine dadurch erworbene oder bewiesene Menschenwürde, wie diese zwei Ohrfeigen jemals aus den «boches» wieder «anständige Deutsche» machen werden in dem Kopf dieser erregten Frau.

Am nächsten Tage warteten wir vergeblich auf ein Frühstück, dafür wurden nach dem Mittagessen die Frauen in ein Hotel gebracht. Das Abendessen an diesem Tage blieb wieder aus. Zur Steigerung der allgemeinen Verwirrtheit erschienen am Abend die Frauen aus der Gruppe, die Capri zuerst verlassen hatte. Sie kamen gerade aus Versailles, wo sie zwei herrliche Tage als Gäste der Engländer verbracht hatten, Wand an Wand mit einem Teil der Gefangenen, die jetzt in Nürnberg sind. Über Grund und Sinn und Zweck dieser Pariser Eskapade konnte kein Mensch Aufschluß geben.

Unvergeßlich bleibt der Schmerz, in dieser geliebten Stadt als so verhaßter Gast weilen zu müssen, daß es verboten war, ihre Straßen zu betreten. Unüberwindlich schien die Schranke, die die Schuld zwischen uns und ihr aufgerichtet hatte, und voll tiefer Wehmut schauten wir aus unseren hochgelegenen Fenstern über die vertrauten Dächer und Türme, als hätten wir für immer ein Anrecht auf ihre Schönheit verloren. Ein Aussätziger kann sich nicht verstoßener fühlen. Tröstlich war in diesen achtundvierzig Stunden nur das eine Telefongespräch mit der Frau von

Léon Blum, deren unvermindert herzliche Teilnahme es beklagte, daß wir noch immer nicht zu Hause angekommen seien.

Entsetzen und Erbarmen – Zu Hause

Am frühen Morgen des 15. Juni endlich wurden wir zum Flugplatz gebracht, wo wir wieder der peinlichen Verwechslung unterworfen waren, bis mit dem Eintreffen der restlichen Herren aus Versailles, unter denen sich Niemöller und die Generäle wiederfanden, die man damals aus Capri nach Neapel geholt hatte, auch ein Offizier erschien, der die nötige Aufklärung über uns geben konnte. Daraufhin gab man uns etwas zu essen und zu trinken.

Der Flug war unruhig, dauerte aber nicht lange, und gegen Mittag erreichten wir Frankfurt. Dort wiederholte sich das gleiche wie in Paris; die Amerikaner überließen uns unserem Schicksal, und wir landeten im Schoß der deutschen Behörden, die in der Person des Bürgermeisters persönlich zu unserer Ankunft erschienen waren. Auch er erwartete die besagten SS-Familien und war außerordentlich bestürzt, als er erfuhr, was für «kostbare» Gäste in seiner zertrümmerten Stadt ein Obdach suchten. Er bedauerte unendlich, uns nichts anderes als das übliche Massenquartier der durchreisenden Flüchtlinge anbieten zu können – wahrhaftig ein unerfreulicher Ort, verdreckt und verlaust und nicht geeignet, einen länger als eine Nacht notdürftig zu beherbergen. Wir hatten uns auch schon damit abgefunden, daß die amerikanische Zusage, uns bis nach Hause zu bringen, sich nicht realisieren würde, und jeder hatte angefangen, die ihm eigene Aktivität bezüglich seiner Weiterreise zu entfalten, als wie ein Schlag aus heiterem Himmel uns die Nachricht traf, daß keiner von uns Frankfurt verlassen dürfte, da die amerikanischen Behörden uns noch zu ihrer Verfügung wünschten. Dieses wünschten sie volle vierzehn Tage lang.

Wirklich, mühsame Heimkehr – mühsam nicht nur, weil die Reise so lang und immer wieder so verzögert war, sondern vor allem, weil wir aus so großer Entfernung, aus der Fülle unheimlicher und traumhafter Erlebnisse zurückkehren mußten in eine entstellte, zerstörte, zutiefst entfremdete Heimat. Diese vierzehn Frankfurter Tage enthielten den schwersten und den mühsamsten Teil unserer Heimkehr. Der dichte Vorhang, so schien es, den die vergangenen zwölf Jahre vor dieses Land gespannt hatten, war endlich gefallen, und es lag offen zutage, was sich Entsetzliches dahinter abgespielt hatte. Die ausgebrannten Trümmer waren nun nicht mehr bemäntelt von der schillernden Hoffnung auf den Endsieg, sie waren weiter nichts als nackte, kahle Schutthaufen. Die Not des einzelnen war keine Improvisation kriegsbedingter Unausweichlichkeiten mehr, sie war zum unentrinnbaren Zustand geworden.

Ich war erschüttert von der Häßlichkeit der Physiognomien, denen allen das Elend seinen entstellenden Stempel aufgeprägt hatte. Bei einem Gang durch die Straßen überholte mich ein offenes Lastfuhrwerk, von zwei müden Pferden gezogen; auf dem Boden des Fahrzeugs lag ein unrasierter, bis zum Skelett abgemagerter alter Soldat, und an dem starren Vibrieren seiner Gliedmaßen erkannte ich, daß er tot war. Die täglichen Eindrücke aus unserem Durchgangsquartier vermehrten die Last des Entsetzens. Hilflose, verwundete Soldaten, verlorene Kinder, alte, erschöpfte Frauen, Hungrige, Barfüßige, Herumirrende, Geplagte jeglicher Art vollendeten das grauenvolle Bild der total zerstörten Heimat. Alle schlimmsten Befürchtungen waren zu nüchternsten Realitäten geworden: hier stand das zerschlagene Individuum in den Trümmern seiner Tradition. Alle Spiegel seines Lebens hatte es zerbrochen; blind und verwirrt irrte es durch das chaotische Einerlei vollendeter Zerstörung, nirgendwo mehr ein Merkmal, ein Zeichen entdeckend, das seiner Orientierung hätte dienen können. Preisgegeben hatte es sich selbst, preisgegeben hatte sich ein ganzes Volk in der Annahme des Prinzips vom blinden Gehorsam, es stand am Ende einer geistigen Selbstmordepidemie. Geschlagen in die magische Fessel blinder Gefolgschaft waren sie einem Wahn gefolgt bis in die tiefste Verirrtheit hinein, in der sie nun wie eben erst Erwachte standen, noch taumelnd von der Wucht der Bewegung, von der sie erst jetzt und mit Mühe erkannten, daß es ein Sturz in den Abgrund gewesen war. Gleich einer schweren Lawine waren sie dem fallenden Stein gefolgt in den Abgrund des seelischen und geistigen Todes, weithin ihre Spur kennzeichnend durch die zahllosen Kreuze auf den Massengräbern der im Sturz Ermordeten. Vom Wahn geblendet, hatten sie gemeint, auf dem Wege zu neuer Freiheit, zu neuem Leben zu sein, und mußten im Lichte der Sonne, des blauen Himmels erkennen, daß sie Gestalten in einem gespenstischen Totentanz geworden waren.

Die Menschheit hat schon einmal versucht, sich ein Memento aufzurichten, das sie vor neuem Unheil behüten sollte: auf der ganzen Welt wurden alljährlich die Kränze am Grabmal des unbekannten Soldaten niedergelegt. Aber es hat sie nicht davor bewahren können, ein zweites Mal mit der Waffe gegeneinander das gemeinsame Problem des Friedens auszuhandeln. Der Krieg ist zu Ende, und ist das Problem gelöst? Wohl kaum. Abgründiger, umfassender, unlösbarer ist es geworden; von neuem ist die Welt überflutet von Assoziationen des Krieges, des Mordes, der Rache, der Angst, und schwer wird es dem einzelnen, Gedanken des Friedens zu denken. Keiner wagt es, ganz sich aufzurichten aus der Haltung sprungbereiter Defensive, und es duckt sich das Herz unter der Last des bevorstehenden Leidens, aber es hilft ihm nichts: das Leid ist die einzige Ordnung, aus der der Friede erwachsen kann, denn nur ihm ist gesegnete Fruchtbarkeit beschieden.

Sein Anfang ist das Leid um die eigene Schuld in diesem grausamen Spiele; die eigene Bedeutung kann nicht so weit geleugnet werden, daß man meint, sich ausschließen zu können aus dem Nostra culpa aller Menschen. Wieviel Schuld liegt immer wieder im Zuwenig des Geleisteten, wieviel Verwirrung ist erwachsen aus der Zwiespältigkeit der Handlungen, wieviel Gutes versäumt worden durch feige Unentschlossenheit, mangelnde Großmut, verantwortungslose Unernsthaftigkeit – übergenug Schuld findet sich hier für ein klares Mea culpa. Seine zweite Quelle und Aufgabe findet das Leid im Schicksal des Nächsten: Sittlichkeit und Gerechtigkeit können nicht durch autoritäre Staatsmaßnahmen ersetzt werden, so wie man Barmherzigkeit und Liebe nicht organisieren kann. Nur das Leiden, das Mitleiden im eigenen Herzen kann mich bewahren, durch Lieblosigkeit den Grundstein zu neuer Feindschaft zu legen. Mit der Feststellung der Zahlenwerte der Not ist kaum ein Auftakt geleistet zu ihrer Bekämpfung; in ihrer eigentlichen Tiefe ist sie angewiesen auf das Erbarmen, das das Herz des einzelnen zu leisten vermag, denn nur aus ihm erklingt die liebevolle, bejahende Antwort auf die bange Frage des anderen nach seinem Wert. In der Hand eines schlechten Spielers wird auch die schönste Geige nur krächzende Mißtöne von sich geben, die unter dem Bogen eines behutsamen Meisters voll schönster Klänge steckt – den Wert des Instrumentes bestimmte der Baumeister. Den Wert des Menschen bestimmte sein Schöpfer, und ihm gilt es zu entsprechen, unabhängig von aller weltanschaulichen und politischen Gegnerschaft. Ein Demokrat, ein Kommunist, ein Christ, ein Nationalsozialist – als Menschen sind sie alle gleich viel oder gleich wenig wert, dieser Unterschied der Nomination sagt darüber nichts aus. Ein Qualitätsunterschied tritt objektiv gesehen erst dort auf, wo der Wert der von ihnen vertretenen Ansichten eine solche Divergenz aufweist; subjektiv kann man zu einer Qualifikation wohl nur kommen – und es empfiehlt sich, dabei größte Vorsicht walten zu lassen, wenn man sich keiner Ungerechtigkeit schuldig machen will –, indem man festzustellen versucht, in welchem Maße der einzelne zuerst in der Wahl seiner Anschauung und dann in der Verwirklichung derselben den für jeden Menschen geltenden Forderungen nach ernsthaftem Bemühen um rechte Erkenntnis, nach Lauterkeit der Motive und Treue gegenüber den beschworenen Idealen – kurz, der Grundregel sittlichen Verhaltens – nach bestem Wissen und Gewissen zu handeln entsprochen hat. Erst in der Bestätigung dieses grundsätzlichen Wertes erwächst ihm mit dem Bewußtsein der Würde auch das Gefühl der Verpflichtung. Was Vermessenheit und Lieblosigkeit angerichtet haben, kann nur durch Demut und Liebe wiedergutgemacht werden: Liebe zur Wahrheit und zum Nächsten und dem mutigen Dienst an beidem. Diese Wandlung muß der einzelne in sich selber vollziehen, sie kann nicht von oben diktiert werden.

Vergib uns, Herr, was wir einander Entsetzliches angetan haben, daß wir so furchtbar dein Bild im anderen angegriffen und zerstört haben, daß wir die Würde geschändet und die Seele getötet haben; vergib uns, wie auch wir denen vergeben wollen, die im Vollzuge des Bösen sich so grausam an uns und unseren Brüdern und Schwestern versündigt haben, und bewahre du uns vor dem vergangenen, dem gegenwärtigen, dem zukünftigen Übel – und in das Seufzen der bitteren Reue erklingt aus großer Ferne die trostreiche Antwort «von dem Ersten und Letzten, der tot war und wieder lebendig wurde: Ich kenne deine Bedrängnis und deine Armut; – doch du bist reich!»

Am 28. Juni endlich holte uns der lang erwartete amerikanische Lastwagen zur letzten Fahrt nach Hause. Damit ging ein langes Kapitel unseres Schicksals gnädig zu Ende, und im Bewußtsein der bevorstehenden Arbeit spannten sich langsam die Kräfte zu einem neuen und besseren Anfang.

Carola Stern
In den Netzen der Erinnerung
Lebensgeschichten zweier Menschen
(rororo 12227)
«Wie konnte man, als Deutscher, Nazi oder Kommunist – also mit (vielleicht) treuestem Herzen einem verbrecherischen System dienen? – Wie schwer sich zwei höchstgebildete, gewissenhafte Menschen mit der Bewältigung der Vergangenheit tun, das hat Carola Stern nun jedermann klargemacht. Nicht nur deshalb: ein liebenswertes Buch.»
Gerd Bucerius, Die Zeit

CAROLA STERN
IN DEN NETZEN
DER ERINNERUNG
LEBENSGESCHICHTEN
ZWEIER MENSCHEN

rororo

Ernst Toller
Eine Jugend in Deutschland
(rororo 4178)
Als begeisterter Freiwilliger zog er in den Ersten Weltkrieg und als humanitärer Pazifist kehrte er heim. Er schlug sich auf die Seite der Aufständischen und erkannte früh die tragische Grenze der Revolution. Das wahrscheinlich bedeutendste Werk des expressionistischen Autors Ernst Toller, der in Dichtung und Politik keinen unversöhnlichen Gegensatz sah.

Edith Piaf
Mein Leben
(rororo 859)
Die Autobiographie der Piaf, deren Stimme für die Welt zum Inbegriff des französischen Chansons wurde. Die Beichte eines Lebens, gezeichnet von Alkohol, Rauschgift und Liebe. Der Abschied eines großen Herzens – mit dem Fazit: ‹Je ne regrette rien.›

Anja Lundholm
Das Höllentor *Bericht einer Überlebenden. Mit einem Nachwort von Eva Demski*
(rororo 12873 und als gebundene Ausgabe)
Anja Lundholm kam 1944 ins Frauen–KZ Ravensbrück. Als eine von wenigen überlebte sie das Lager, in dem die Nazis Zehntausende weiblicher Gefangener zusammengepfercht hatten.
«Anja Lundholm erklärt nicht; sie kommentiert nicht. Sie entschuldigt nicht. Sie schreibt, was geschah.»
Die Zeit

3297/2

Frauen

Barbara Gordon
Ich tanze so schnell ich kann
Roman
(rororo 5083)
In diesem autobiographischen Roman beschreibt die preisgekrönte Fernsehproduzentin Barbara Gordon rückhaltlos offen ihren Weg in eine totale Valium-Abhängigkeit, die verzweifelten Versuche, sich von dieser Sucht zu befreien, verschiedene erfolglose Therapien und schließlich den endgültigen Zusammenbruch, aus dem sich erst die Hoffnung für einen Neubeginn abzeichnet. Eine Beichte, die erschüttert und betroffen macht.

Mary Gaitskill
Im Spiegel der anderen
Roman
(rororo 12577)
Die beiden jungen Frauen Justine und Dorothy sind sich bei ihrer ersten Begegnung zunächst völlig fremd. Und trotzdem entsteht zwischen ihnen eine Nähe, weil sie spüren, daß sie ähnliche tiefe Verletzungen und Entbehrungen erleiden mußten...
Schlechter Umgang *Stories*
(rororo 12541)

Mary Mackey
Aus Leidenschaft *Ein Ballett-Roman*
(rororo 13057)

Emily Listfield
Eine Liebe in New York
Roman
(rororo 12817)
Amanda und Sam wagen den großen Schritt: Sie ziehen zusammen und entschließen sich nach einigem Hin und Her zu heiraten.

FRANÇOISE SAGAN
Die seidene Fessel
ROMAN

rororo Romane und Erzählungen

Lorrie Moore
Leben ist Glücksache *Stories*
(rororo 12842)
Schonungslos und mit feiner Ironie deckt Lorrie Moore in den neun Erzählungen dieses Bandes auf, wie sich Menschen durch ihre Schwächen, Ängste und Verletzbarkeiten in ausweglose Situationen versricken.

Françoise Sagan
Die seidene Fessel *Roman*
(rororo 13155)
Vincent, ein Dandy und mäßig begabter Musiker, der sich von seiner wohlhabenden Frau Laurence aushalten läßt, wird durch eine Filmmelodie plötzlich reich und berühmt.

Candia McWilliam
Die dritte Seite der Liebe
Roman
(rororo 12935)
Der Herzchirurg Lucas Salik ist ein vom Leben verwöhnter, selbstsicherer und eleganter Mann. Stets bewahrt er einen kühlen Kopf. Doch eines Tages spielt ihm das eigene Herz einen Streich - er verliert es an den jungen attraktiven Hal Darbo...